utb 6383

AF830080

Eine Arbeitsgemeinschaft der Verlage

Brill | Schöningh – Fink · Paderborn
Brill | Vandenhoeck & Ruprecht · Göttingen – Böhlau · Wien · Köln
Verlag Barbara Budrich · Opladen · Toronto
facultas · Wien
Haupt Verlag · Bern
Verlag Julius Klinkhardt · Bad Heilbrunn
Mohr Siebeck · Tübingen
Narr Francke Attempto Verlag – expert verlag · Tübingen
Psychiatrie Verlag · Köln
Psychosozial-Verlag · Gießen
Ernst Reinhardt Verlag · München
transcript Verlag · Bielefeld
Verlag Eugen Ulmer · Stuttgart
UVK Verlag · München
Waxmann · Münster · New York
wbv Publikation · Bielefeld
Wochenschau Verlag · Frankfurt am Main

Prof. Dr. Ingo Hoffmann ist theoretischer Physiker und promovierter Bio-/Chemieingenieur. Seit 1998 ist er Mitarbeiter der DZ BANK AG und dort im Gebiet Asset- und Risikomanagement tätig. Als Honorarprofessor lehrt und forscht er im Gebiet Asset- und Risikomanagement an der Heinrich-Heine-Universität Düsseldorf am Lehrstuhl für Betriebswirtschaftslehre, insbesondere Finanzdienstleistungen, zusammen mit dem Lehrstuhlinhaber Prof. Dr. Christoph J. Börner.

Prof. Dr. Christoph J. Börner ist Inhaber des Lehrstuhls für Betriebswirtschaftslehre, insbesondere Finanzdienstleistungen an der Heinrich-Heine-Universität Düsseldorf. Seine Lehr- und Forschungsschwerpunkte sind Finanzintermediation, Management und Marktleistungen von Finanzdienstleistern sowie Finanzmärkte.

Ingo Hoffmann / Christoph J. Börner

Asset-Management

Trainingsbuch mit Übungen und kommentierten Lösungen

UVK Verlag

Umschlagabbildung: © nespix · iStock
Autorenbild Hoffmann: © privat
Autorenbild Börner: © privat

Bibliografische Information der Deutschen Nationalbibliothek
Die Deutsche Nationalbibliothek verzeichnet diese Publikation in der Deutschen Nationalbibliografie; detaillierte bibliografische Daten sind im Internet über http://dnb.dnb.de abrufbar.

DOI: https://doi.org/10.36198/9783838563831

– Ein Unternehmen der Narr Francke Attempto Verlag GmbH + Co. KG
Dischingerweg 5 · D-72070 Tübingen

Internet: www.narr.de
eMail: info@narr.de

Einbandgestaltung: siegel konzeption | gestaltung
Druck: Elanders Waiblingen GmbH

utb-Nr. 6383
ISBN 978-3-8252-6383-6 (Print)
ISBN 978-3-8385-6383-1 (ePDF)
ISBN 978-3-8463-6383-6 (ePub)

MIX
Papier | Fördert gute Waldnutzung
FSC® C016368
www.fsc.org

Inhaltsverzeichnis

Vorwort

In einer Welt, die durch dynamische Märkte, technologischen Fortschritt und eine zunehmende Komplexität geprägt ist, stellt das Asset Management eine zentrale Disziplin im Finanzbereich dar, die Fachwissen, analytische Fähigkeiten und strategisches Denken erfordert. Dieses Übungsbuch wurde konzipiert, um gleichermaßen dem akademischen wie auch dem praktischen Adressatenkreis die wesentlichen Werkzeuge und Techniken an die Hand zu geben, um in diesem anspruchsvollen Feld erfolgreich zu sein.

Asset Management umfasst u. a. die Verwaltung und Optimierung der Mischung von verschiedenen Vermögenswerten in einem Portfolio. Vermögenswerte können dabei beispielsweise in der Form von Anleihen, Aktien, Immobilien oder physischen Gütern in Portfolios zusammengefasst sein. Ziel ist es, den Ertrag dieser Portfolien zu maximieren sowie mögliche Rahmenbedingungen und Vorgaben z. B. hinsichtlich Risiko und Anteilsbeschränkungen einzuhalten. Dies erfordert eine fundierte Analyse, Planung und Implementierung von Strategien, die den individuellen Anforderungen und Zielen gerecht werden.

Das vorliegende Übungsbuch ist darauf ausgerichtet, dem Leser praxisnahe und theoretische Kenntnisse zu vermitteln. Die Übungen sind so gestaltet, dass sie realistische Szenarien und Herausforderungen widerspiegeln, die in der beruflichen Praxis als Asset Manager zu erwarten sind. Durch die Vielzahl von Aufgaben und Fallstudien besteht die Möglichkeit, neue Fähigkeiten zu erwerben und bestehende Fähigkeiten zu vertiefen und anzuwenden. Dies fördert nicht nur das Verständnis, sondern auch die Fähigkeit, fundierte Entscheidungen zu treffen und diese effektiv umzusetzen.

Die Struktur des Buches führt systematisch durch die wesentlichen Themen des Asset Managements, von den Grundlagen über die Analyse und Bewertung von Vermögenswerten bis hin zu fortgeschrittenen Strategien und Techniken. Ausgewählte Kapitel zu komplexeren Teilgebieten beginnen mit einer kurzen Einführung in das jeweilige Thema, gefolgt von detaillierten Übungen und Aufgaben, die helfen, das Gelernte zu verinnerlichen und praktisch anzuwenden.

Das Übungsbuch soll nicht nur bestehendes Wissen und vorhandene Fähigkeiten im Bereich Asset Management erweitern, sondern auch Freude und Inspiration beim Lernen bereiten. Der Erfolg in diesem Feld erfordert ständige Weiterbildung und Anpassung an neue Entwicklungen – und genau dazu soll das Übungsbuch ermutigen.

Viel Erfolg und spannende Erkenntnisse!

Düsseldorf, im März 2025
Ingo Hoffmann
Christoph J. Börner

Bearbeitungshinweise

Dieses Trainingsbuch ist bewusst kein Lehrbuch, sondern dient ausschließlich der praxisorientierten Vertiefung und Anwendung des Wissens im Bereich Asset Management. Es bietet dazu eine umfassende Sammlung von Aufgaben, kommentierten Lösungen und vollständig gelösten Musterklausuren, die Schritt für Schritt durch das Thema führen. Ziel ist es, vorhandene Fähigkeiten durch eigenständiges Üben zu stärken und optimal auf reale Prüfungen oder berufliche Herausforderungen vorzubereiten.

Die im Literaturverzeichnis aufgeführten Werke stellen eine exemplarische Auswahl an Lehrbüchern im Bereich Asset Management dar. Das vorliegende Trainingsbuch ergänzt diese Literatur durch ein komprimiertes Kompendium komplexerer Sachverhalte sowie durch spezifische Aufgaben, die auf diese Inhalte abgestimmt sind. Alle Aufgaben basieren auf den praktischen Anforderungen eines Asset Managers und bieten einen ersten roten Faden durch das breite Spektrum der Aufgaben im Asset Management. Zur Veranschaulichung sind einige Aufgaben idealisiert formuliert, greifen jedoch im Kern reale Probleme aus der Praxis auf. Dieses Trainingsbuch ist speziell für das Selbststudium konzipiert und dient der gezielten Vorbereitung auf Prüfungen im Bereich Asset Management.

Grundlage diese Buches bildet der Kurs „Übungen – Asset Management" der seit 2017 an der Heinrich-Heine-Universität im Rahmen der Lehrveranstaltungen des Lehrstuhls für Betriebswirtschaftslehre, insb. Finanzdienstleistungen angeboten und seit dem stetig verbessert wird. Der nachfolgend skizzierte didaktische Aufbau und die Inhalte sind seither erprobt und angepasst worden. Fehler und Ungenauigkeiten können sich immer einschleichen, daher sind wir für Hinweise hierzu aus der Leserschaft sehr dankbar. Ebenso freuen wir uns über Fragen und Anregungen zu diesem Trainingsbuch. Die Autoren bedanken sich bei Max-Vincent Rodemann für das sorgfältige Korrekturlesen. Nichtsdestoweniger gehen verbliebene Fehler zu ihren Lasten.

Genereller Aufbau des Trainingsbuchs

Der Kern des vorliegenden Trainingsbuchs gliedert sich in drei wesentliche Teile. Der erste Teil bietet themenbezogen eine komprimierte Darstellung und Erläuterung komplexer Sachverhalte sowie die dazugehörigen Aufgaben. Diese Aufgaben werden lediglich durch kurze Lösungshinweise ergänzt, um eine eigenständige Bearbeitung im Selbststudium zu ermöglichen. Der zweite Teil wiederholt die Aufgabentexte und ergänzt sie um ausführlich kommentierte Lösungen sowie weiterführende Hinweise. Im dritten Teil werden Klausuren und die dazugehörigen kommentierten Lösungen bereitgestellt, die eine gezielte und fokussierte Prüfungsvorbereitung ermöglichen.

Detaillierter Aufbau des Trainingsbuchs

Aufgaben: Praxisnah formuliert, erläutern die Aufgaben eine Problemstellung aus dem Bereich Asset Management. Die jeweiligen Teilaufgaben behandeln zum einen Probleme, die konkret berechnet werden müssen, und zum anderen Fragen, die kurz im Sachzusammenhang beantwortet werden sollen.

Hinweise zur Lösung: Die Aufgaben sind mit Lösungshinweisen versehen, in denen die jeweils notwendigen mathematischen Formeln aufgeführt werden, die als Grundlage zur Lösung der Aufgabe dienen.

Beispiel:

> *Hinweis zur Lösung*: $q = \frac{1}{1+r}$.

In der Abfolge der Aufgaben wird jeweils nur die aktuell benötigte mathematische Formel in den Hinweis aufgenommen, wobei bereits bearbeitete Aufgaben als zusätzliche Grundlage für die Bearbeitung der aktuellen Aufgabe dienen.

Die Philosophie des Buches besteht darin, dass Formeln nicht auswendig gelernt werden müssen. Stattdessen soll die Fähigkeit vermittelt werden, diese Formeln korrekt anzuwenden.

Kommentierte Lösungen: Ein wesentlicher Teil des Trainingsbuchs besteht aus den kommentierten Lösungen. Dort werden die Problemstellungen, die zu berechnen sind, ausführlich Schritt für Schritt erklärt und gelöst. Die in einigen Teilaufgaben gestellten Fragen werden detailliert im Sachzusammenhang beantwortet.

Fehlerquellen vermeiden: Zu jeder kommentierten Lösung wird ein Hinweis auf mögliche Fehlerquellen gegeben:

> FEHLERQUELLEN VERMEIDEN
>
> **Grundidee:** In diesen Hinweisen wird auf mögliche Fehlerquellen bei der Bearbeitung und Lösung der Aufgaben sowie bei deren Anwendung in der Praxis hingewiesen. Mögliche Fehlerquellen bei der Bearbeitung stammen aus Rückmeldungen aus dem Kurs, während Fehlerquellen bei der praktischen Anwendung aus der Beobachtung der Praxis eines Asset Managers abgeleitet werden.

Praxistipp(s): Zu jeder kommentierten Lösung werden ferner Praxistipps gegeben:

PRAXISTIPP(S)

Grundidee: In diesen Ergänzungen finden sich über den Aufgabeninhalt hinausgehende Tipps für die Praxis eines Asset Managers. Einerseits richten sich diese Tipps auf die Vorbereitung von Kundengesprächen, insbesondere der Anlageausschusssitzung. Andererseits bieten sie weiterführende Hinweise zu Kontexten, in denen die Lösung der bearbeiteten Aufgabe ebenfalls von Bedeutung sein kann.

Klausuren: Ein besonders fokussierter Abschnitt des Buches ist der Teil „Klausuren“. Hier werden exemplarische Aufgaben zusammengestellt, die dem Schwierigkeitsgrad einer Prüfung im Bereich Asset Management entsprechen. Diese Aufgaben decken möglichst viele Themenbereiche aus den vorhergehenden Teilen des Trainingsbuchs ab und erfassen weitgehend das breite Spektrum der praktischen Anwendung.

Weitere Klausuraufgaben: In dem Teil des Trainingsbuchs, der die kommentierten Lösungen enthält, sind einige Aufgaben / Aufgabenteile mit dem Hinweislabel **[◆ Klausur]** versehen. Diese Hinweise markieren zusätzliche Aufgaben und Fragestellungen, die für die Konzeption einer Klausur geeignet sind. Die markierten Aufgaben beziehen sich auf den minimalen Wissensstand, der zum Bestehen der Prüfung erforderlich ist.

Teil I

Aufgaben und Fallstudien

1 Wertpapiere

Aufgabe 1

Für eine zehn-jährige **Bundesanleihe** wird am Kapitalmarkt eine Rendite von $r = 6\,\%$ ermittelt. Bestimmen Sie sämtliche **Diskontfaktoren** q^t für die Laufzeiten von $t = 0, \dots, 10$ Jahre.

> *Hinweis zur Lösung*: $q = \frac{1}{1+r}$.

Aufgabe 2

Ein **Zerobond** wird heute bei einem Zinssatz von $r = 6\,\%$ zu einem Kurs von Z_0 begeben. In genau zehn Jahren wird der Zerobond zu $Z_{10} = 100\,\%$ getilgt.

a) Bestimmen Sie den zehn-jährigen **Diskontfaktor** q^{10}.

> *Hinweis zur Lösung*: $q^n = \frac{1}{(1+r)^n}$.

b) Berechnen Sie den Gegenwartswert Z_0 des zehn-jährigen Zerobonds.

> *Hinweis zur Lösung*: $Z_0 = q^n Z_n$.

c) Der Wert eines Engagements in diesem Zerobond beträgt heute $Z_0 = 558\,394$ Euro. Welcher Tilgungswert ist in genau zehn Jahren zu erwarten?

d) Der heutige Kurs $Z_0 = Z_0(r, n)$ des Zerobonds ist bei fester endfälliger **Tilgung** eine Funktion des Zinssatzes r und der Laufzeit n.

(i) Bestimmen Sie die Ableitung $\frac{\partial Z_0}{\partial r}$.

(ii) Berechnen Sie für den zehn-jährigen Zerobond den Wert der Ableitung für $r = 6\,\%$.

e) Für kleine Änderungen Δr des Zinssatzes kann die Änderung des Gegenwartswertes des Zerobonds ΔZ_0 mit der Näherungsformel $\Delta Z_0 = \frac{\partial Z_0}{\partial r} \Delta r$ ermittelt werden.

(i) Welche Bedeutung hat dann der Ableitungsterm?

(ii) Der Zinssatz ändert sich um +1 Bp. Welche Änderung des Gegenwartswertes des zehn-jährigen Zerobonds ist zu erwarten?

f) Berechnen Sie die allgemeinen Ausdrücke $\frac{(1+r)}{Z_0} \frac{\partial Z_0}{\partial r}$ und $\frac{r}{Z_0} \frac{\partial Z_0}{\partial r}$.

(i) Welche Bedeutung haben diese Terme?

(ii) Geben Sie deren Werte für den zehn-jährigen Zerobond bei $r = 6\,\%$ an.

Aufgabe 3

Sei $P_0 = P_0(r, n)$ der **Barwert** (Gegenwartswert) einer n-jährigen **Bundesanleihe** (Standardanleihe mit sicherem Zahlungsstrom, ohne Rechte, bonitätsrisikofrei). Dann kann mit dem Zusammenhang $P_t(r, n) = (1 + r)^t P_0(r, n)$ der Wert der Anleihe zu einem späteren Zeitpunkt t (kleiner oder gleich der Laufzeit n) berechnet werden. Dabei wird angenommen, dass alle zwischenzeitlich bis zum Zeitpunkt t gezahlten **Kupons** zum Zins r reinvestiert werden.

a) Welche Bedeutung hat $P_n(r, n) = (1 + r)^n P_0(r, n)$?

b) Bestimmen Sie die Ableitung $\frac{\partial P_t(r,n)}{\partial r}$.

> *Hinweis zur Lösung*: $\frac{\partial P_0(r,n)}{\partial r} = D_{\text{GE}}$.

c) Erläutern Sie kurz die Gleichung $\frac{\partial P_t(r,n)}{\partial r} = 0$ im Sachzusammenhang.

d) Bestimmen Sie den Zeitpunkt t, für den die vorgenannte Gleichung gilt.

e) Welche Bedeutung hat dieses spezielle t?

Aufgabe 4

Eine **Bundesanleihe** (Standardanleihe, ohne Rechte, bonitätsrisikofrei) mit zwei-jähriger Laufzeit hat einen jährlich zahlbaren Kupon von $C = 2.25\,\%$ und wird am Laufzeitende zu $100\,\%$ getilgt. Der Marktzins für zwei-jährige Bundesanleihen notiert bei $r = 1.00\,\%$.

a) Bestimmen Sie den aktuellen Kurs P_0 (Barwert, Gegenwartswert) der Anleihe.

> *Hinweis zur Lösung*: $P_0 = P_0(r, n) = C \sum_{i=1}^{n} \frac{1}{(1+r)^i} + \frac{1}{(1+r)^n}$.

b) Bestimmen Sie die allgemeine Ableitung $\frac{\partial P_0(r,n)}{\partial r}$.

c) Welche Bedeutung hat dieser Term?

d) Die Macaulay-Duration der zwei-jährigen Bundesanleihe wird mit $D_{\text{Mac}} = 1.97$ angegeben.

(i) Interpretieren Sie die Macaulay-Duration im Sachzusammenhang.

(ii) Der Marktzins steigt um +1 Bp. Berechnen Sie die absolute Änderung des Barwerts $P_0(r, n)$ der zwei-jährigen Bundesanleihe.

> *Hinweis zur Lösung*: $D_{\text{Mac}} = -\frac{1+r}{P_0(r,n)} D_{\text{GE}}$ und $\Delta P_0(r, n) = D_{\text{GE}} \Delta r$.

e) Berechnen Sie mit Hilfe der geometrischen Reihe $S_n = a_0 \sum_{i=0}^{n} q^i = a_0 \frac{1-q^{n+1}}{1-q}$ $(q \neq 1)$ den **Rentenbarwertfaktor** für $q = \frac{1}{1+r}$ und stellen Sie mit diesem Faktor die Barwertformel dar.

f) Der deutsche Staat plant eine neue zwei-jährige Bundesanleihe (Standardanleihe, ohne Rechte, bonitätsrisikofrei) zu einem Kurs von $P_0(r, n) = P_0(1\,\%, 2 \text{ Jahre}) = 100\,\%$ zu begeben. Die Anleihe wird endfällig zu $100\,\%$ zurückgezahlt. Welche **Nominalverzinsung** C (Kupon) ist festzulegen?

Aufgabe 5

In einem Portfolio befindet sich ein **Zerobond** (Standardzerobond mit sicherem Zahlungsstrom, ohne Rechte, bonitätsrisikofrei) mit einer Laufzeit von genau $n = 20$ Jahren. Der Zinssatz für 20-jährige Zerobonds (*Spot Rate*) wird aktuell mit $r_{\text{akt}} = 4\,\%$ notiert. Am Ende der Laufzeit wird der Zerobond zu $Z_n = 100\,\%$ getilgt.

a) Berechnen Sie den **Barwert** (Gegenwartswert) $Z_{0,\text{akt}}$ des 20-jährigen Zerobonds.

> *Hinweis zur Lösung*: $Z_0 = q^n Z_n$ mit $q = \frac{1}{1+r}$.

b) Bestimmen Sie die drei **Durationswerte**: D_{GE}, D_{mod} und D_{Mac}.

> *Hinweis zur Lösung*: $D_{\text{Mac}} = -(1+r)D_{\text{mod}} = -\frac{1+r}{Z_0}D_{\text{GE}}$

c) Im Laufe des Handelstages werden wegen Entscheidungen der US-Notenbank Zinsänderungen erwartet. Um die möglichen Auswirkungen zu simulieren, werden nachfolgende Zinssätze r_{sim} angenommen.

Simulierter Zinssatz r_{sim}	Simulierter Barwert $Z_{0,\text{sim}}$	Genäherter Barwert $Z_{0,\text{appr}}$	%-Abweichung $Z_{0,\text{appr}}$ zu $Z_{0,\text{sim}}$
0 %			
1 %			
2 %			
3 %			
4 %			
5 %			
6 %			
7 %			
8 %			
9 %			
10 %			

Tabelle 1.1: Barwertsimulation.

Bestimmen Sie in der Tabelle 1.1 die fehlenden Barwerte $Z_{0,\text{sim}}$.

d) Skizzieren Sie in der Abbildung 1.1 den Verlauf des simulierten Barwertes in Abhängigkeit vom entsprechenden Zinssatz. Markieren Sie den aktuellen Barwert $Z_{0,\text{akt}}$ aus Teil *a)* gesondert.

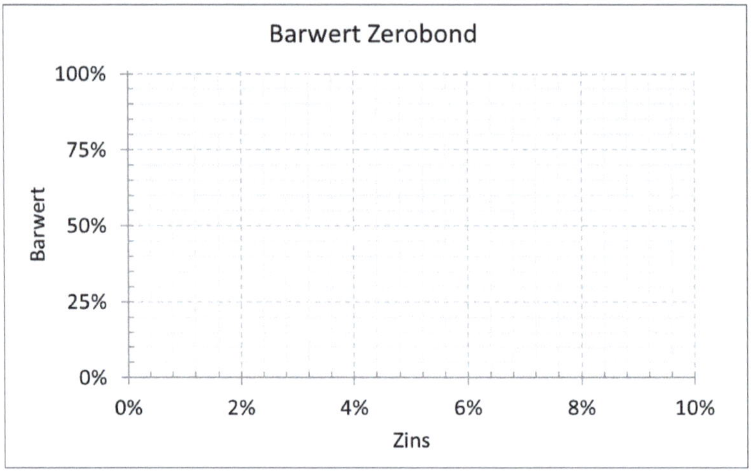

Abbildung 1.1: Simulation des Barwertes eines Zerobonds.

e) Mit der Duration D_{GE} können absolute Änderungen des aktuellen Barwertes $Z_{0,\text{akt}}$ für kleine Zinsänderungen Δr betrachtet werden.

(i) Bestimmen Sie die Geradengleichung, um eine **Approximation** $Z_{0,\text{appr}}$ des Barwertes abhängig vom simulierten Zinsniveau zu berechnen.

> *Hinweis zur Lösung*: $\Delta Z_0 = D_{\text{GE}} \Delta r$ mit $\Delta r = r_{\text{sim}} - r_{\text{akt}}$.

(ii) Berechnen und notieren Sie für die simulierten Zinssätze in Tabelle 1.1 die genäherten Barwerte $Z_{0,\text{appr}}$.

(iii) Skizzieren Sie in der Abbildung 1.1 den Verlauf der genäherten Barwerte $Z_{0,\text{appr}}$.

(iv) Berechnen Sie jeweils die prozentuale Abweichung des genäherten $Z_{0,\text{appr}}$ vom simulierten Barwert $Z_{0,\text{sim}}$ und notieren die Ergebnisse in Tabelle 1.1.

(v) Die genäherten $Z_{0,\text{appr}}$ unterschätzen die simulierten Barwerte $Z_{0,\text{sim}}$ des Zerobonds. Die Unterschätzung der Approximation darf maximal 2.5 % betragen. Für welchen Bereich um r_{akt} herum ist somit die Näherung im Rahmen dieser Vorgabe?

(vi) Durch welche Maßnahme kann die Genauigkeit der Näherung verbessert werden?

Aufgabe 6

Am Kapitalmarkt werden aktuell die nachfolgend gelisteten Zinssätze (Bund-Renditen und **Swap-Sätze**) notiert. Außerdem stehen die vom Research veröffentlichten Prognosen der Bund-Renditen zur Verfügung.

Laufzeit	Bund-Renditen		Swaps	Zero-Sätze	1J-Forwards
	(akt.)	(prog.)	(akt.)	(akt.)	(akt.)
t	r_t	$r_t^{(e)}$	s_t	z_t	$f_{1,n}$
1	0.500 %	0.750 %	0.600 %		
2	1.400 %	1.700 %	1.550 %		
3	2.200 %	2.600 %	2.400 %		
4	2.900 %	3.400 %	3.150 %		

Tabelle 1.2: Zinssätze.

a) **Zinsstrukturkurven** lassen sich für kleine Laufzeitunterschiede lokal durch ein **lineares Modell** annähern.

(i) Bestimmen Sie das lineare Modell der Bund-Renditen für das Laufzeitenintervall von 1 bis 2 Jahren. Berechnen Sie mit diesem linearen Modell einen interpolierten Wert für die Bund-Rendite zur Laufzeit $t = 1.6$ Jahre.

> *Hinweis zur Lösung*: $r_t = m \times t + b$.

(ii) Bestimmen Sie das lineare Modell der Swap-Sätze für das Laufzeitenintervall von 1 bis 2 Jahren. Berechnen Sie mit diesem linearen Modell einen interpolierten Wert für den Swap-Satz zur Laufzeit $t = 1.6$ Jahre.

(iii) Bestimmen Sie mit den beiden linearen Modellen eine Gleichung für den Swap-Spread $s_t - r_t$ im Laufzeitenintervall von 1 bis 2 Jahren. Berechnen Sie den Swap-Spread zur Laufzeit $t = 1.6$ Jahre.

b) Bestimmen Sie die **Ertragserwartung** eines **Par-Bonds** mit 2-jähriger Laufzeit (Bundesanleihe, Standardanleihe, sicherer Zahlungsstrom, ohne Rechte, bonitätsrisikofrei) auf Sicht von 12 Monaten.

> *Hinweis zur Lösung*: $P_0 = P_0(r, n) = C \sum_{i=1}^{n} \frac{1}{(1+r_n)^i} + \frac{1}{(1+r_n)^n}$

c) Berechnen Sie die in der Tabelle 1.2 fehlenden Zinssätze für die **Zerobonds** (synonym: Zeros, Zero-Sätze, Spot Rates) zur angegebenen Laufzeit.

> *Hinweis zur Lösung*: Für einen Par-Bond der Laufzeit n gilt: $1 = \sum_{i=1}^{n} \frac{r_n}{(1+z_i)^i} + \frac{1}{(1+z_n)^n}$.

d) Berechnen Sie die in der Tabelle 1.2 fehlenden ein-jährigen **Forward-Sätze** (diskrete Verzinsung).

> *Hinweis zur Lösung*: $f_{m,n} = \sqrt[n-m]{\frac{(1+z_n)^n}{(1+z_m)^m}} - 1$.

Aufgabe 7

Am Kapitalmarkt notiert eine ein-jährige **Bundesanleihe** (Standardanleihe) mit einem Kupon von $C = 1.505\,\%$ bei einem Kurs von $P = 101\,\%$.

a) Bestimmen Sie die Durchschnittsverzinsung r_1 der Bundesanleihe.

b) Der ein-jährige **Swap-Satz** notiert zur gleichen Zeit bei $s_1 = 0.58\,\%$. Berechnen Sie den Swap-Spread.

c) Warum ist der zuvor berechnete Renditeaufschlag positiv? Erläutern Sie kurz die möglichen Gründe.

d) Bestimmen Sie für die ein-jährige Bundesanleihe …

(i) Kursertrag

(ii) Kuponertrag

(iii) Gesamtertrag

(iv) Gesamtertrag in %

e) Was fällt bei dem zuvor ermittelten Gesamtertrag in % auf?

f) Ermitteln Sie den ein-jährigen **Zero-Satz** z_1.

g) Der Zero-Satz zur 2-jährigen Laufzeit notiert zur gleichen Zeit bei $z_2 = 1.00\,\%$. Berechnen Sie den **Forward-Satz** $f_{1,2}$.

h) Ein paar Tage später notiert der Forward-Satz bei $f_{1,2} = 1.50\,\%$. Das Research prognostiziert den ein-jährigen Zins für Bundesanleihen in 12 Monaten zur gleichen Zeit mit $r_1^{(e)} = 1.40\,\%$.

(i) Bestimmen Sie für einen 2-jährigen **Par-Bond** mit einem Kupon von $C = 1.50\,\%$ jeweils den Gesamtertrag in % auf Basis der Prognose und auf Basis des Forward-Satzes.

(ii) In welchem Szenario ist ein höherer Gesamtertrag zu erwarten?

2 Ertrag-Risiko-Profil

Aufgabe 1

Für ein **Aktienengagement** wurden in den letzten 21 Wochen die Wochenschlusskurse in Euro notiert, vgl. Tabelle 2.1. Rückblickend soll aus der **Stichprobe** für diesen Zeitraum das **Ertrag-Risiko-Profil** des Investments ermittelt werden.

a) Stellen Sie eine Gleichung für die wöchentliche **diskrete Verzinsung** r_d auf.

b) Stellen Sie eine Gleichung für die wöchentliche **stetige Verzinsung** r_s auf.

c) (i) Bestimmen Sie die Gleichung, die den Zusammenhang zwischen r_d und r_s beschreibt.

(ii) Für kleine x mit $-1 < x \leq +1$ lautet eine **Näherungsformel** für den natürlichen Logarithmus:

$$\ln(1+x) = x - \frac{x^2}{2} + \frac{x^3}{3} - \frac{x^4}{4} + \cdots + (-1)^{n+1}\frac{x^n}{n} \pm \cdots$$

Welche Aussage lässt sich damit für den Zusammenhang von r_d und r_s formulieren?

d) Berechnen Sie in der nachfolgenden Tabelle 2.1 die diskreten und stetigen Verzinsungen von Woche zu Woche.

Woche i	Schlusskurs V_i	diskrete Verzinsung $r_{d,i}$	stetige Verzinsung $r_{s,i}$
0	100.000000		
1	100.076469		
2	100.299894		
3	100.893784		
4	100.682852		
5	100.725370		
6	101.298790		
7	101.651726		
8	101.981012		
9	102.966416		
10	103.111281		
11	102.929672		
12	102.239473		
13	101.743801		
14	102.313571		
15	101.230283		

16	101.515246		
17	101.973421		
18	102.361111		
19	102.321721		
20	102.351021		
Stichprobenmittelwerte:			
Stichprobenvarianz:		– nur für r_s –	
Stichprobenstandardabweichung:		– nur für r_s –	

Tabelle 2.1: Diskrete und stetige Verzinsung.

e) Berechnen Sie die **Stichprobenmittelwerte** für die ...

(i) ... diskrete Verzinsung.

(ii) ... stetige Verzinsung.

Hinweis zur Lösung: $\langle x \rangle = \frac{1}{n} \sum_{i=1}^{n} x_i$ (Schätzer für den Erwartungswert von x).

f) Berechnen Sie die ...

(i) ... **Stichprobenvarianz** der stetigen Verzinsung.

(ii) ... **Stichprobenstandardabweichung** der stetigen Verzinsung.

Hinweis zur Lösung: $S^2 = \frac{1}{n-1} \sum_{i=1}^{n} (x_i - \langle x \rangle)^2$ (Schätzer für die Varianz von x).

g) (i) Skizzieren Sie in der Grafik 2.1 den Verlauf der stetigen Verzinsung.

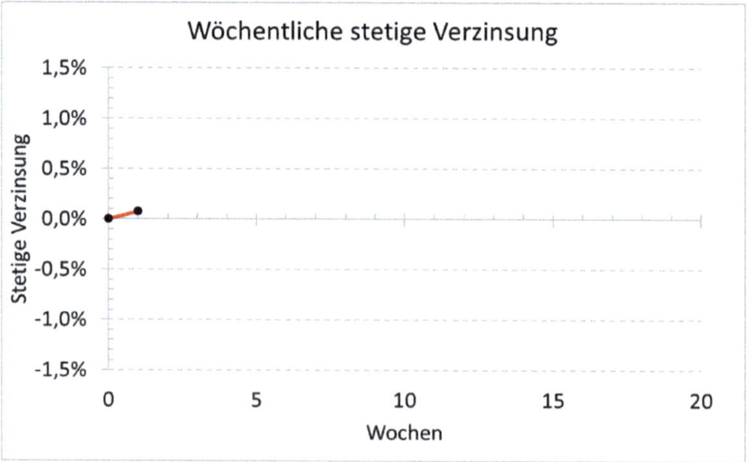

Abbildung 2.1: Verlauf der wöchentlichen stetigen Verzinsung.

(ii) Markieren Sie in der Grafik die Lage des Stichprobenmittelwertes.

(iii) Markieren Sie in der Grafik mit Hilfe der Stichprobenstandardabweichung das **Schwankungsband** um das Stichprobenmittel.

Aufgabe 2

In einem **Portfolio** befinden sich zwei Vermögenswerte X und Y. Als **Stichprobe** liegen die stetigen Verzinsungen eines jeden Vermögenswerts der letzten 20 Wochen vor, vgl. Tabelle 2.2. Rückblickend soll aus der Stichprobe für diesen Zeitraum das **Ertrag-Risiko-Profil** der Vermögenswerte sowie deren Zusammenhang (**Stichprobenkorrelation**) ermittelt werden.

Woche	stetige Verzinsung		Varianzen		Kovarianz
i	x_i	y_i	$(x_i - \langle x \rangle)^2$	$(y_i - \langle y \rangle)^2$	$(x_i - \langle x \rangle)(y_i - \langle y \rangle)$
1	−0.04772 %	0.07644 %			
2	0.07346 %	0.22301 %			
3	−0.00543 %	0.59037 %			
4	0.12463 %	−0.20928 %			
5	0.01048 %	0.04222 %			
6	0.07291 %	0.56768 %			
7	−0.05588 %	0.34780 %			
8	0.01972 %	0.32341 %			
9	0.03779 %	0.96162 %			
10	0.10865 %	0.14059 %			
11	−0.13820 %	−0.17628 %			
12	−0.11599 %	−0.67281 %			
13	0.06271 %	−0.48599 %			
14	0.04532 %	0.55844 %			
15	−0.01745 %	−1.06444 %			
16	0.02781 %	0.28110 %			
17	−0.03051 %	0.45032 %			
18	0.07733 %	0.37947 %			
19	0.03024 %	−0.03849 %			
20	−0.14676 %	0.02863 %			
Σ	■	■			
$\langle \cdot \rangle$			■	■	■
s^2	■	■			
s	■	■			■
$\widehat{\rho}_{xy}$	■	■	■	■	

Tabelle 2.2: Portfolio mit zwei Vermögenswerten.

a) Berechnen Sie aus den Stichproben der Vermögenswerte folgende Größen (**Stichprobenkennzahlen**) und notieren Sie diese in den freien Feldern im unteren Teil der Tabelle 2.2:

(i) Stichprobenmittelwerte $\langle x \rangle$ und $\langle y \rangle$.

> *Hinweis zur Lösung*: $\langle x \rangle = \frac{1}{n} \sum_{i=1}^{n} x_i$
>
> (Schätzer für den Erwartungswert von x).

(ii) Stichprobenvarianzen S_x^2 und S_y^2.

> *Hinweis zur Lösung*: $S_x^2 = \frac{1}{n-1} \sum_{i=1}^{n} (x_i - \langle x \rangle)^2$
>
> (Schätzer für die Varianz von x).

(iii) Stichprobenstandardabweichungen S_x und S_y.

(iv) Stichprobenkovarianz $\widehat{\sigma}_{xy}$.

> *Hinweis zur Lösung*: $\widehat{\sigma}_{xy} = \frac{1}{n-1} \sum_{i=1}^{n} (x_i - \langle x \rangle)(y_i - \langle y \rangle)$
>
> (Schätzer für die Kovarianz von x und y).

(v) Stichprobenkorrelation $\widehat{\rho}_{xy}$.

> *Hinweis zur Lösung*: $\widehat{\rho}_{xy} = \frac{\widehat{\sigma}_{xy}}{S_x S_y}$
>
> (Schätzer für die Korrelation von x und y).

b) Notieren Sie anhand der Ergebnisse aus a) folgende Größen für das aus zwei Vermögenswerten bestehende Portfolio:

(i) Schätzer für den Ertragsvektor $\widehat{\boldsymbol{r}}$.

(ii) Schätzer für den Risikovektor $\widehat{\boldsymbol{\sigma}}$.

(iii) Schätzer für die Kovarianzmatrix $\widehat{\boldsymbol{C}}$.

(iv) Schätzer für die Korrelationsmatrix $\widehat{\boldsymbol{\rho}}$.

c) Für das Portfolio aus zwei Vermögenswerten wird nach ein paar Monaten die tatsächliche **Kovarianzmatrix** mit

$$C = 10^{-8} \begin{pmatrix} 60 & 96 \\ 96 & 2245 \end{pmatrix}$$

ermittelt.

Berechnen Sie aus der angegebenen tatsächlichen Kovarianzmatrix die folgenden Größen (**Verteilungsparameter**):

(i) Standardabweichungen σ_x und σ_y.

(ii) Korrelation ρ_{xy}.

(iii) Notieren Sie die Korrelationsmatrix $\boldsymbol{\rho}$.

(iv) Berechnen Sie die inverse Kovarianzmatrix $\boldsymbol{C}^{-1}$.

(v) Berechnen Sie das Matrix-Produkt $\boldsymbol{C}^{-1}\boldsymbol{C}$.

d) Die Anteile der zwei Vermögenswerte im Portfolio belaufen sich auf 20 % von X und 80 % von Y. Die Ertragserwartungen werden vom Research mit $\mu_x = 2\,\%$ und $\mu_y = 8\,\%$ angegeben.

Bestimmen Sie folgende Größen (**Portfoliotheorie**):

(i) Gewichtsvektor $\mathbf{w}$ und $\mathbf{w}'$.

(ii) Ertragsvektor $\boldsymbol{\mu}$ und $\boldsymbol{\mu}'$

(iii) Das Skalarprodukt $\mathbf{1}'\mathbf{w}$ bzw. $\mathbf{w}'\mathbf{1}$.

Hinweis zur Lösung: $\mathbf{1} \in \mathbb{R}^n$ ist der Einsvektor mit passender Dimension n.

(iv) Portfoliorendite $R = \boldsymbol{\mu}'\mathbf{w}$ bzw. $R = \mathbf{w}'\boldsymbol{\mu}$.

(v) Portfoliovarianz $\sigma^2 = \mathbf{w}'\ \boldsymbol{C}\ \mathbf{w}$.

(vi) Portfoliostandardabweichung σ.

e) Skizzieren Sie in der Abbildung 2.2 die Ertrag-Risiko-Profile der zwei Vermögenswerte und des Portfolios (Verwenden Sie die Vorgaben und Ergebnisse aus den Aufgabenteilen c und d).

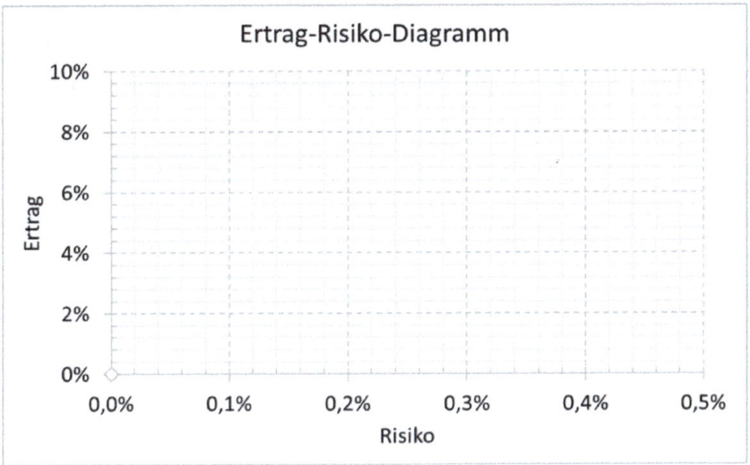

Abbildung 2.2: Ertrag-Risiko-Profile im Vergleich.

f) Über eine **Datenschnittstelle** werden Korrelationsmatrizen verschiedener Portfolios für die Weiterverarbeitung bereitgestellt. Die Datenschnittstelle ist defekt und liefert z. T. falsche Korrelationsmatrizen.

(i) Welche der nachfolgenden Korrelationsmatrizen sind falsch (kurze Begründung)?

$$\rho_A = \begin{pmatrix} 1.0 & 0.9 \\ 0.9 & 1.0 \end{pmatrix} \qquad \rho_B = \begin{pmatrix} +1.0 & +0.9 \\ -0.9 & +1.0 \end{pmatrix} \qquad \rho_C = \begin{pmatrix} 1.0 & 0.2 & 0.3 \\ 0.3 & 1.0 & -0.5 \\ 0.2 & -0.5 & 1.0 \end{pmatrix}$$

$$\rho_D = \begin{pmatrix} 1.00 & 0.70 & 0.60 \\ 0.70 & 0.99 & -0.10 \\ 0.60 & -0.20 & 1.00 \end{pmatrix} \qquad \rho_E = \begin{pmatrix} 1.00 & -0.2 & 0.3 \\ -0.2 & 1.00 & 0.5 \\ 0.3 & 0.5 & 1.00 \\ -0.1 & 0.5 & 1.00 \end{pmatrix}$$

$$\rho_F = \begin{pmatrix} 1.0 & -0.8 & -0.700 \\ -0.80 & 1 & +0.20 \\ -0.7 & +0.20 & 1.00 \end{pmatrix} \qquad \rho_G = \begin{pmatrix} +1.00 & -0.10 & +0.20 & +0.90 \\ -0.10 & +1.00 & +1.10 & -0.30 \\ +0.20 & +1.10 & +1.00 & +0.50 \\ +0.90 & -0.30 & +0.50 & +1.00 \end{pmatrix}$$

(ii) Ergänzen Sie die nachfolgende, nur teilweise übermittelte Korrelationsmatrix, sodass die Anforderungen an eine Korrelationsmatrix erfüllt sind.

$$\rho_H = \begin{pmatrix} +1.00 & \_\_\_\_ & +0.20 & +0.30 \\ -0.10 & +1.00 & +0.50 & \_\_\_\_ \\ +0.20 & +0.50 & \_\_\_\_ & -0.30 \\ \_\_\_\_ & +0.90 & -0.30 & +1.00 \end{pmatrix}$$

Sollte in der **Praxis** Ihre ergänzte Korrelationsmatrix bei einer sich möglicherweise dann anschließenden Optimierung genutzt werden? Begründung!

3 Portfolioanalyse

Aufgabe 1

Ein **Portfolio** besteht aus zwei Vermögenswerten $A1$ und $A2$. Der Ertragsvektor wird mit $\boldsymbol{\mu}' = (9.0\,\% \quad 3.5\,\%)$, der Risikovektor mit $\boldsymbol{\sigma}' = (22.02\,\% \quad 4.02\,\%)$ und die Korrelation der beiden Vermögenswerten mit $\rho_{12} = -0.500$ angegeben.

a) Notieren Sie die Korrelationsmatrix $\boldsymbol{\rho}$.

b) Berechnen Sie die Kovarianzmatrix $\boldsymbol{C}$ für die Vermögenswerte.

> *Hinweis zur Lösung*: $\rho_{ij} = \frac{C_{ij}}{\sigma_i \sigma_j}$.

c) Bei einem Portfolio aus zwei Vermögenswerten gilt für die Gewichte folgender Zusammenhang: $\omega_2 = 1 - \omega_1$.

Berechnen Sie für die Gewichtungen $\omega_1 = 0\,\%, 10\,\%, 20\,\%, \ldots, 90\,\%, 100\,\%$ jeweils den **Portfolioertrag** R_{PF} sowie das **Portfoliorisiko** σ_{PF} und stellen Sie die Ergebnisse in Tabellenform dar.

> *Hinweis zur Lösung*: $R_{\text{PF}} = \mathbf{w}'\boldsymbol{\mu}$ und $\sigma^2_{\text{PF}} = \mathbf{w}'\boldsymbol{C}\mathbf{w}$.

d) Skizzieren Sie in der Grafik 3.1 das Ertrag-Risiko-Profil der Vermögenswerte und mit den Ergebnissen aus Punkt c) die Effizienzlinie.

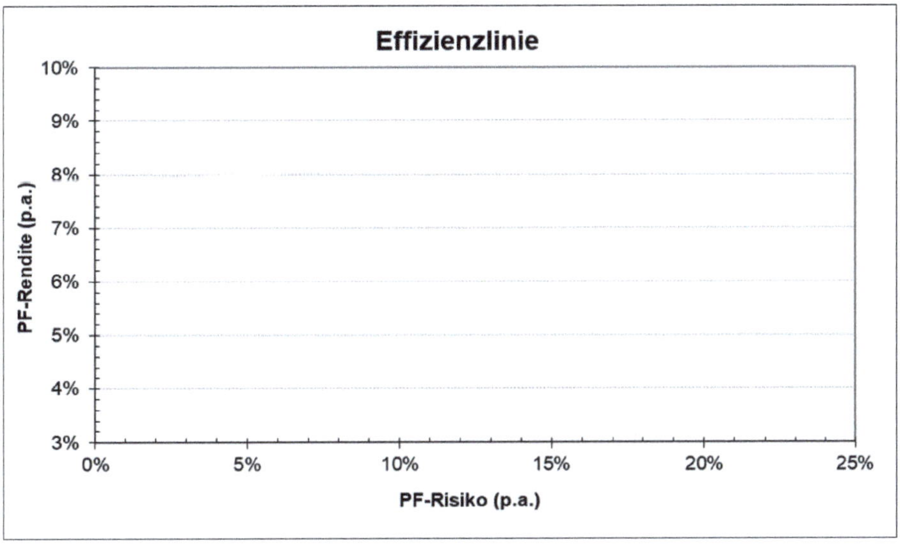

Abbildung 3.1: Effizienzlinie.

e) Die **inverse Kovarianzmatrix** zu Ihrer Matrix aus Punkt b) wird mit einem Software-Paket berechnet und hat folgende Darstellung:

$$C^{-1} = \begin{pmatrix} 27.5 & 75.3 \\ 75.3 & 825.0 \end{pmatrix}$$

Überzeugen Sie sich, dass näherungsweise gilt:

$$C^{-1}C = E = \begin{pmatrix} 1 & 0 \\ 0 & 1 \end{pmatrix}$$

f) Für das **Minimum-Varianz-Portfolio** (MVPF) sollen die nachfolgenden Größen ermittelt werden:

(i) Gewichtsvektor $\mathbf{w}^*$.

> *Hinweis zur Lösung*: $\mathbf{w}^* = \frac{C^{-1}\mathbf{1}}{\mathbf{1}'C^{-1}\mathbf{1}}$ und
>
> $\mathbf{1} \in \mathbb{R}^n$ ist der Einsvektor mit passender Dimension n.

(ii) Ertrag R_{MVPF}.

(iii) Risiko σ^2_{MVPF}.

(iv) Standardabweichung σ_{MVPF}.

(v) Markieren Sie in der Grafik 3.1 das Ertrag-Risiko-Profil des Minimum-Varianz-Portfolios.

g) Skizzieren Sie in der Grafik 3.1 den Verlauf der Effizienzlinie für $\rho_{12} = +1$ (ohne **Short-Positionen**). Welche Zusammensetzung hat in diesem Fall das Minimum-Varianz-Portfolio?

Aufgabe 2

Ein **Portfolio** besteht aus n Vermögenswerten. Für die Vermögenswerte sei der **Vektor** der Ertragserwartungen $\boldsymbol{\mu}$ und die Kovarianzmatrix C gegeben. Es wird angenommen, dass die Vermögenswerte jeweils den gleichen Anteil am Portfoliovolumen besitzen (**Gleichgewichtung**).

a) Notieren Sie den Gewichtsvektor $\mathbf{w}$.

b) Welcher Portfolioertrag $R = \mathbf{w}'\boldsymbol{\mu}$ ist zu erwarten?

c) Wie vereinfacht sich die Gleichung für die Portfoliovarianz $\sigma^2 = \mathbf{w}'C\mathbf{w}$?

d) Notieren Sie die zuvor bestimmte Gleichung für σ^2 in Summenschreibweise.

e) Spalten Sie die Summe für σ^2 in Varianz- und Kovarianzterme auf und vereinfachen Sie den Ausdruck durch Einführung des Mittelwertes $\langle x \rangle = \frac{1}{n} \sum_{i=1}^{n} x_i$.

f) Bestimmen Sie den **Grenzwert** für σ^2 wenn $n \to \infty$.

g) Welche Bedeutung hat der Grenzwert?

4 Das *Capital Asset Pricing Model* - CAPM

Das *Capital Asset Pricing Model* (**CAPM**) ist ein Modellansatz zur Bestimmung der Gleichgewichtsrendite riskanter Wertpapiere bzw. Assetklassen. Der Modellansatz berücksichtigt dabei auch die Stellung und den Beitrag des einzelnen Vermögenswertes zu Rendite und Risiko des Gesamtmarktes. Der Modellansatz erweitert die Portfoliotheorie um die Frage, welcher Teil des Gesamtrisikos eines Vermögenswertes nicht durch Risikostreuung (Diversifikation) zu beseitigen ist und erklärt, wie risikobehaftete Anlagemöglichkeiten am Kapitalmarkt bewertet werden.

Übersicht zu den **Annahmen des CAPM**:

- Es wird ein vollkommener Kapitalmarkt angenommen (rationales Verhalten der Teilnehmer, Homogenität der Investitionsobjekte, Mengenanpassverhalten, perfekter Wettbewerb, keine Transaktionskosten, unendliche Anpassungsgeschwindigkeit der Marktteilnehmer, vollständige Markttransparenz für alle Marktteilnehmer etc.)
- Es werden risikoaverse Investoren mit möglicherweise unterschiedlichen Präferenzen betrachtet, die am Kapitalmarkt Vermögenswerte handeln.
- Für die stetigen Verzinsungen der am Kapitalmarkt gehandelten Vermögenswerte wird eine Normalverteilung angenommen.
- Die Investoren wählen nur effiziente Portfolios.
- Die Investoren haben gleiche (homogene) Erwartungen aufgrund von gleichen Informationen (insbesondere bzgl. Ertrag und Risiko der Vermögenswerte).
- Die Investoren investieren über denselben Planungshorizont (~ Laufzeit der Kapitalanlage).
- Es gibt eine risikolose Anlage- und Verschuldungsmöglichkeit, wobei der Sollzins dem Habenzins entspricht.

Im Kern fußt das CAPM somit auf relativ einfachen ökonomischen Grundlagen und kann mit Methoden der Portfoliotheorie formalisiert werden, wenn Verleihen und Verschulden zum **risikolosen Zinssatz**[1] r_F zugelassen wird, wenn also zu den bestehenden Assetklassen eine zusätzliche Assetklasse „risikoloser Zins" (gebildet durch risikolose Wertpapiere) betrachtet wird. Die nachfolgende Darstellung des Sachverhalts orientiert sich an den Ausführungen in Steiner und Uhlir (2001).

Betrachtet wird im Folgenden ein Portfolio (PF), das aus einem Anteil w_0 des risikolosen Wertpapiers (F) und aus einem Anteil $(1 - w_0)$ eines riskanten Portfolios (R) besteht. Das riskante Portfolio (R mit Ertragserwartung μ_R und Varianz σ_R^2) ist dabei ein beliebiges Portfolio aus der Menge der möglichen Portfolios, die aus den Assetklassen ohne das risikolose Wertpapier gebildet werden können.

1 Der risikolose Zinssatz r_F ist in dem hier betrachteten Modell keine Zufallsvariable, sondern eine feste, deterministische Größe.

Der erwartete Ertrag und die Varianz als Kennzahlen des **Ertrag-Risiko-Profils** des Gesamtportfolios (PF) berechnen sich zu:

$$\begin{aligned} \mu_{\mathrm{PF}} &= \mathrm{E}[r_{\mathrm{PF}}] \\ &= w_0 r_{\mathrm{F}} + (1 - w_0)\mu_{\mathrm{R}} \\ \sigma_{\mathrm{PF}}^2 &= \mathrm{Var}[r_{\mathrm{PF}}] \\ &= \mathrm{Var}[w_0 r_{\mathrm{F}} + (1 - w_0) r_{\mathrm{R}}] \\ &= (1 - w_0)^2 \mathrm{Var}[r_{\mathrm{R}}] \\ &= (1 - w_0)^2 \sigma_{\mathrm{R}}^2 \,. \end{aligned} \tag{4.1}$$

D. h., die Standardabweichung des Gesamtportfolios lautet $\sigma_{\mathrm{PF}} = (1 - w_0)\sigma_{\mathrm{R}}$. Aus der letzten Gleichung folgt durch Umstellen:

$$w_0 = 1 - \frac{\sigma_{\mathrm{PF}}}{\sigma_{\mathrm{R}}} \,. \tag{4.2}$$

Mit diesem Zusammenhang lässt sich der erwartete Ertrag des Gesamtportfolios – vgl. den ersten Teil der Gleichung (4.1) – wie folgt über eine lineare Gleichung darstellen:

$$\mu_{\mathrm{PF}} = r_F + \frac{\mu_{\mathrm{R}} - r_F}{\sigma_{\mathrm{R}}} \sigma_{\mathrm{PF}} \,. \tag{4.3}$$

Somit kann für das Gesamtportfolio (PF) eine Beziehung zwischen erwartetem Ertrag und Risiko gebildet werden, die unabhängig von der Gewichtung w_0 (Anteil des risikolosen Wertpapieres) ist. D. h., alle möglichen Portfolio-Kombinationen (aus risikolosem und risikobehaftetem Anteil) im Gesamtportfolio liegen auf einer Geraden: Achsenabschnitt r_F und Steigung $\frac{\mu_{\mathrm{R}} - r_F}{\sigma_{\mathrm{R}}}$.

Exkurs - Sharpe-Quotient

Der Sharpe-Quotient (Sharpe-Maß, Sharpe-Verhältnis, *Sharpe ratio*) ist eine betriebswirtschaftliche Kennzahl, die für einen risikobehafteten Vermögenswert die **Überrendite** gegenüber dem risikofreien Zinssatz ins Verhältnis zur Volatilität der Überrendite – als Maß für das Risiko – setzt. Sei

$$D = r_{\mathrm{R}} - r_F \tag{4.4}$$

die Überrendite gegenüber dem risikofreien Zinssatz (allg. der risikolosen Kapitalanlage), dann ist D eine Zufallsvariable, weil die Rendite der risikobehafteten Vermögensanlage r_{R} eine Zufallsvariable ist.

Der Sharpe-Quotient ist mit der Überrendite D durch folgende Gleichung definiert:

$$\mathcal{S} = \frac{\mathrm{E}[D]}{\sqrt{\mathrm{Var}[D]}} \,. \tag{4.5}$$

Da r_F keine Zufallsvariable ist (~ „kein Risiko") und für den erwarteten Ertrag der risikobehafteten Vermögensanlage $\mu_{\mathrm{R}} = \mathrm{E}[r_{\mathrm{R}}]$ gilt, lässt sich Gleichung (4.5) umformen:

$$\mathcal{S} = \frac{\mu_{\mathrm{R}} - r_F}{\sigma_{\mathrm{R}}} \,. \tag{4.6}$$

Die Steigung der Geraden aus Gleichung (4.3) entspricht also genau dem Sharpe-Quotienten S.

Liegen **Zeitreihen** von vergangenen Überrenditen D_t für $t = 1, \ldots, T$ vor, dann kann der Sharpe-Quotient durch folgende Funktion geschätzt werden:

$$\widehat{S} = \frac{\langle D \rangle}{\sqrt{s_D^2}} . \tag{4.7}$$

Mit

$$\text{Stichprobenmittelwert:} \quad \langle D \rangle = \frac{1}{T} \sum_{t=1}^{T} D_t$$

$$\text{Stichprobenvarianz:} \quad s_D^2 = \frac{1}{T-1} \sum_{t=1}^{T} (D_t - \langle D \rangle)^2$$

Interpretation (Wikipedia, 2019)[2]: Mit dem Sharpe-Quotienten kann die vergangene Wertentwicklung von Geldanlagen miteinander verglichen werden. Der Sharpe-Quotient bemisst, vereinfacht ausgedrückt, die Überrendite pro Einheit des übernommenen Risikos. Maß für das Risiko ist die **Volatilität** der Überrendite. In die Berechnung der Volatilität gehen alle vergangenen, realisierten Überrenditen ein, also auch die negativen Werte, wenn der Ertrag des Vermögenswertes unterhalb des risikolosen Zinssatzes lag.

Solange der Sharpe-Quotient positiv ist, gilt: Je höher der Wert des Sharpe-Quotienten, desto besser war die Wertentwicklung des untersuchten Vermögenswerts in Bezug auf das eingegangene Risiko. Ist der Sharpe-Quotient negativ, so war die Wertentwicklung schlechter als die einer risikolosen Kapitalanlage.

Der Vergleich von Sharpe-Quotienten verschiedener Vermögenswerte zeigt über das Vorzeichen an, ob eine Unter- oder Überperformance erzielt wurde, und ermöglicht für positive Werte eine ordinale Skalierung: Je höher der Wert, desto besser war die **Performance** der Vermögensanlage. Wie hoch das eingegangene Risiko war, ist aus dieser Kennzahl nicht ablesbar (Wikipedia, 2019)[3].

Kapitalmarktlinie

Da von dem risikobehafteten Portfolio (R) lediglich vorausgesetzt wurde, dass es in der Menge der möglichen Portfolios enthalten ist, muss diese lineare Beziehung zwischen einem risikolosen und einem risikobehafteten Portfolio immer gelten. Da außerdem Nutzenmaximierung (∼ maximaler Ertrag bei kleinstem Risiko) der Investoren unterstellt wird, kann diese Gerade nur die Tangente an die **Effizienzlinie** mit Achsenabschnitt r_F sein.

---

2 Wikipedia (2019). Sharpe-Quotient.
Abgerufen am 31.03.2019, von https://de.wikipedia.org/wiki/Sharpe-Quotient.

3 Wikipedia (2019). Sharpe-Quotient.
Abgerufen am 31.03.2019, von https://de.wikipedia.org/wiki/Sharpe-Quotient.

Diese Tangente wird als Kapitalmarktlinie (*Capital Market Line; CML*) bezeichnet. Die Kapitalmarktlinie berührt die Effizienzlinie tangential in einem Punkt. Dieser Punkt auf der Effizienzlinie wird durch das sogenannte **Tangentialportfolio** repräsentiert. Damit ist das zu wählende risikobehaftete Portfolio (R) als Tangentialportfolio eindeutig und wird als Marktportfolio (M) bezeichnet.

Dies impliziert die Sichtweise: Alle Investoren (homogene Erwartungen bzgl. des Ertrags der Assetklassen und bzgl. der Kovarianzmatrix) halten das gleiche riskante Portfolio, das **Marktportfolio** (M), sie kombinieren es jedoch in Abhängigkeit von ihrer Risikoaversion in unterschiedlichem Ausmaß mit dem risikolosen Wertpapier.

Der allgemeine Zusammenhang zwischen Ertragserwartung und Rendite des Gesamtportfolios (bestehend aus risikolosem Wertpapier und Tangentialportfolio als Marktportfolio) lautet somit:

$$\mu_{\mathrm{PF}} = r_F + \frac{\mu_{\mathrm{M}} - r_F}{\sigma_{\mathrm{M}}} \sigma_{\mathrm{PF}} \,. \tag{4.8}$$

Die Existenz der Kapitalmarktlinie impliziert: Sämtliche auf der Effizienzlinie befindliche Portfolios – mit Ausnahme des Marktportfolios (M) – werden von den Portfolios auf der Kapitalmarktlinie dominiert. Da die Kapitalmarktlinie eine maximal mögliche Steigung aufweist, ist folgende Interpretation naheliegend: Jede Einheit übernommenes Risiko σ_{PF} im Gesamtportfolio (PF) wird maximal vom Kapitalmarkt entlohnt. Bemerkung: Für das Marktportfolio (M) ist in diesem Zusammenhang der Sharpe-Quotient $\mathcal{S}$ maximal.

Da jeweils lediglich zwei Anlagen zu kombinieren sind (risikoloses Wertpapier und Marktportfolio) findet sich in diesem Zusammenhang in der weiteren Literatur auch die Bezeichnung *Two-Fund-Theorem*, *Separationstheorem* oder *Tobin-Separation*.

Tangentialportfolio

Zur Bestimmung des Gewichtsvektors $\mathbf{w} = (w_1, \ldots, w_n)' \in \mathbb{R}^{n\times 1}$ des Tangentialportfolios (Marktportfolio (M)!) wird im Folgenden ein Portfolio (PF) betrachtet, dass aus einem Anteil w_0 des risikolosen Wertpapiers (F; mit einem festen Ertrag / fester Rendite von r_F) und aus einem Anteil $(1 - w_0)$ des noch unbekannten Marktportfolios (M) besteht. Das Marktportfolio (M) habe dabei die Ertragserwartung $\mu_{\mathrm{M}} = \mathbf{w}'\boldsymbol{\mu}$ und die Varianz $\sigma_{\mathrm{M}}^2 = \mathbf{w}'\mathbf{C}\mathbf{w}$. Es bezeichnet $\boldsymbol{\mu} \in \mathbb{R}^{n\times 1}$ den Vektor der erwarteten Erträge der im Marktportfolio befindlichen Vermögenswerte und $\mathbf{C} \in \mathbb{R}^{n\times n}$ deren Kovarianzmatrix.

Das **Optimierungsproblem** fokussiert auf die Suche nach einer **Effizienzlinie**. Freier Parameter ist hierbei die Vorgabe des Ertragsanspruchs an das Mischportfolio μ_{PF}. In dieser Betrachtung soll dann die Varianz (Risiko) des Mischportfolios σ_{PF}^2 minimal werden. Mit Gleichung (4.1) kann für das Mischportfolio (PF) notiert werden:

$$\begin{aligned}
\mu_{\mathrm{PF}} &= w_0 r_{\mathrm{F}} + (1 - w_0)\mu_{\mathrm{M}} \\
&= w_0 r_{\mathrm{F}} + (1 - w_0)\mathbf{w}'\boldsymbol{\mu} \\[1ex]
\sigma_{\mathrm{PF}}^2 &= (1 - w_0)^2 \sigma_{\mathrm{M}}^2 \\
&= (1 - w_0)^2 \mathbf{w}'\mathbf{C}\mathbf{w} \,.
\end{aligned} \tag{4.9}$$

Sei $a > 0$ der **Risikoaversionsparameter** des Investors, dann ist mit den Gleichungen (4.9) die Ausgangslage für die Optimierung im Rahmen des **Lagrangeformalismus**:

$$\max_{\mathbf{w}} U(\sigma_{\mathrm{PF}}) = \max_{\mathbf{w}} \left(-\frac{1}{2} a (1 - w_0)^2 \, \mathbf{w}'\mathbf{C}\mathbf{w} \right) \quad \text{(Nutzenfunktion)}$$

$$0 = 1 - \mathbf{w}'\mathbf{1} \quad \text{(Nebenbedingung 1)}$$

$$0 = \mu_{\mathrm{PF}} - w_0 r_{\mathrm{F}} - (1 - w_0)\mathbf{w}'\boldsymbol{\mu} \quad \text{(Nebenbedingung 2)}$$

Bemerkungen: Short-Positionen sind hier nicht ausgeschlossen. Der Investor erlaubt also in einzelnen Vermögensklassen / Vermögenswerten im Tangentialportfolio *short* zu sein.

Lagrangefunktion für die Optimierung:

$$\mathcal{L} = \frac{1}{2} a \left(1 - w_0\right)^2 \mathbf{w}'\mathbf{C}\mathbf{w} + \lambda_1 \left(1 - \mathbf{w}'\mathbf{1}\right) + \lambda_2 \left(\mu_{\mathrm{PF}} - w_0 r_{\mathrm{F}} - (1 - w_0)\mathbf{w}'\boldsymbol{\mu}\right) \tag{4.10}$$

mit λ_1, λ_2 als Lagrangeparameter.

Die Zusammensetzung des Tangentialportfolios $\mathbf{w}$ ist die Lösung des **Minimierungsproblems**:

$$\min_{\mathbf{w}} \mathcal{L}\left(\mathbf{w}, w_0, \lambda_1, \lambda_2\right) .$$

Werden alle partiellen Ableitungen der Lagrangefunktion gebildet und null gesetzt, kann das entstehende Gleichungssystem für die Größen $\mathbf{w}, w_0, \lambda_1$ und λ_2 gelöst werden. Das Tangentialportfolio hat als Ergebnis dieser Rechnung folgende Darstellung:

$$\boxed{\mathbf{w} = \frac{\mathbf{C}^{-1}\left(\boldsymbol{\mu} - r_F \mathbf{1}\right)}{\mathbf{1}'\mathbf{C}^{-1}\left(\boldsymbol{\mu} - r_F \mathbf{1}\right)}} \tag{4.11}$$

Diese Gleichung lässt drei Besonderheiten erkennen:

1. Die Zusammensetzung des Tangentialportfolios ist unabhängig vom Risikoaversionsparameter a.
2. Wenn der Nenner in Gleichung (4.11) null wird, dann existiert kein (endliches) Tangentialportfolio.
3. Der Nenner in Gleichung (4.11) kann negativ werden – bspw. dann, wenn die risikolose Verzinsung r_F größer als alle erwarteten Erträge der einzelnen Vermögenswerte ist –, dieser Fall ist jedoch ökonomisch von geringerer Relevanz.

Mit dem Gewichtsvektor des Tangentialportfolios lassen sich der Ertrag $\mu_{\mathrm{M}} = \mathbf{w}'\boldsymbol{\mu}$ und die Varianz $\sigma_{\mathrm{M}}^2 = \mathbf{w}'\mathbf{C}\mathbf{w}$ des Marktportfolios (M) bestimmen und das **Ertrag-Risiko-Profil** notieren.

Die Abbildung 4.1 zeigt exemplarisch die Lage der Kapitalmarktlinie und des Tangentialportfolios.

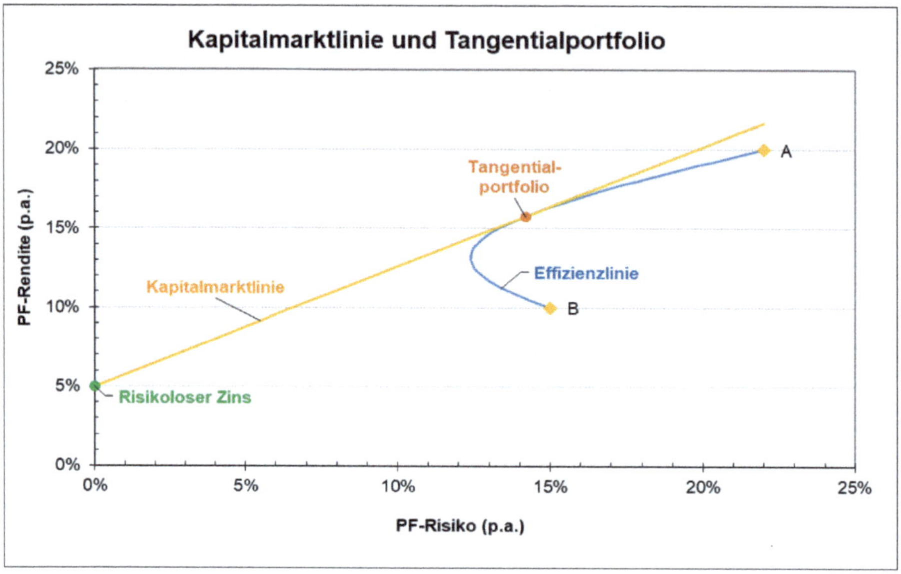

Abbildung 4.1: Kapitalmarktlinie und Tangentialportfolio.

Charakteristische Linie

Die charakteristische Linie ist eine Regressionsgerade, die aus Vergangenheitswerten der realisierten Erträge eines Wertpapiers und den realisierten Erträgen des Marktportfolios im Rahmen des CAPM abgeleitet wird. Die Steigung der charakteristischen Linie wird durch den sogenannten **Beta-Faktor** β_i des betrachteten Wertpapiers i ausgedrückt. Die charakteristische Linie eines Wertpapiers i zeigt die typische Reaktion des erwarteten Wertpapierertrags $\mathrm{E}[R_i]$ in Abhängigkeit von der Marktentwicklung. Somit drückt der Beta-Faktor die Sensitivität – also das Änderungsverhalten – des Wertpapierertrags in Bezug auf die Änderung des Ertrags des Marktportfolios aus und ist damit ein Maß für das systematische Risiko[4] (Risiko aufgrund der Gesamtmarktbewegung). Ausgangspunkt für die Herleitung der charakteristischen Linie bildet die **Regressionsgleichung** für das i-te Wertpapier:

$$R_i = \alpha_i + \beta_i R_M + \epsilon_i \,. \tag{4.12}$$

4 In der modernen Finanzwissenschaft werden unterschieden:

Unsystematisches Risiko: Unter dem unsystematischen Risiko (auch Einzeltitelrisiko, spezifisches oder diversifizierbares Risiko genannt) versteht man im Kontext der Portfoliotheorie bzw. des CAPM den Teil des Risikos, der durch Risikodiversifizierung des Portfolios reduziert werden kann. Die Risikoursache ist stets im Investment selbst begründet und resultiert bspw. aus Managementfehlern, falsche Produktpolitik, zu hohen Kosten, Betriebsstörungen, Bonitätsrisiko bei Unternehmensanleihen etc.

Systematisches Risiko: Das systematische Risiko (Risiko aufgrund der Gesamtmarktbewegung, Marktrisiko) bezeichnet in der modernen Finanzwissenschaft das residuale Risiko (Restrisiko), das selbst bei optimaler Mischung der einzelnen Vermögenswerte im Portfolio nicht diversifiziert werden kann. Theoretisch betrachtet, bildet das systematische Risiko die Basis, auf der ein Investor seine erwartete risikoadjustierte Rendite formuliert. Durch geeignete Diversifikation können er und alle anderen Kapitalmarktteilnehmer das unsystematische Risiko eliminieren. Letzteres muss in diesem Fall – im Gegensatz zum systematischen Risiko – nicht mehr vergütet werden. Ein Maß für das systematische Risiko ist der Beta-Faktor.

Mit α_i und β_i sind die Regressionskonstanten bezeichnet. Diese lassen sich aus Zeitreihen von realisierten Wertpapiererträgen R_i und realisierten Erträgen des Marktportfolios R_M schätzen.

Für den **Störterm** ϵ_i in Gleichung (4.12) gilt die Standardnormalverteilungsannahme: $\epsilon_i \sim \mathcal{N}(0,1)$. Somit folgt: $\mathrm{E}[\epsilon_i] = 0$, $\mathrm{E}[\epsilon_i^2] = 1$. Ferner gilt für zwei verschiedene Wertpapiere i, j: $\mathrm{E}[\epsilon_i \epsilon_j] = 0$.

Wird in der Gleichung (4.12) der Erwartungswert über die Zufallsvariablen R_i bzw. ϵ_i gebildet und als unabhängige Variable der Erwartungswert des Marktportfolios (M) betrachtet, dann kann über die charakteristische Linie für den erwarteten Ertrag eines Wertpapiers i folgender Zusammenhang zum Marktportfolio (M) hergestellt werden:

$$\mathrm{E}[R_i] = \alpha_i + \beta_i \mathrm{E}[R_M]\,. \tag{4.13}$$

Die Abbildung 4.2 zeigt beispielhaft für ein Wertpapier die Lage der charakteristischen Linie.

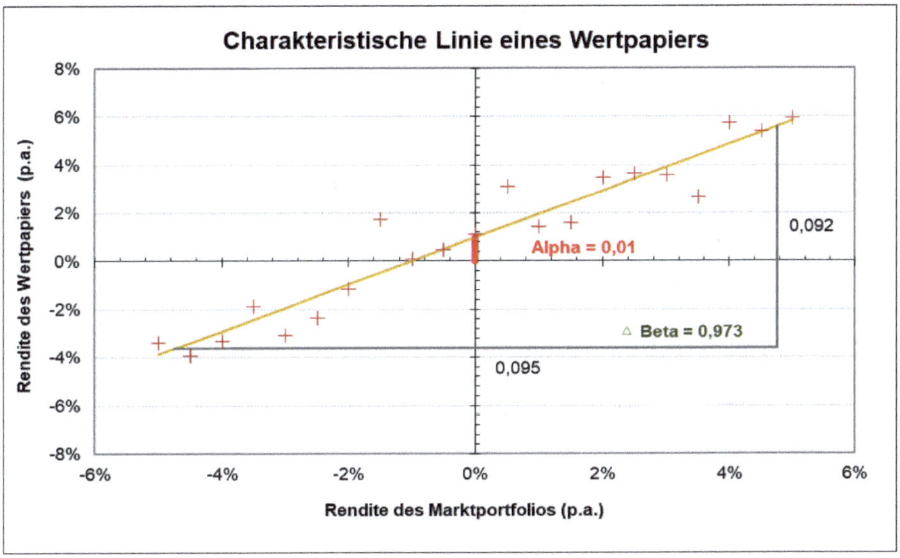

Abbildung 4.2: Charakteristische Linie eines Wertpapiers.

Die **Regressionskonstanten** erhalten damit folgende Bedeutung:

α_i: Achsenabschnitt der Geraden; im Zeitablauf konstante Renditekomponente des i-ten Wertpapiers.

β_i: Anstieg der charakteristischen Linie; Sensitivität des i-ten Wertpapiers in Bezug auf Veränderungen der erwarteten Rendite des Marktportfolios (M).

Mit den Gleichungen (4.12) und (4.13) kann die Kovarianz $\mathrm{COV}(R_i, R_M)$ bestimmt werden. Die Berechnung der Kovarianz zwischen dem Wertpapier i und dem Marktportfolio (M) führt zur Definition des Beta-Faktors β_i des i-ten Wertpapiers[5] (allg.: des Vermögenswertes i):

$$\beta_i = \frac{\mathrm{COV}(R_i, R_M)}{\mathrm{Var}(R_M)} \,. \tag{4.14}$$

Bezeichnet ρ_{iM} die **Korrelation** des i-ten Wertpapiers zum Marktportfolio (M), dann lässt sich die Gleichung (4.14) umformen und der Beta-Faktor lässt sich durch die Standardabweichungen σ_i und σ_M ausdrücken:

$$\begin{aligned}\beta_i &= \rho_{iM}\sqrt{\frac{\mathrm{Var}(R_i)}{\mathrm{Var}(R_M)}}\\ &= \rho_{iM}\frac{\sigma_i}{\sigma_M} \,.\end{aligned} \tag{4.15}$$

Mit dem Beta-Faktor lassen sich drei Gruppen von Wertpapieren bilden:

1. $|\beta| > 1$: Das betrachtete Wertpapier bewegt sich stärker schwankend als der Gesamtmarkt.
2. $|\beta| = 1$: Das betrachtete Wertpapier bewegt sich gleich stark schwankend wie der Gesamtmarkt.
3. $|\beta| < 1$: Das betrachtete Wertpapier bewegt sich weniger stark schwankend als der Gesamtmarkt.

Da der Ertrag der risikolosen Kapitalanlage keine Zufallsvariable ist, gilt für die Varianz $\sigma_{r_F} = 0$. Aus der Gleichung (4.15) folgt dann für die risikolose Kapitalanlage $\beta_{r_F} \equiv 0$. Für das Marktportfolio (M) gilt: $\beta_\mathrm{M} \equiv 1$, vgl. Gleichung (4.14).

Wertpapierlinie

Das CAPM kann auch als **Bewertungsmodell** für einzelne Wertpapiere (oder ein beliebiges Portfolio) genutzt werden. Dazu wird aus den Gleichungen des CAPM ein funktionaler Zusammenhang zwischen dem erwarteten Ertrag $\mathrm{E}[R_i]$ und der Varianz σ_i^2 des Wertpapiers i hergestellt.

Ausgangspunkt für die Herleitung des gesuchten Zusammenhangs bildet die Betrachtung eines Portfolios aus einem risikobehafteten Wertpapier i und dem Marktportfolio (M). Aus Ertrag und Risiko des Gesamtportfolios – Wertpapier i und Marktportfolio (M) – kann dann eine Geradengleichung hergeleitet werden. In der Literatur finden sich hierzu folgende Darstellungen:

$$\begin{aligned}\mathrm{E}[R_i] &= r_F + \rho_{iM}\frac{\sigma_i}{\sigma_M}\,(\mathrm{E}[R_M] - r_F)\\ &= r_F + \beta_{iM}(\mathrm{E}[R_M] - r_F)\\ &= r_F + \beta_{iM}(\mu_M - r_F)\\ &= r_F + \beta_i(\mu_M - r_F) \,.\end{aligned} \tag{4.16}$$

5 In manchen Literaturen findet sich auch die Bezeichnung β_{iM} statt β_i, die den Bezug zum Marktportfolio (M) verdeutlichen soll.

Der obige Zusammenhang ist eine lineare Gleichung und wird als zentrales, **fundamentales Ergebnis** des CAPM angesehen. Eingezeichnet in einem Ertrag-Beta-Diagramm beschreibt die Gleichung (4.16) eine Linie, die als Wertpapierlinie (*Security Market Linie; SML*) bezeichnet wird.

Interpretation: Im Finanzmarktgleichgewicht passt sich der gegenwärtige Preis eines Wertpapiers derart an, dass der erwartete Ertrag den Ertrag des risikolosen Wertpapiers um eine **Risikoprämie** übersteigt, die proportional mit dem Faktor β_i des Wertpapiers i ansteigt. Mit dem Faktor β_i wird das systematische Risiko (Risiko aufgrund der Gesamtmarktbewegung) des i-ten Wertpapiers bemessen. D. h., die Wertpapierlinie für ein spezielles Wertpapier ist eine lineare Funktion des systematischen Risikos des betrachteten Wertpapiers.

Jensen-Alpha

Ein Wertpapier, das oberhalb der Wertpapierlinie liegt, würde einen höheren Ertrag erwarten lassen, als gemäß Gleichung (4.16) mit dem entsprechenden Beta-Faktor des Wertpapiers zu erwarten wäre. Diese Kapitalanlage würde die Erwartungen des Marktes übertreffen und somit unterbewertet sein. Die Unterbewertung würden Investoren durch verstärkten Kauf des Wertpapiers nutzen und dadurch den Preis des Wertpapiers erhöhen. In der Folge reduziert sich der erwartete Ertrag solange, bis der **Gleichgewichtswert** erreicht ist. Eine ähnliche Diskussion kann für überbewertete Wertpapiere unterhalb der Wertpapierlinie geführt werden.

Als Maß für die Überbewertung eines Wertpapiers wird in der Finanzmarkttheorie die Überrendite des Wertpapiers gegenüber ihrer Wertpapierlinie verwendet und dieses Maß wird als Jensen-Alpha (auch: Alphafaktor) bezeichnet.

Sei r_i die tatsächlich realisierte (empirische) Rendite des Wertpapiers i, dann ist das Jensen-Alpha gegeben durch:

$$\begin{aligned} \alpha_J &= r_i - \mathrm{E}[R_i] \\ &= (r_i - r_F) - \beta_i(\mathrm{E}[R_M] - r_F) \\ &= (r_i - r_F) - \beta_i(\mu_M - r_F)\,. \end{aligned} \tag{4.17}$$

Ist α_J positiv, dann ist das Wertpapier unterbewertet; bei negativem α_J ist es überbewertet.

Aufgabe 1

Das **Aktienportfolio** eines Investors besteht gemäß Anlagerichtlinien lediglich aus zwei Aktientiteln. Zu den beiden Aktientiteln und dem risikolosen Zins liegen vom Research die in Tabelle 4.1 notierten Daten vor:

Kürzel	Titel	erw. Ertrag μ	erw. Risiko σ
A	Autoschaden AG	20 %	22 %
B	Baupfusch AG	10 %	15 %
Korrelation $\rho_{\text{AB}} = 0.0$ Risikoloser Zins $r_F = 5.0\,\%$			

Tabelle 4.1: Aktienportfolio mit zwei Vermögenswerten.

a) Bestimmen Sie die **Kovarianzmatrix** C der beiden Aktientitel.

Hinweis zur Lösung: $C_{ij} = \rho_{ij}\sigma_i\sigma_j$.

b) Berechnen Sie die **inverse Kovarianzmatrix** $\mathbf{C}^{-1}$.

Hinweis zur Lösung: Einheitsmatrix $\mathbf{E} = \mathbf{C}\mathbf{C}^{-1}$.

c) Nehmen Sie an, die inverse Kovarianzmatrix habe näherungsweise folgende Gestalt:

$$\mathbf{C}^{-1} = \begin{pmatrix} 20 & 0 \\ 0 & 44 \end{pmatrix} .$$

Bestimmen Sie mit dieser inversen Kovarianzmatrix die Zusammensetzung **w** (Gewichtsvektor) des **Tangentialportfolios**.

Hinweis zur Lösung: $\mathbf{w} = \frac{\mathbf{C}^{-1}\left(\boldsymbol{\mu} - r_F \mathbf{1}\right)}{\mathbf{1}'\mathbf{C}^{-1}\left(\boldsymbol{\mu} - r_F \mathbf{1}\right)}$.

d) Berechnen Sie mit dem Gewichtsvektor aus Teilaufgabe c) folgende Größen für das Tangentialportfolio:

(i) Den erwarteten Ertrag $\mu_{\text{PF}} = \mathbf{w}'\boldsymbol{\mu}$.

(ii) Die Varianz $\sigma^2_{\text{PF}} = \mathbf{w}'\mathbf{C}\mathbf{w}$.

(iii) Die Standardabweichung σ_{PF}.

e) Skizzieren Sie in der nachfolgenden Abbildung 4.3 mit den Ergebnissen aus Teilaufgabe d) die Lage des Tangentialportfolios. Skizzieren Sie außerdem den Verlauf der Kapitalmarktlinie.

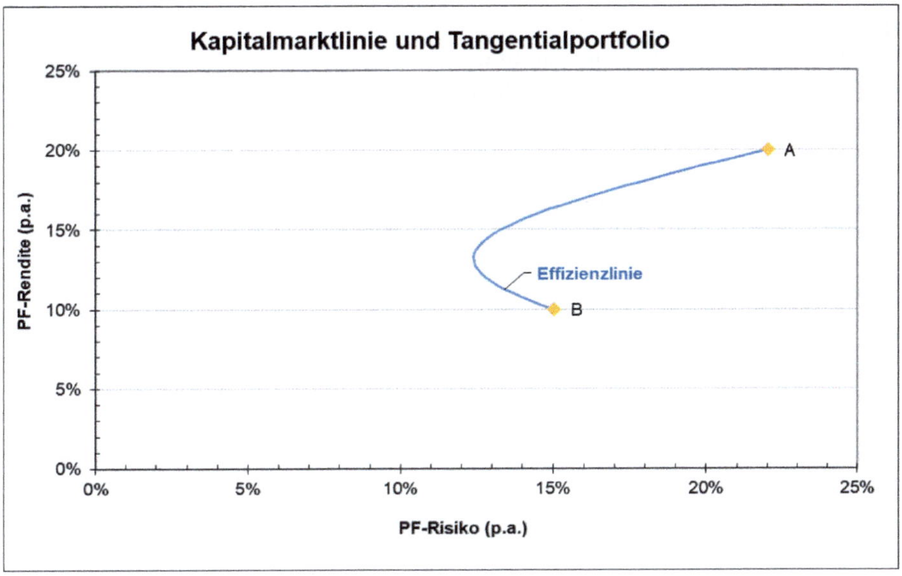

Abbildung 4.3: Kapitalmarktlinie und Tangentialportfolio.

Aufgabe 2

Die nachfolgende Grafik 4.4 zeigt die in der Vergangenheit realisierten Erträge (annualisierten Renditen) des Unternehmens Abwrack AG gegenüber dem Marktportfolio aufgezeichnet (**Stichprobe**).

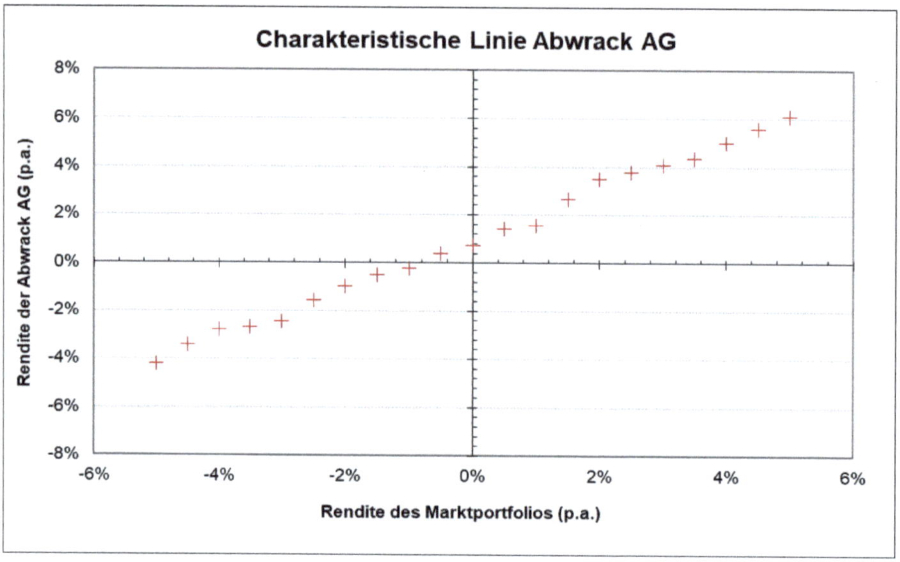

Abbildung 4.4: Realisierte Erträge und Charakteristische Linie (Aufgabe).

a) Zeichnen Sie die **Charakteristische Linie** als Ausgleichsgerade für die markierten Punkte in die Abbildung 4.4. Bestimmen Sie aus Ihrer Zeichnung näherungsweise α und β der Regressionsgleichung.

> *Hinweis zur Lösung*: $\mathrm{E}[R_i] = \alpha_i + \beta_i \mathrm{E}[R_M]$.

Für die Abwrack AG berechnet das Research einen β-Faktor (**Beta-Faktor**) von $\beta_{\mathrm{A,M}} = 1.05$ und eine Varianz von $\sigma^2_{\mathrm{A}} = 0.0256$. Erwarteter Ertrag und Varianz des Marktportfolios wird mit $\mathrm{E}[R_M] = 7\,\%$ bzw. $\sigma^2_{\mathrm{M}} = 0.0196$ angegeben. Den Zins der risikolosen Anlage notiert das Research mit $r_F = 1\,\%$.

b) Berechnen Sie die Korrelation $\rho_{\mathrm{A,M}}$ der Renditen von Marktportfolio und Abwrack AG.

> *Hinweis zur Lösung*: $\beta_i = \frac{\mathrm{COV}(R_i, R_M)}{\mathrm{Var}(R_M)}$ und $\mathrm{COV}(R_i, R_M) = \rho_{i,\mathrm{M}} \sigma_i \sigma_{\mathrm{M}}$.

c) Was bedeutet $|\beta| < 1$ im Sachzusammenhang?

d) Zur **Wertpapierlinie**:

(i) Bestimmen Sie mit Hilfe der Wertpapierlinie den erwarteten Ertrag des Wertpapiers.

> *Hinweis zur Lösung*: $\mathrm{E}[R_i] = r_F + \beta_{\mathrm{A,M}}(\mathrm{E}[R_M] - r_F)$.

(ii) Das Research publiziert das **Jensen-Alpha** für die Abwrack AG mit $\alpha_J = 0.55\,\%$. Welcher realisierte Ertrag liegt diesem Jensen-Alpha zugrunde?

(iii) Bestimmen Sie das **Sharpe-Ratio** für den erwarteten Ertrag und für den realisierten Ertrag der Abwrack AG.

> *Hinweis zur Lösung*: $S = \frac{\mu_A - r_F}{\sigma_A}$.

5 Black-Litterman

Ein Investor muss, um eine optimale strategische **Portfolioallokation** im Sinne der Markowitzschen Portfoliotheorie zu erhalten, für alle Vermögensklassen $i = 1, \ldots, n$ des Anlageuniversums eine Prognose über sämtliche Inputparameter (erwarteter Ertrag, erwartetes Risiko, erwartete Korrelation) abgeben bzw. berücksichtigen. Die mit diesen Inputparametern bestimmte künftige strategische Portfolioallokation hängt u. a. sensitiv von den erwarteten Erträgen für die einzelnen Vermögensklassen ab und kann z. B. dazu führen, dass das künftige Portfolio stark von dem bestehenden Portfolio abweicht und der Investor zu dem künftigen Portfolio kein Commitment aufbaut.

In dem Ansatz von Black and Litterman (1990, 1992) wird dieses Problem durch die Verwendung von **impliziten Gleichgewichtsrenditen**[1] $\mathbf{R}_\mathrm{I} \in \mathbb{R}^{n\times 1}$ umgangen und die daraus resultierenden optimalen Lösungen für ein künftiges strategisches Portfolio intuitiver und in der Praxis besser umsetzbar gestaltet. Die beiden Autoren kombinieren bei ihrem Ansatz die Markowitzsche Portfoliooptimierung mit den grundlegenden Annahmen des CAPM, vgl. Abschnitt 4.

Die Ermittlung der impliziten Gleichgewichtsrenditen erfolgt anhand einer „Rückwärtsrechnung“. Aus der Gewichtung $\mathbf{h} \in \mathbb{R}^{n\times 1}$ des Ausgangsportfolios (Marktportfolio im Sinne des CAPM oder IST-Allokation des Investors) werden durch eine Umkehrung der Optimierung die impliziten Gleichgewichtsrenditen für die einzelnen Vermögensklassen berechnet:

$$\mathbf{R}_\mathrm{I} = \mathrm{E}[R_\mathrm{M}]\,\frac{\mathbf{Ch}}{\mathbf{h}'\mathbf{Ch}} \tag{5.1}$$

Bei der Berechnung der impliziten Gleichgewichtsrenditen wird mit dem Skalar $\mathrm{E}[R_\mathrm{M}]$ multipliziert. Dieser Faktor resultiert aus den Überlegungen zum CAPM für die Rendite des Marktportfolios (M). Er kann aber auch den **Ertragsanspruch** des Investors für das gesuchte strategische Portfolio widerspiegeln.

Grundgedanke: Das Ausgangsportfolio wird dabei als „optimal“ angesehen und gefragt, welcher Ertragsvektor unter Berücksichtigung der Kovarianzmatrix[2] $\mathbf{C} \in \mathbb{R}^{n\times n}$ für die Vermögensklassen zu der vorhandenen Portfoliozusammensetzung geführt hätte.

Die impliziten Gleichgewichtsrenditen stellen in den weiteren Überlegungen des Black-Litterman-Konzeptes einen neutralen **Referenzpunkt** abgeleitet aus dem vorhandenen Anlegerportfolio dar.

Liegen die impliziten Gleichgewichtsrenditen vor, so werden diese in einem zweiten Schritt mit den aktuellen Ertragserwartungen (des Research oder resultierend aus der – durchaus auch subjektiven – Sichtweise des Investors) über ein mathematisches Verfahren verknüpft. Mathematische Grundlage bildet hierzu die Theorie von Thomas Bayes (1701–1761).

1 Auch: implizite Renditen, impliziter Investorview, implizite Ertragserwartungen.

2 Hier wird in der Praxis die aus historischen Daten geschätzte Kovarianzmatrix $\widehat{\mathbf{C}} \in \mathbb{R}^{n\times n}$ verwendet.

Als **Eingangsdaten** bei der Verknüpfung können berücksichtigt werden ...

... mit Unsicherheit behaftete Prognosen und „sicherer" Prognosen für die aktuelle Ertragserwartung,

... Teilprognosen, also Prognosen für die aktuellen Ertragserwartungen von einzelnen Vermögensklassen (z. B. für die Vermögensklassen, für die der Investor auch tatsächlich eine eigene Meinung besitzt),

... eine abweichende Kovarianzmatrix der impliziten Gleichgewichtsrenditen,

... eine abweichende Kovarianzmatrix der aktuellen Ertragserwartungen,

... relative Prognosen zwischen Vermögenklassen (z. B. der Ertrag von A ist 20 Bp höher als B.).

Bei der Verknüpfung der impliziten Ertragserwartungen $\mathbf{R}_\mathrm{I}$ und der aktuellen Ertragserwartung $\mathbf{R}_\mathrm{A}$ zu einem neuen Vektor von Ertragserwartungen[3] $\mathbf{R}_\mathrm{BL}$ werden **Parameter** benötigt, die auf Erfahrungswerten beruhen und jeweils an die individuelle Problemstellung angepasst sind. Die Verknüpfung der Ertragserwartungen wird daher hier nicht weiter betrachtet. In diesem Zusammenhang wird für eine ausführliche Beschreibung und für die Darstellung anschaulich praktischer Umsetzungen auf die Originalpapiere (Black and Litterman, 1990, 1992) und weiterführende Literaturen verwiesen, z. B. Siemßen (2000); Bodi et al. (2014) und die dort aufgeführten weiteren Literaturstellen.

In einem dritten Schritt werden abschließend die Black-Litterman-Renditen $\mathbf{R}_\mathrm{BL}$ im Rahmen einer klassischen Portfoliooptimierung genutzt, um eine künftige strategische Zusammensetzung (Gewichtsvektor $\mathbf{w} \in \mathbb{R}^{n\times1}$) der Vermögensklassen zu berechnen.

Zusammenfassung der **Vorgehensweise**:

- Schritt 1: Ableitung von impliziten Gleichgewichtsrenditen $\mathbf{R}_\mathrm{I}$.
- Möglichkeit der Gegenüberstellung der impliziten Gleichgewichtsrenditen ggü. den aktuellen Ertragserwartungen $\mathbf{R}_\mathrm{A}$ als Ausgangspunkt für Gespräche mit dem Investor.
- Schritt 2: Berechnung der Black-Litterman-Renditen $\mathbf{R}_\mathrm{BL}$.
- Schritt 3: Bestimmung der künftigen optimalen Vermögensstruktur. Mit den Vorteilen:
  - Die Veränderungen der Portfoliogewichte $(\mathbf{h} - \mathbf{w})$ – und damit die Umschichtungsquote – fallen deutlich geringer aus, wenn aktuelle Ertragserwartungen mit impliziten Gleichgewichtsrenditen kombiniert werden.

3 Manchmal auch als Black-Litterman-Renditen bezeichnet.

- Es entstehen deutlich stabilere, ökonomisch sinnvollere und intuitiv nachvollziehbare (Ziel-)Portfoliogewichte. Unzulänglichkeiten klassischer Ansätze, wie z. B. extreme Portfolioallokationen, werden verringert. Außerdem werden starke Änderungen der Zusammensetzung aufgrund kleiner Änderungen der Ertragserwartungen, also die Sensitivität, reduziert.

Aufgabe 1

Das Portfolio eines Investors ist auf der strategischen Ebene (**Strategie**) über die drei Vermögensklassen Staatsanleihen (S), Unternehmensanleihen (U) und Aktien (A) diversifiziert. Die nachfolgende Tabelle 5.1 zeigt die aktuelle Gewichtung der Vermögensklassen $\mathbf{h}$ und den vom Investor erwarteten Ertrag je Vermögensklasse $\mathbf{R}_A$. Das Research publizierte zu den Vermögensklassen den Risikovektor $\boldsymbol{\sigma}$ und die Korrelationsmatrix $\boldsymbol{\rho}$. Außerdem erwartet das Research für das Marktportfolio (M) den angegenben Ertrag $E[R_M]$.

Kürzel	Gewichtung $\mathbf{h}$	erw. Ertrag $\mathbf{R}_A$	erw. Risiko $\boldsymbol{\sigma}$	Korrelationen $\boldsymbol{\rho}$		
				S	U	A
S	50 %	3 %	5 %	+1.0	+0.6	−0.2
U	30 %	5 %	7 %	+0.6	+1.0	0.0
A	20 %	7 %	17 %	−0.2	0.0	+1.0
Ertragserwartung des Marktportfolios: $E[R_M] = 5\,\%$						

Tabelle 5.1: Strategisches Portfolio des Investors.

a) Bestimmen Sie die **Kovarianzmatrix C** für das Portfolio des Investors mit den angegebenen Vermögensklassen.

> *Hinweis zur Lösung*: $C_{ij} = \rho_{ij}\sigma_i\sigma_j$.

b) Berechnen Sie mit der Kovarianzmatrix aus a) die **impliziten Gleichgewichtsrenditen** $\mathbf{R}_I$.

> *Hinweis zur Lösung*: $\mathbf{R}_I = E[R_M]\,\frac{\mathbf{Ch}}{\mathbf{h'Ch}}$

c) Vergleichen Sie die von Ihnen bestimmten impliziten Gleichgewichtsrenditen $\mathbf{R}_I$ mit den Erwartungen $\mathbf{R}_A$ des Investors. Welche Vermögensklasse dürfte zu Diskussionen führen?

d) Die **Black-Litterman-Renditen** seien im zweiten Schritt des Black-Litterman-Verfahrens zu $\mathbf{R}_{BL} = \mathbf{R}_I$ bestimmt worden. Daraus wurde im dritten Schritt die optimale Zusammensetzung $\mathbf{w}$ des künftigen strategischen Portfolios berechnet. Ergebnis der Optimierung: $\mathbf{w} = \mathbf{h}$.

(i) Was muss noch gelten, dass gilt: $\mathbf{w} = \mathbf{h}$?

(ii) Berechnen Sie den erwarteten Ertrag $E[R_{PF}]$ des künftigen strategischen Portfolios.

6 Risikobewertung

Aufgabe 1

Nachdem die optimale Struktur eines Ziel-Portfolio ermittelt wurde, ist nun eine Risikobewertung mit Hilfe des **Value-at-Risk** (VaR) durchzuführen. Der Erwartungswert des Ertrages $\mu = 3\,\%$ und die Standardabweichung $\sigma = 7\,\%$ des Ziel-Portfolios auf Sicht von 12 Monaten (Haltedauer) seien gegeben. Nach regulatorischen Vorgaben soll die Risikobewertung für ein **Konfidenzniveau** von $\alpha = 0.1\,\%$ [1] durchgeführt werden.

a) Die allgemeine Gleichung zur Bestimmung von **Quantilen** q_α bei beliebiger gegebener Wahrscheinlichkeitsdichte $f(u)$ lautet:

$$\alpha = \int_{-\infty}^{q_\alpha} \mathrm{d}u f(u)\,.$$

Nehmen Sie an, u bezeichnet die jährlichen stetigen Verzinsungen und die Verteilung der stetigen Verzinsungen sei durch die Dichte der **Normalverteilung** gegeben:

$$f(u) = \frac{1}{\sqrt{2\pi}\sigma} \mathrm{e}^{-\frac{(u-\mu)^2}{2\sigma^2}}\,.$$

Bestimmen Sie auf Basis der Dichte der Standardnormalverteilung eine allgemeine Bestimmungsgleichung für das Quantil q_α als Funktion des Quantils t_α der Standardnormalverteilung.

b) Die Quantile t_α (in manchen Literaturen als „t-Werte“ bezeichnet) der Standardnormalverteilung sind tabelliert, vgl. bspw. Bronstein et al. (2005, S. 1122, Tabelle 21.17.1). Für $\alpha < 50\,\%$ sind die Quantile t_α negativ. Betrachten Sie den absoluten Wert des Quantils t_α und schreiben Sie die in der zuvor bearbeiteten Teilaufgabe a) gefundene Gleichung um.

c) Das Quantil q_α ist mit einer möglichen Änderung des Anlagevermögens von V_0 („heute“) zu V_1 („nächstes Jahr“) verknüpft. Bestimmen Sie mit den Ergebnissen aus b) eine allgemeine Gleichung, die Ihnen näherungsweise die Änderung des Anlagevermögens $\Delta V = V_1 - V_0$ in Abhängigkeit von μ und σ darstellt.

d) Der negative Wert der in der Teilaufgabe c) ermittelten Änderung des Anlagevermögens ΔV wird auch als Value-at-Risk (in Geldeinheiten) zum Konfidenzniveau α bei einer bestimmten Haltedauer bezeichnet. Bestimmen Sie für das Ziel-Portfolio und einem Anlagevermögen von $V_0 = 100$ Mio. Euro den VaR zu dem vorgegebenen Konfidenzniveau von $\alpha = 0.1\,\%$ auf Jahressicht.

> *Hinweis zur Lösung*: $t_{0.1\,\%} = -3.090232306\ldots$

e) Fassen Sie die Bedingungen zusammen, damit Ihre Gleichung aus der Teilaufgabe d) in der Praxis angewendet werden darf.

---

1 Sofern Verlustgrößen durch Vorzeichenwechsel positiv dargestellt werden, werden die Konfidenzniveaus α' zu hohen Wahrscheinlichkeiten angegeben. Es gilt der Zusammenhang $\alpha' = 100\,\% - \alpha$. In der vorliegenden Fallstudie wäre somit $\alpha' = 99.9\,\%$ In den regulatorischen Vorgaben wird in der Regel von diesem Fall ausgegangen. Im Einzelfall ist in der Praxis zu prüfen, welche Notation zu verwenden ist.

7 Derivate und Absicherungsstrategien

Mathematische Grundlagen

Wesentliche Grundlage für die Modellierung und Bewertung von Derivaten ist das Modell von Black, Scholes und Merton. Dieses mathematische Modell ist eine partielle Differentialgleichung 2-ter Ordnung, deren Lösungen die Bewertung von Derivaten erlaubt. Im Folgenden soll diese wichtige Differentialgleichung zunächst abgeleitet werden. Die Ableitung folgt weitgehend der Schrittfolge, wie sie in Hull (2018) dargestellt ist.

Stochastischer Prozess für den Aktienkurs S

Bezeichnet $S = S(t)$ den Preis (Kurs) einer Aktie (engl. *Stock*; ohne Dividendenzahlung) zum Zeitpunkt t, dann wird während des infinitesimalen Zeitintervalls $\mathrm{d}t$ die Veränderung des Preises $\mathrm{d}S$ durch einen speziellen **stochastischen Prozess**, der die sogenannte **geometrische Brownsche Bewegung** modelliert, beschrieben:

$$\mathrm{d}S = \mu S\,\mathrm{d}t + \sigma S\,\mathrm{d}W \qquad \text{(Stochastische Differentialgleichung)}$$

Die konstanten Parameter μ, σ des Prozesses hängen mit dem Ertrag und mit dem Risiko der Aktie zusammen. Der Ausdruck $\mathrm{d}W$ bezeichnet den zeitstetigen **Wiener Prozess** mit normalverteilten und unabhängigen Zuwächsen (auch genannt: Brownsche Bewegung; nach Robert Brown und der von ihm entdeckten Molekularbewegung).

Als Modell für den Wiener Prozess wird dabei folgender Ausdruck verwendet:

$$\mathrm{d}W = \epsilon\ \sqrt{\mathrm{d}t}$$

mit ϵ ist standardnormalverteilt
(Mittelwert 0 und Standardabweichung 1)

Funktion $G(S, t)$ des Aktienkurses S und der Zeit t

Wird die geometrische Brownsche Bewegung für den Aktienkurs S zugrunde gelegt und eine Funktion $G = G(S, t)$ betrachtet, so gehorcht der Funktionswert G folgendem stochastischen Prozess (Ergebnis des Lemma von Itō):

$$\mathrm{d}G = \left(\frac{\partial G}{\partial S}\mu S + \frac{\partial G}{\partial t} + \frac{1}{2}\frac{\partial^2 G}{\partial S^2}\sigma^2 S^2\right)\mathrm{d}t + \frac{\partial G}{\partial S}\sigma S\,\mathrm{d}W$$

Mit G wird später der Wert eines **Derivates** (Future, Optionen etc.) bezeichnet.

Diskretisierung der stochastischen Prozesse

Werden endliche, aber sehr kleine Zeitintervalle Δt betrachtet, dann kann als **Approximation** $\mathrm{d}t \approx \Delta t$ verwendet werden. Innerhalb des kleinen Zeitintervalls Δt ändert sich der Kurs der Aktie etwas und es kann die Approximation $\mathrm{d}S_t \approx \Delta S = S(t + \Delta t) - S(t)$ verwendet werden. In gleicher Weise finden sich Approximationen für den Wiener Prozess $\Delta W_t = W(t + \Delta t) - W(t) = \epsilon\ \sqrt{\Delta t}$ und die G-Funktion $\mathrm{d}G \approx \Delta G = G(t + \Delta t) - G(t)$.

Die stochastischen Prozesse lassen sich dann in folgender Weise notieren:

$$\Delta S = \mu S \Delta t + \sigma S \Delta W$$
$$\Delta G = \left(\frac{\partial G}{\partial S} \mu S + \frac{\partial G}{\partial t} + \frac{1}{2} \frac{\partial^2 G}{\partial S^2} \sigma^2 S^2 \right) \Delta t + \frac{\partial G}{\partial S} \sigma S \Delta W$$

Es fällt auf, dass in beiden Ausdrücken der „Störterm" ΔW, der für das stochastische Verhalten verantwortlich ist, sich nicht verändert. D. h., in einem speziellen Portfolio kann durch eine geeignete Mischung des Derivats G mit dem **Underlying** S erreicht werden, dass der Störterm in dem speziellen Portfolio keine Wirkung entfaltet.

Black-Scholes-Merton Differentialgleichung

Damit der Störterm ΔW im Portfolio nicht mehr wirksam wird, muss ein Derivat verkauft werden (**Short-Position**) und von dem Underlying ein Anteil von $\frac{\partial G}{\partial S}$ gekauft werden. Der Wert des Portfolios lautet dann:

$$\Pi = -G + \frac{\partial G}{\partial S} S \tag{7.1}$$

Kleine Änderungen des Portfoliowertes lassen sich damit wie folgt approximieren:

$$\Delta \Pi = -\Delta G + \frac{\partial G}{\partial S} \Delta S$$

Werden die obigen Approximationen für ΔS und ΔG hier eingesetzt. Berechnen sich die kleinen Änderungen des Portfoliowertes gemäß:

$$\Delta \Pi = \left(-\frac{\partial G}{\partial t} - \frac{1}{2} \frac{\partial^2 G}{\partial S^2} \sigma^2 S^2 \right) \Delta t \tag{7.2}$$

Da der Störterm ΔW in dieser Gleichung nicht mehr vorkommt, muss das Portfolio während der Zeit Δt risikolos sein. **Arbitragefreiheit** unterstellt, muss der Wert des Portfolios während der Zeit Δt sich wie ein risikoloses Portfolio mit einem risikolosen Zinssatz r entwickeln[1]. Diese Überlegung führt zu folgendem Ausdruck:

$$\Delta \Pi = r \Pi \Delta t$$

Einsetzen von Gl. (7.1): $$\Delta \Pi = r \left(-G + \frac{\partial G}{\partial S} S \right) \Delta t \tag{7.3}$$

Die beiden kleinen Änderungen des Portfoliowertes – Gln. (7.2) und (7.3) – werden gleichgesetzt und es folgt nach Ausmultiplizieren, Kürzen und Umstellen:

$$\boxed{rG = \frac{\partial G}{\partial t} + rS \frac{\partial G}{\partial S} + \frac{1}{2} \sigma^2 S^2 \frac{\partial^2 G}{\partial S^2}} \tag{7.4}$$

Die vorstehende Ableitung folgt aus Arbeiten von Black, Scholes und Merton. Daher wird die letzte Gleichung (7.4) auch als **Black-Scholes-Merton Differentialgleichung** bezeichnet. Es handelt sich um eine partielle Differentialgleichung 2-ter Ordnung. Diese Gleichung hat viele verschiedene Lösungen, entsprechend den verschiedenen Derivaten, die

1 Zur Vereinfachung der Darstellung wird statt r_F hier r geschrieben.

die Aktie S als Underlying besitzen. Die Lösung für ein spezielles Derivat wird erreicht, wenn die Differentialgleichung mit Rahmenbedingungen gelöst wird, die dem Derivat entsprechen. Unter den Rahmenbedingungen wird verstanden, dass die Funktion $G(S, t)$ zu festen Kursen des Underlyings und/oder zu festen Zeiten bestimmte Werte annimmt.

Aufgabe 1

Ein **Forward-Kontrakt** bzgl. einer Aktie ohne Dividendenzahlung ist ein Derivat, dessen Wert $G(S, t)$ von der verbleibenden Zeit $T - t$ bis zum Laufzeitende in T Jahren und von dem Wert der Aktie $S = S(t)$ abhängt (Erinnerung: stochastischer Prozess!).
Sei K der zwischen den Kontrahenten vereinbarte Lieferpreis (in Geldeinheiten) und r der risikolose Zins, dann wird der **Wert des Kontraktes** durch folgende Gleichung beschrieben:

$$G(S, t) = S(t) - K\mathrm{e}^{-r(T-t)} \,. \tag{7.5}$$

a) Beschreiben Sie kurz die wesentlichen Inhalte eines Forward-Kontraktes.

b) Notieren Sie den Wert des Kontrakts zum Laufzeitende $t = T$.

c) Unterscheiden und erläutern Sie die Fälle $S(T) > K$, $S(T) = K$ und $S(T) < K$ aus der Sicht eines Investors mit einer Long-Position.

d) Zeigen Sie, dass die Gleichung (7.5) eine Lösung der Black-Scholes-Merton Differentialgleichung

$$rG = \frac{\partial G}{\partial t} + rS\frac{\partial G}{\partial S} + \frac{1}{2}\sigma^2 S^2 \frac{\partial^2 G}{\partial S^2}$$

ist.

Aufgabe 2

Eine gekaufte **Call-Option** mit einer Aktie (ohne Dividendenzahlung) als **Basiswert** ist ein Derivat, dessen Wert $G(S, t)$ von der verbleibenden Zeit $T - t$ bis zum Laufzeitende (T Jahre) und von dem Wert der Aktie $S = S(t)$ abhängt (Erinnerung: stochastischer Prozess!).

Die gekaufte, **europäische Option** (long Call-Option, Kauf einer Kaufoption) beinhaltet das Recht (nicht die Pflicht!) die Aktie zum Ende der Optionslaufzeit T zu einem vereinbarten Preis B (Basispreis, Ausübungspreis, Strike-Preis, Excercise-Preis) zu kaufen[2]. Der Optionsinhaber, der die Option zu einem bestimmten Preis (Prämie) vom Stillhalter (Optionsverkäufer) gekauft hat, entscheidet einseitig, ob er die Option gegen den Stillhalter ausübt oder sie verfallen lässt.

Sei r der risikolose Zins, σ die Standardabweichung der annualisierten stetigen Verzinsung der Aktie (Volatilität) und $\Phi(d)$ der Funktionswert der kumulativen Standardnormalverteilung[3] an der Stelle d, dann wird der Wert der Call-Option $P_{\text{Call}} = G(S, t)$ durch folgende Gleichung (**Optionspreisformel**) beschrieben:

$$G(S, t) = S\Phi(d_1) - Be^{-r(T-t)}\Phi(d_2) \tag{7.6}$$

mit den Quantilen

$$d_1 = \frac{\ln\left(\frac{S}{B}\right) + \left(r + \frac{\sigma^2}{2}\right)\left(T - t\right)}{\sigma\sqrt{(T-t)}}$$

$$d_2 = d_1 - \sigma\sqrt{(T-t)}\ .$$

a) Beschreiben Sie kurz die wesentlichen Inhalte einer europäischen verkauften Kaufoption (short Call-Option).

b) Notieren Sie den Wert der long Call-Option zum Laufzeitende $t = T$.

c) Unterscheiden und erläutern Sie die Fälle $S(T) > B$, $S(T) - B$ und $S(T) < B$ aus der Sicht eines Investors mit einer long Call-Option.

d) Zeigen Sie, dass die Gleichung (7.6) eine Lösung der Black-Scholes-Merton Differentialgleichung

$$rG = \frac{\partial G}{\partial t} + rS\frac{\partial G}{\partial S} + \frac{1}{2}\sigma^2 S^2 \frac{\partial^2 G}{\partial S^2}$$

ist.

2 Die **amerikanische Option** kann an jedem Handelstag vor der Fälligkeit ausgeübt werden; die **Bermuda-Option** kann zu einem von mehreren zuvor festgelegten Zeitpunkten ausgeübt werden.

3 Verteilungsfunktion der Standardnormalverteilung: $\Phi(d) = \frac{1}{\sqrt{2\pi}} \int_{-\infty}^{d} du \exp\left(-\frac{u^2}{2}\right)$

Teil II

Kommentierte Lösungen

8 Wertpapiere

Aufgabe 1: **[◆ Klausur]** Für eine zehn-jährige **Bundesanleihe** wird am Kapitalmarkt eine Rendite von $r = 6\,\%$ ermittelt. Bestimmen Sie sämtliche **Diskontfaktoren** q^t für die Laufzeiten von $t = 0, \dots, 10$ Jahre.

> *Hinweis zur Lösung*: $q = \frac{1}{1+r}$

Lösung 1 Mit $r = 6\,\% = 0.06$ wird $q = \frac{1}{1+r} = \frac{1}{1+0.06} = 0.943396$.

Laufzeit t	Diskontfaktor q^t
0	1.000000
1	0.943396
2	0.889996
3	0.839619
4	0.792094
5	0.747258
6	0.704961
7	0.665057
8	0.627412
9	0.591898
10	0.558395

Tabelle 8.1: Diskontfaktoren.

Fehlerquellen vermeiden

Dezimalzahlen: Die Berechnungsformeln sind üblicherweise so notiert, dass Werte von Variablen in Dezimalzahlen einzutragen sind. In der obigen Lösung zur Aufgabe bspw. $r = 0.06$ für den Zinssatz.

Werden die %-Angaben in den Aufgaben zunächst in Dezimalzahlen umgewandelt, dann die Berechnung durchgeführt und – falls erforderlich – erst das Endergebnis in eine %-Angabe zurückgerechnet, so lassen sich häufig Fehler vermeiden.

Zwischenrechnungen: Zur Vermeidung von starken Rundungsfehlern sollten Ergebnisse von Zwischenrechnungen so genau wie möglich notiert werden. Insbesondere bei längeren, aufeinander aufbauenden Berechnungen „schaukeln" sich Fehler auf (Fehlerfortpflanzung) und können das Ergebnis verfälschen.

Beispiel aus der Lösung zur Aufgabe:

$$\begin{array}{llcl} \text{(exakt)} & q = 0.943396 & \Rightarrow & q^{10} = 0.558395 \\ \text{(gerundet)} & q = 0.94 & \Rightarrow & q^{10} = 0.538615 \end{array}$$

Die Abweichung im Ergebnis beträgt hier $\Delta_{\%} \approx 3.54\,\%$.

Praxistipp(s)

Dezimalzahlen: Bei der Programmierung bietet sich zur Vereinfachung folgende Vorgehensweise an: Sofern passend, alle %-Angaben zunächst im Programm in Dezimalzahlen umrechnen und abschließend das Endergebnis – falls erforderlich – als %-Angabe ausgeben.

Anlageausschusssitzung: Die Angabe von Endergebnissen in Präsentationen für Kunden können i. Allg. auf drei zählende Stellen kaufmännisch gerundet werden.

Beispiel: Diskontfaktor zur 10-jährigen Laufzeit $q^{10} = 0.558$

Bei %-Angaben ist eine Beschränkung auf zwei Stellen hinter dem Komma angemessen.

Beispiel: Ergebnisabweichung zuvor $\Delta_{\%} = 3.5422953\ldots\,\% \approx 3.54\,\%$.

Aufgabe 2: Ein **Zerobond** wird heute bei einem Zinssatz von $r = 6\,\%$ zu einem Kurs von Z_0 begeben. In genau zehn Jahren wird der Zerobond zu $Z_{10} = 100\,\%$ getilgt.

a) **[◆ Klausur]** Bestimmen Sie den zehn-jährigen **Diskontfaktor** q^{10}.

> *Hinweis zur Lösung*: $q^n = \frac{1}{(1+r)^n}$.

b) **[◆ Klausur]** Berechnen Sie den Gegenwartswert Z_0 des zehn-jährigen Zerobonds.

> *Hinweis zur Lösung*: $Z_0 = q^n Z_n$.

c) **[◆ Klausur]** Der Wert eines Engagements in diesem Zerobond beträgt heute $Z_0 =$ 558 394 Euro. Welcher Tilgungswert ist in genau zehn Jahren zu erwarten?

d) **[◆ Klausur]** Der heutige Kurs $Z_0 = Z_0(r, n)$ des Zerobonds ist bei fester endfälliger **Tilgung** eine Funktion des Zinssatzes r und der Laufzeit n.

(i) Bestimmen Sie die Ableitung $\frac{\partial Z_0}{\partial r}$.

(ii) Berechnen Sie für den zehn-jährigen Zerobond den Wert der Ableitung für $r = 6\,\%$.

e) **[◆ Klausur]** Für kleine Änderungen Δr des Zinssatzes kann die Änderung des Gegenwartswertes des Zerobonds ΔZ_0 mit der Näherungsformel $\Delta Z_0 = \frac{\partial Z_0}{\partial r} \Delta r$ ermittelt werden.

(i) Welche Bedeutung hat dann der Ableitungsterm?

(ii) Der Zinssatz ändert sich um +1 Bp. Welche Änderung des Gegenwartswertes des zehn-jährigen Zerobonds ist zu erwarten?

f) Berechnen Sie die allgemeinen Ausdrücke $\frac{(1+r)}{Z_0}\frac{\partial Z_0}{\partial r}$ und $\frac{r}{Z_0}\frac{\partial Z_0}{\partial r}$.

(i) Welche Bedeutung haben diese Terme?

(ii) Geben Sie deren Werte für den zehn-jährigen Zerobond bei $r = 6\,\%$ an.

Lösung 2

a) $q^{10} = \frac{1}{(1+0.06)^{10}} = 0.558394$.

b) $Z_{10} = 100\,\% = 1$. Somit $Z_0 = q^{10} Z_{10} = 0.558394 \times 1 = 0.558394$. Ausgedrückt in Prozent: $Z_0 = 55.84\,\%$.

c) Aus $Z_0 = q^n Z_n$ folgt $Z_n = \frac{Z_0}{q^n}$, somit $Z_{10} = \frac{558\,394 \text{ Euro}}{0.558394} = 1\,000\,000$ Euro.

d) (i) Zunächst wird $Z_0 = Z_0(r, n)$ bestimmt und dann die Ableitung:

$$Z_0 = \frac{Z_n}{(1+r)^n} \qquad \text{damit folgt} \qquad \frac{\partial Z_0}{\partial r} = -n \frac{Z_n}{(1+r)^{n+1}}$$

(ii) Mit $n = 10$, $Z_{10} = 100\,\% = 1$ und $r = 6\,\% = 0.06$ berechnet sich

$$\frac{\partial Z_0}{\partial r} = -10 \times \frac{1}{(1+0.06)^{10+1}} = -5.267875$$

e) (i) Der Ableitungsterm entspricht der **Duration** im Zusammenhang mit Absolutänderungen (im Folgenden mit D_{GE} bezeichnet, wobei GE für Geldeinheiten steht).

(ii) Ein **Basispunkt** entspricht +1 Bp = 0.01 % = 0.0001, damit wird die absolute Zinsänderung zu $\Delta r = 0.0001$. Die absolute Kursänderung berechnet sich dann gemäß der Näherungsformel:

$$\Delta Z_0 = \frac{\partial Z_0}{\partial r}\Delta r = -5.267875 \times 0.0001 = -0.0005267875$$

Ausgedrückt in Prozent: $\Delta Z_0 = -0.05267875\,\%$. D. h., bei einer Zinserhöhung um +1 Bp verringert sich der Kurs des Zerobonds von $Z_0 = 55.84\,\%$ auf rd. $\tilde{Z}_0 = 55.84\,\% - 0.05267875\,\% = 55.787\,\%$.

f) Mit dem Ergebnis aus (di) wird der erste Term zu

$$\frac{(1+r)}{Z_0}\frac{\partial Z_0}{\partial r} = \frac{(1+r)}{Z_0} \times \left(-n\frac{Z_n}{(1+r)^{n+1}}\right)$$

$$\text{mit } \frac{1}{q} = (1+r) \quad \text{und} \quad q^{n+1} = \frac{1}{(1+r)^{n+1}} \quad \text{sowie} \quad Z_n = \frac{Z_0}{q^n}$$

folgt

$$= \frac{1}{qZ_0} \times \left(-n\frac{q^{n+1}Z_0}{q^n}\right)$$

$$= -n\,.$$

Der zweite Term berechnet sich entsprechend zu

$$\frac{r}{Z_0}\frac{\partial Z_0}{\partial r} = \frac{r}{Z_0} \times \left(-n\frac{q^{n+1}Z_0}{q^n}\right)$$

$$\text{mit } q = \frac{1}{1+r} \quad \text{folgt}$$

$$= -\frac{r}{1+r}n\,.$$

(i) Der erste Term entspricht der (negativen) **Macaulay-Duration** (Berechnung: $D_{\text{Mac}} = -\frac{1+r}{Z}D_{\text{GE}}$).

Der zweite Term entspricht der Zinselastizität ϵ_r des Zerobonds.

(ii) Der Wert des ersten Terms ist für den zehn-jährigen Zerobond unabhängig von r und gleich -10. Damit hat die Macaulay-Duration den Wert $D_{\text{Mac}} = 10$.

Der zweite Term (die Zinselastizität ϵ_r) nimmt den Wert $\epsilon_r = -\frac{r}{1+r}n = -\frac{0.06}{1+0.06}10 = -0.566038$ an.

FEHLERQUELLEN VERMEIDEN

Duration: Die **Näherungsformel** zur Berechnung von Kursänderungen auf Basis der Duration in Geldeinheiten D_{GE} entstammt der ersten Ableitung der Barwertformel nach dem Zinssatz r. Die Ableitung führt hierbei auf einen negativen Ausdruck, vgl. die Lösung zur Teilaufgabe (di). Das enstandene Vorzeichen wird dem Durationswert zugeordnet, sodass die Näherungsformel ohne zusätzliches Minuszeichen notiert ist. In der obigen Lösung zur Teilaufgabe (dii) bspw. $D_{\text{GE}} = -5.267875$ als Duration und $\Delta Z_0 = D_{\text{GE}} \Delta r$ als Näherungsformel.

PRAXISTIPP(S)

Basispunktwert: Im englischen *Basis Point Value* (BPV) oder *Value of a Basis Point* (VBP), ist eine Größe, die die Wertänderung eines festverzinslichen Wertpapiers oder eines Portfolio bemisst, wenn sich die Zinssätze um +1 Basispunkt, also $\Delta r = 0.01\,\% = 0.0001$, verändern.

Wird der Änderungswert notiert, so lassen sich mit Hilfe der Durationsformel aus der Lösung zur Teilaufgabe (eii) Rückschlüsse auf die Duration ziehen.

Zins- und Kursänderung (Merkregel): Der negative Wert der Duration in Geldeinheiten führt auf den stark vereinfachten Zusammenhang „steigt der Zins, fällt der Kurs".

Macaulay-Duration (Merkregel): Die Macaulay-Duration eines Zerobonds entspricht genau der Laufzeit des Zerobonds.

Elastizität: Ganz allgemein berechnet sich für eine Funktion $f(x, y, z, ...)$ die (partielle) Elastizität bezüglich der Variablen x nach der Formel:

$$\epsilon_x = \frac{x}{f(x, y, z, ...)} \frac{\partial f(x, y, z, ...)}{\partial x} .$$

Die Elastizität bzgl. einer Variablen erlaubt Abschätzungen der prozentualen Änderung einer Größe, wenn sich die entsprechende Variable um einen bestimmten Prozentsatz ändert:

$$\frac{\Delta f(x, ...)}{f(x, ...)} = \epsilon_x \frac{\Delta x}{x} .$$

Aufgabe 3: Sei $P_0 = P_0(r, n)$ der **Barwert** (Gegenwartswert) einer n-jährigen **Bundesanleihe** (Standardanleihe mit sicherem Zahlungsstrom, ohne Rechte, bonitätsrisikofrei). Dann kann mit dem Zusammenhang $P_t(r, n) = (1 + r)^t P_0(r, n)$ der Wert der Anleihe zu einem späteren Zeitpunkt t (kleiner oder gleich der Laufzeit n) berechnet werden. Dabei wird angenommen, dass alle zwischenzeitlich bis zum Zeitpunkt t gezahlten **Kupons** zum Zins r reinvestiert werden.

a) Welche Bedeutung hat $P_n(r, n) = (1 + r)^n P_0(r, n)$?

b) Bestimmen Sie die Ableitung $\frac{\partial P_t(r,n)}{\partial r}$.

Hinweis zur Lösung: $\frac{\partial P_0(r,n)}{\partial r} = D_{\text{GE}}$.

c) [◆ **Klausur**] Erläutern Sie kurz die Gleichung $\frac{\partial P_t(r,n)}{\partial r} = 0$ im Sachzusammenhang.

d) Bestimmen Sie den Zeitpunkt t, für den die vorgenannte Gleichung gilt.

e) [◆ **Klausur**] Welche Bedeutung hat dieses spezielle t?

Lösung 3

a) $P_n(r, n)$ ist der Endwert des **Zahlungsstroms** der Anleihe. Es werden alle künftigen Zahlungen auf den Betrachtungszeitpunkt $t = n$ (Fälligkeit der Anleihe) aufgezinst. Dabei wird angenommen, dass sämtliche Kupons bis $t = n$ zum Zinssatz von r reinvestiert werden.

b) Mit der Produktregel $(uv)' = u'v + uv'$ und Kettenregel $[u(v(x))]' = v'(x)\, u'(v(x))$ zur Ableitung folgt:

$$\begin{aligned}\frac{\partial P_t(r,n)}{\partial r} &= \frac{\partial}{\partial r}\Big((1+r)^t P_0(r,n)\Big)\\ &= t(1+r)^{t-1}P_0(r,n) + (1+r)^t\frac{\partial P_0(r,n)}{\partial r}\\ &= t(1+r)^{t-1}P_0(r,n) + (1+r)^t D_{\text{GE}}\,. \end{aligned} \tag{8.1}$$

c) Der Term $\frac{\partial P_t(r,n)}{\partial r}$ beschreibt – abhängig von kleinen Änderungen des Zinssatzes r – das Änderungsverhalten des aufgezinsten Barwerts der Bundesanleihe $P_t(r, n)$ zu einem zukünftigen Zeitpunkt t. Nimmt dieser Term den Wert null an, dann ist für einen Zeitpunkt t in der Zukunft der aufgezinste Barwert der Bundesanleihe unabhängig von Änderungen des Zinses r. Voraussetzung: Alle zwischenzeitlich bis zum Zeitpunkt t gezahlten Kupons werden zum Zins r reinvestiert; keine Transaktionskosten, keine Steuern etc.
Zu diesem Zeitpunkt t ist das Engagement in der Bundesanleihe immun gegenüber Zinsänderungen; in manchen Literaturen wird daher von diesem speziellen t als der **Immunisierungszeitpunkt** gesprochen.

d) Mit Gleichung (8.1) folgt:

$$\frac{\partial P_t(r,n)}{\partial r} \stackrel{!}{=} 0$$

$$\Rightarrow \quad 0 = t(1+r)^{t-1}P_0(r,n) + (1+r)^t D_{\mathrm{GE}} \qquad \Big| \bullet (1+r)^{-t+1};\ r \neq -1$$

$$\Rightarrow \quad 0 = t\, P_0(r,n) + (1+r)D_{\mathrm{GE}}$$

$$\Rightarrow \quad t = -\frac{1+r}{P_0(r,n)} D_{\mathrm{GE}} \,. \tag{8.2}$$

e) Die rechte Seite der Gleichung (8.2) beschreibt den Zusammenhang zwischen der **Duration** für absolute Barwertänderungen D_{GE} und der Macaulay-Duration D_{Mac}. D. h., der ermittelte Zeitpunkt t entspricht der Macaulay-Duration: $t = D_{\mathrm{Mac}}$.

FEHLERQUELLEN VERMEIDEN

Grenze der Barwertformel: Für große absolute Werte der Zinssätze kann u. U. die Barwertformel zur theoretischen Berechnung des Barwerts von Zerobonds oder Bundesanleihen nicht mehr geeignet sein und es sind ggf. andere Bewertungskonzepte angezeigt (bspw. auf Basis **stetiger Verzinsungen**).

Eine Unzulänglichkeit der Barwertformel lässt sich in der Gleichung $P_n(r,n) = (1+r)^n P_0(r,n)$ für den Grenzfall $r = -1$, also einem unter Kapitalmarktgesichtspunkten unwahrscheinlichen Zinssatz von $-100\,\%$, erkennen. Es handelt sich hierbei um eine **Grenzwertbetrachtung**, in der Praxis sind die beobachtbaren absoluten Werte der Zinssätze deutlich kleiner als $100\,\%$ und es gilt $|r| \ll 1$.

Daumenregel: Zur Vermeidung von Fehlern sollte das Bewertungsergebnis für $|r| > 0.1$ kritischer auf Genauigkeit überprüft und ggf. andere Konzepte zur Bewertung genutzt werden.

PRAXISTIPP(S)

Immunisierungszeitpunkt: Die Lösung zur Aufgabe zeigt, dass die Macaulay-Duration D_{Mac} mit dem Immunisierungszeitpunkt übereinstimmt. Für eine n-jährige **Bundesanleihe** (Standardanleihe mit sicherem Zahlungsstrom, ohne Rechte, bonitätsrisikofrei) mit Kupon $C \geq 0$ lässt sich zeigen, dass stets $D_{\text{Mac}} \leq n$ gilt, d. h., der Immunisierungszeitpunkt ist kleiner oder gleich der Laufzeit. Der Grenzfall $D_{\text{Mac}} = n$ berechnet sich für einen Zerobond mit $C = 0$.

Beweisidee: In der Praxis sind die beobachtbaren absoluten Werte der Zinssätze für Bundesanleihen deutlich kleiner als 100 % ($|r| \ll 1$). In der Ungleichung $D_{\text{Mac}} \leq n$ wird dann die Formel für die Macaulay-Duration aus Abschnitt IV verwendet. Wird P_0 in der Macaulay-Duration mit der **Barwertformel** aus Abschnitt IV notiert und die Ungleichung umgestellt, führt dies auf

$$0 \leq \sum_{i=1}^{n} (n-i)q^i$$

mit $q = \frac{1}{1+r}$. In der letzten Ungleichung werden lediglich Terme summiert, die größer oder gleich null sind, d. h., der gesamte Ausdruck auf der rechten Seite ist größer oder gleich null. Die Ungleichung ist somit stets erfüllt und es gilt $D_{\text{Mac}} \leq n$.

Aufgabe 4: Eine **Bundesanleihe** (Standardanleihe, ohne Rechte, bonitätsrisikofrei) mit zwei-jähriger Laufzeit hat einen jährlich zahlbaren Kupon von $C = 2.25\,\%$ und wird am Laufzeitende zu 100 % getilgt. Der Marktzins für zwei-jährige Bundesanleihen notiert bei $r = 1.00\,\%$.

a) **[◆ Klausur]** Bestimmen Sie den aktuellen Kurs P_0 (Barwert, Gegenwartswert) der Anleihe.

Hinweis zur Lösung: $P_0 = P_0(r,n) = C\sum_{i=1}^{n}\frac{1}{(1+r)^i} + \frac{1}{(1+r)^n}$.

b) Bestimmen Sie die allgemeine Ableitung $\frac{\partial P_0(r,n)}{\partial r}$.

c) Welche Bedeutung hat dieser Term?

d) **[◆ Klausur]** Die Macaulay-Duration der zwei-jährigen Bundesanleihe wird mit $D_{\text{Mac}} = 1.97$ angegeben.

(i) Interpretieren Sie die Macaulay-Duration im Sachzusammenhang.

(ii) Der Marktzins steigt um +1 Bp. Berechnen Sie die absolute Änderung des Barwerts $P_0(r,n)$ der zwei-jährigen Bundesanleihe.

Hinweis zur Lösung: $D_{\text{Mac}} = -\frac{1+r}{P_0(r,n)}D_{\text{GE}}$ und $\Delta P_0(r,n) = D_{\text{GE}}\Delta r$.

e) Berechnen Sie mit Hilfe der geometrischen Reihe $S_n = a_0\sum_{i=0}^{n} q^i = a_0\frac{1-q^{n+1}}{1-q}$ $(q \neq 1)$ den **Rentenbarwertfaktor** für $q = \frac{1}{1+r}$ und stellen Sie mit diesem Faktor die Barwertformel dar.

f) **[◆ Klausur]** Der deutsche Staat plant eine neue zwei-jährige Bundesanleihe (Standardanleihe, ohne Rechte, bonitätsrisikofrei) zu einem Kurs von $P_0(r,n) = P_0(1\,\%, 2\text{ Jahre}) = 100\,\%$ zu begeben. Die Anleihe wird endfällig zu 100 % zurückgezahlt. Welche **Nominalverzinsung** C (Kupon) ist festzulegen?

Lösung 4

a) **Barwert** der Bundesanleihe

$$\begin{aligned}
P_0(r,n) &= C\sum_{i=1}^{n}\frac{1}{(1+r)^i} + \frac{1}{(1+r)^n}\\
&= 0.0225\sum_{i=1}^{2}\frac{1}{(1+0.01)^i} + \frac{1}{(1+0.01)^2}\\
&= \frac{0.0225}{(1+0.01)^1} + \frac{0.0225}{(1+0.01)^2} + \frac{1}{(1+0.01)^2}\\
&= 1.0246299 \quad (\text{in Prozent:} \quad 102.46\,\%)\,.
\end{aligned}$$

b) Ableitung des Barwertes nach dem Marktzins (Kettenregel und Quotientenregel)

$$\frac{\partial P_0(r,n)}{\partial r} = -\frac{1}{1+r}\left[C\sum_{i=1}^{n}\frac{i}{(1+r)^i} + \frac{n}{(1+r)^n}\right]$$

c) Die Ableitung entspricht der **Duration** D_{GE} im Zusammenhang mit absoluten Änderungen des Barwertes einer Anleihe. Der Term beschreibt in der Nähe des Marktzinses r das Änderungsverhalten des Barwerts $P_0(r,n)$, bei kleinen Änderungen Δr des Marktzinses.

d) (i) Die Macaulay-Duration beziffert einen Zeitpunkt t in der Zukunft, für den der aufgezinste Barwert der Anleihe $P_t(r,n) = (1+r)^t P_0(r,n)$ unabhängig von kleinen Änderungen des Marktzinses r wird (Stichworte: **Immunisierungszeitpunkt**, mittlere **Kapitalbindungsdauer**). Voraussetzung: Standardanleihe, ohne Rechte, bonitätsrisikofrei, alle zwischenzeitlich bis zum Zeitpunkt t gezahlten Kupons werden zum Zins r reinvestiert; keine Transaktionskosten, keine Steuern etc.

(ii) Mit $P_0(r,n) = 1.0246299$, $r = 0.01$ und $\Delta r = 0.0001$ wird

$$\begin{aligned}
\Delta P_0(r,n) &= D_{\text{GE}}\Delta r \\
&= -\frac{P_0(r,n)}{1+r} D_{\text{Mac}}\Delta r \\
&= -\frac{1.0246299}{1+0.01} \times 1.97 \times 0.0001 \\
&= -0.0001998535 \quad (\text{in Prozent:} \quad \approx -0.02\,\%)
\end{aligned}$$

Interpretation: Ändert sich der Marktzins um +1 Bp, dann verringert sich der Barwert (Kurs der Anleihe) um rd. 0.02%-Punkte von 102.46 % auf 102.44 %.

e) Mit der (endlichen) geometrischen Reihe und $q = \frac{1}{1+r}$ lässt sich die **Barwertformel** zu folgender Darstellung umformulieren:

$$P_0(r,n) = \frac{C}{r} + \frac{1}{(1+r)^n}\left(1 - \frac{C}{r}\right). \tag{8.3}$$

Herleitung:

$$\begin{aligned}
P_0(r,n) &= C\sum_{i=1}^{n} \frac{1}{(1+r)^i} + \frac{1}{(1+r)^n} \\
&= C\Big(\sum_{i=0}^{n} \frac{1}{(1+r)^i} - 1\Big) + \frac{1}{(1+r)^n} \\
&= C\left(\frac{1-\left(\frac{1}{1+r}\right)^{n+1}}{1-\left(\frac{1}{1+r}\right)} - 1\right) + \frac{1}{(1+r)^n} \\
&= C\left(\frac{1-\left(\frac{1}{1+r}\right)^{n+1} - 1 + \left(\frac{1}{1+r}\right)}{1-\left(\frac{1}{1+r}\right)}\right) + \frac{1}{(1+r)^n} \\
&= C\left(\frac{(1+r)^{n+1}}{(1+r)^{n+1}} \bullet \frac{-\left(\frac{1}{1+r}\right)^{n+1} + \left(\frac{1}{1+r}\right)}{1-\left(\frac{1}{1+r}\right)}\right) + \frac{1}{(1+r)^n}
\end{aligned}$$

$$
\begin{aligned}
&= C\left(\frac{1}{(1+r)^n}\cdot\frac{-1+(1+r)^n}{(1+r)-1}\right)+\frac{1}{(1+r)^n}\\
&= C\underbrace{\left(\frac{(1+r)^n-1}{(1+r)^n\,r}\right)}_{\textbf{Rentenbarwertfaktor}}+\frac{1}{(1+r)^n}\\
&= \frac{C}{r}-\frac{1}{(1+r)^n}\frac{C}{r}+\frac{1}{(1+r)^n}\\
&= \frac{C}{r}+\frac{1}{(1+r)^n}\left(1-\frac{C}{r}\right)
\end{aligned}
$$

f) Soll $P_0(r,n) = P_0(1\,\%, 2\text{ Jahre}) = 100\,\% = 1$ gelten, dann ist der Kupon C gleich dem Marktzins $r = 1\,\% = 0.01$ zu wählen. Vgl. Gleichung (8.3) für $C = r$:

$$
\begin{aligned}
P_0(r,n) &= \frac{r}{r}+\frac{1}{(1+r)^n}\left(1-\frac{r}{r}\right)\\
&= 1+\frac{1}{(1+r)^n}(1-1)\\
&= 1 \quad (\text{in Prozent:}\quad 100\,\%)\,.
\end{aligned}
$$

Bemerkung: Die letzte Gleichung gilt unabhängig von der Laufzeit n. D. h., ist der Marktzins r gleich dem Kupon C der Standardanleihe, dann ist der Kurs (Barwert) der Anleihe 100 %.

Fehlerquellen vermeiden

Grenze der Durationsformel: Die Durationsformel $\Delta P_0(r,n) = D_{GE}\Delta r$ ist eine **Näherungsformel**, die auf der Basis einer **Taylor-Entwicklung** der Barwertformel bis zur 1. Ordnung für kleine Zinsänderungen $|\Delta r| \ll 1$ hergeleitet werden kann.

Die Durationsformel erlaubt bei bekannter Duration D_{GE} eine Abschätzung der absoluten Kursänderung $\Delta P_0(r,n)$ in Geldeinheiten, wenn der Zinssatz sich um Δr ändert.

Die Abschätzung wird umso schlechter, je größer die betrachtete Zinsänderung Δr ist, da dann die höheren Terme der Taylor-Entwicklung Bedeutung erlangen und ihre Werte nicht mehr nahe null sind. Die Abschätzung wird ferner umso schlechter, je größer der Zeitraum gewählt wird, für den eine Aussage über die Kursänderung erfolgen soll, da die Duration D_{GE} sich mit der Zeit verändert. Bei sonst gleichen Bedingungen wird die Duration mit kürzer werdender Laufzeit kleiner.

Daumenregel: Zur Vermeidung von Fehlern sollte die Abschätzung der Kursänderung für Zeithorizonte über einem Monat und/oder für $|\Delta r| > 50$ Bp kritischer auf Genauigkeit überprüft und ggf. mit Hilfe der Barwertformel exakt bestimmt werden.

Praxistipp(s)

Abschätzung des Barwerts: Ist ad-hoc näherungsweise eine rasche Bewertung einer **Bundesanleihe** (Standardanleihe, ohne Rechte, bonitätsrisikofrei) erforderlich, so kann für kleine Zinssätze $|r| \ll 1$ die Barwertformel für den Grenzfall $r = 0$ notiert und ausgewertet werden:

$$
\begin{aligned}
P_0(r,n) &= C \sum_{i=1}^{n} \frac{1}{(1+r)^i} + \frac{1}{(1+r)^n} \\
\text{mit } r = 0 \qquad &= C \sum_{i=1}^{n} \frac{1}{(1)^i} + \frac{1}{(1)^n} \\
&= C \sum_{i=1}^{n} 1 + 1\,.
\end{aligned}
$$

Die letzte Zeile führt auf die **Näherungsformel**

$$P_0(r \approx 0, n) \approx nC + 1\,.$$

D. h., bei kleinem Zinssatz $r \approx 0$ berechnet sich der Barwert (Gegenwartswert) P_0 näherungsweise durch die Summe aller Kuponzahlung C, die während der Laufzeit n vereinnahmt werden, und der Tilgung von 100 % am Ende der Laufzeit. Steigt der Zinssatz über null, so ist der exakte Barwert kleiner. Für $C = 0$ und kleinem Zinssatz notiert der entsprechende **Zerobond** nahe 100 %.

Aufgabe 5: In einem Portfolio befindet sich ein **Zerobond** (Standardzerobond mit sicherem Zahlungsstrom, ohne Rechte, bonitätsrisikofrei) mit einer Laufzeit von genau $n = 20$ Jahren. Der Zinssatz für 20-jährige Zerobonds (*Spot Rate*) wird aktuell mit $r_{\text{akt}} = 4\,\%$ notiert. Am Ende der Laufzeit wird der Zerobond zu $Z_n = 100\,\%$ getilgt.

a) **[♦ Klausur]** Berechnen Sie den **Barwert** (Gegenwartswert) $Z_{0,\text{akt}}$ des 20-jährigen Zerobonds.

Hinweis zur Lösung: $Z_0 = q^n Z_n$ mit $q = \frac{1}{1+r}$.

b) **[♦ Klausur]** Bestimmen Sie die drei **Durationswerte**: D_{GE}, D_{mod} und D_{Mac}.

Hinweis zur Lösung: $D_{\text{Mac}} = -(1+r)D_{\text{mod}} = -\frac{1+r}{Z_0} D_{\text{GE}}$

c) Im Laufe des Handelstages werden wegen Entscheidungen der US-Notenbank Zinsänderungen erwartet. Um die möglichen Auswirkungen zu simulieren, werden nachfolgende Zinssätze r_{sim} angenommen.

Simulierter Zinssatz r_{sim}	Simulierter Barwert $Z_{0,\text{sim}}$	Genäherter Barwert $Z_{0,\text{appr}}$	%-Abweichung $Z_{0,\text{appr}}$ zu $Z_{0,\text{sim}}$
0 %	1.00000	0.80745	−19.25 %
1 %	0.81954	0.71969	−12.18 %
2 %	0.67297	0.63192	−6.10 %
3 %	0.55368	0.54415	**−1.72 %**
4 %	0.45639	0.45639	**0.00 %**
5 %	0.37689	0.36862	**−2.19 %**
6 %	0.31180	0.28085	−9.93 %
7 %	0.25842	0.19309	−25.28 %
8 %	0.21455	0.10532	−50.91 %
9 %	0.17843	0.01755	−90.16 %
10 %	0.14864	−0.07021	−147.24 %

Tabelle 8.2: Barwertsimulation (Lösung).

Bestimmen Sie in der Tabelle 8.2 die fehlenden Barwerte $Z_{0,\text{sim}}$.

d) Skizzieren Sie in der Abbildung 8.1 den Verlauf des simulierten Barwertes in Abhängigkeit vom entsprechenden Zinssatz. Markieren Sie den aktuellen Barwert $Z_{0,\text{akt}}$ aus Teil *a)* gesondert.

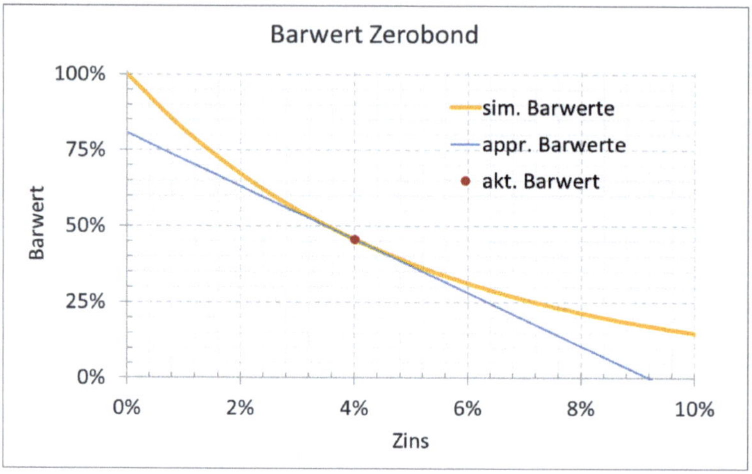

Abbildung 8.1: Simulation des Barwertes eines Zerobonds (Lösung Aufg. 5).

e) **[♦ Klausur]** Mit der Duration D_{GE} können absolute Änderungen des aktuellen Barwertes $Z_{0,\text{akt}}$ für kleine Zinsänderungen Δr betrachtet werden.

(i) Bestimmen Sie die Geradengleichung, um eine **Approximation** $Z_{0,\text{appr}}$ des Barwertes abhängig vom simulierten Zinsniveau zu berechnen.

> *Hinweis zur Lösung*: $\Delta Z_0 = D_{\text{GE}} \Delta r$ mit $\Delta r = r_{\text{sim}} - r_{\text{akt}}$.

(ii) Berechnen und notieren Sie für die simulierten Zinssätze in Tabelle 8.2 die genäherten Barwerte $Z_{0,\text{appr}}$.

(iii) Skizzieren Sie in der Abbildung 8.1 den Verlauf der genäherten Barwerte $Z_{0,\text{appr}}$.

(iv) Berechnen Sie jeweils die prozentuale Abweichung des genäherten $Z_{0,\text{appr}}$ vom simulierten Barwert $Z_{0,\text{sim}}$ und notieren die Ergebnisse in Tabelle 8.2.

(v) Die genäherten $Z_{0,\text{appr}}$ unterschätzen die simulierten Barwerte $Z_{0,\text{sim}}$ des Zerobonds. Die Unterschätzung der Approximation darf maximal 2.5 % betragen. Für welchen Bereich um r_{akt} herum ist somit die Näherung im Rahmen dieser Vorgabe?

(vi) Durch welche Maßnahme kann die Genauigkeit der Näherung verbessert werden?

Lösung 5

a) Mit $Z_0 = q^n Z_n = \frac{Z_n}{(1+r)^n}$ folgt $Z_0 = \frac{1}{(1+0.04)^{20}} = 0.456387$. In Prozent: $Z_0 = 45.64\,\%$.

b) Für einen (Standard-)Zerobond ist die **Macaulay-Duration** D_{Mac} identisch zur Laufzeit n des Zerobonds. Also gilt: $D_{\text{Mac}} = 20$.

Durch Umstellung der angegebenen Formeln lassen sich die weiteren Durationen berechnen:

$$D_{\text{mod}} = -\frac{1}{(1+r)} D_{\text{Mac}} = -\frac{1}{(1+0.04)} \times 20 = -19.231$$

$$D_{\text{GE}} = -\frac{Z_{0,\text{akt}}}{(1+r)} D_{\text{Mac}} = -\frac{0.456387}{(1+0.04)} \times 20 = -\ 8.777$$

c) Die simulierten Barwerte berechnen sich gemäß der Formel: $Z_{0,\text{sim}} = \frac{1}{(1+r_{\text{sim}})^n}$. Die Ergebnisse sind für $n = 20$ in der zweiten Spalte der Tabelle 8.2 eingetragen.

d) Vergleiche Abbildung 8.1.

e) (i) Herleitung der **Geradengleichung**:

$$\begin{aligned} \Delta Z_0 &= D_{\text{GE}}\ \Delta r \\ Z_{0,\text{appr}} - Z_{0,\text{akt}} &= D_{\text{GE}}\ (r_{\text{sim}} - r_{\text{akt}}) \\ Z_{0,\text{appr}} &= \underbrace{D_{\text{GE}}}_{=m \text{ (Steigung)}}\ r_{\text{sim}} + \underbrace{Z_{0,\text{akt}} - D_{\text{GE}}\ r_{\text{akt}}}_{=b \text{ (Achsenabschnitt)}} \end{aligned}$$

Erinnerung: $y = mx + b$

(ii) Für die angegebenen Zinssätze r_{sim} werden mit Hilfe der Geradengleichung die Barwerte des Zerobonds näherungsweise berechnet:

$$\begin{aligned} Z_{0,\text{appr}} &= D_{\text{GE}}\ r_{\text{sim}} + Z_{0,\text{akt}} - D_{\text{GE}}\ r_{\text{akt}} \\ &= -8.777 \times r_{\text{sim}} + 0.456387 - (-8.777) \times 0.04 \\ &= -8.777 \times r_{\text{sim}} + 0.807467\,. \end{aligned}$$

Die Ergebnisse der Berechnung sind in der Tabelle 8.2 notiert.

(iii) Vergleiche Abbildung 8.1.

(iv) Rechnungsgang: Prozentuale Abweichung = $\frac{Z_{0,\text{appr}} - Z_{0,\text{sim}}}{Z_{0,\text{sim}}} \times 100\,\%$. Die Ergebnisse sind in der Tabelle 8.2 notiert.

(v) Die Vorgabe, dass der Näherungswert maximal 2.5 % vom simulierten Wert abweicht, wird nur von den in der Tabelle 8.2 grün markierten Zinssätzen eingehalten. Die Näherung im Rahmen dieser Vorgabe ist gut, sofern die kleinen Zinsänderungen nicht aus dem Intervall [3 %, 5 %] herausführen.

(vi) Die Genauigkeit der Näherung wird besser, wenn in der Näherungsformel auch der Term berücksichtigt wird, der die **Konvexität** K_{GE} beschreibt.

$$\Delta Z_0 = D_{\text{GE}}\ \ \Delta r + \frac{1}{2} K_{\text{GE}}\ \ \Delta r^2 \quad \text{(absolute Barwertänderung)}\,.$$

Fehlerquellen vermeiden

Grenze der Konvexitätsformel: Die Konvexitätsformel

$$\Delta P_0(r,n) = D_{\mathrm{GE}}\Delta r + \frac{1}{2}K_{\mathrm{GE}}\Delta r^2$$

ist eine **Näherungsformel**, die auf der Basis einer **Taylor-Entwicklung** der Barwertformel bis zur 2. Ordnung für kleine Zinsänderungen $|\Delta r| \ll 1$ hergeleitet werden kann.

Die Konvexitätsformel erlaubt bei bekannter Duration D_{GE} und bekannter Konvexität K_{GE} eine Abschätzung der absoluten Kursänderung $\Delta P_0(r,n)$ in Geldeinheiten, wenn der Zinssatz sich um Δr ändert.

Die Abschätzung wird umso schlechter, je größer die betrachtete Zinsänderung Δr ist, da dann die höheren Terme der Taylor-Entwicklung Bedeutung erlangen und ihre Werte nicht mehr nahe null sind. Die Abschätzung wird ferner umso schlechter, je größer der Zeitraum gewählt wird, für den eine Aussage über die Kursänderung erfolgen soll, da sich sowohl die Duration D_{GE} als auch die Konvexität K_{GE} mit der Zeit verändert.

Daumenregel: Zur Vermeidung von Fehlern sollte die Abschätzung der Kursänderung für Zeithorizonte über einem Monat und/oder für $|\Delta r| > 100$ Bp kritischer auf Genauigkeit überprüft und ggf. mit Hilfe der Barwertformel exakt bestimmt werden.

Praxistipp(s)

Durationswerte: Die Lösung zur Teilaufgabe (b) zeigt exemplarisch, dass die drei Durationswerte $D_{\mathrm{GE}}, D_{\mathrm{mod}}$ und D_{Mac} in der Praxis deutlich voneinander abweichen können. Wird z. B. in einer **Anlageausschusssitzung** über die Duration diskutiert, so ist sorgfältig zwischen den drei Durationswerten zu differenzieren und zu klären, über welche der drei Durationen gesprochen wird.

Genauigkeit der Approximation: In der Teilaufgabe (ev) ist zu Anschauungszwecken die Vorgabe, dass der Näherungswert maximal 2.5 % vom exakten Wert abweichen darf, viel zu großzügig bemessen. In der Praxis sollten Vorgaben hinsichtlich der Genauigkeit von Näherungen deutlich unter 1 % liegen.

Aufgabe 6: Am Kapitalmarkt werden aktuell die nachfolgend gelisteten Zinssätze (Bund-Renditen und **Swap-Sätze**) notiert. Außerdem stehen die vom Research veröffentlichten Prognosen der Bund-Renditen zur Verfügung.

Laufzeit	Bund-Renditen		Swaps	Zero-Sätze	1J-Forwards
	(akt.)	(prog.)	(akt.)	(akt.)	(akt.)
t	r_t	$r_t^{(e)}$	s_t	z_t	$f_{1,n}$
1	0.500 %	0.750 %	0.600 %		
2	1.400 %	1.700 %	1.550 %		
3	2.200 %	2.600 %	2.400 %		
4	2.900 %	3.400 %	3.150 %		

Tabelle 8.3: Zinssätze (Wiederholung).

a) **[♦ Klausur] Zinsstrukturkurven** lassen sich für kleine Laufzeitunterschiede lokal durch ein **lineares Modell** annähern.

(i) Bestimmen Sie das lineare Modell der Bund-Renditen für das Laufzeitenintervall von 1 bis 2 Jahren. Berechnen Sie mit diesem linearen Modell einen interpolierten Wert für die Bund-Rendite zur Laufzeit $t = 1.6$ Jahre.

Hinweis zur Lösung: $r_t = m \times t + b$.

(ii) Bestimmen Sie das lineare Modell der Swap-Sätze für das Laufzeitenintervall von 1 bis 2 Jahren. Berechnen Sie mit diesem linearen Modell einen interpolierten Wert für den Swap-Satz zur Laufzeit $t = 1.6$ Jahre.

(iii) Bestimmen Sie mit den beiden linearen Modellen eine Gleichung für den Swap-Spread $s_t - r_t$ im Laufzeitenintervall von 1 bis 2 Jahren. Berechnen Sie den Swap-Spread zur Laufzcit $t = 1.6$ Jahre.

b) **[♦ Klausur]** Bestimmen Sie die **Ertragserwartung** eines **Par-Bonds** mit 2-jähriger Laufzeit (Bundesanleihe, Standardanleihe, sicherer Zahlungsstrom, ohne Rechte, bonitätsrisikofrei) auf Sicht von 12 Monaten.

Hinweis zur Lösung: $P_0 = P_0(r, n) = C \sum_{i=1}^{n} \frac{1}{(1+r_n)^i} + \frac{1}{(1+r_n)^n}$

c) Berechnen Sie die in der Tabelle 8.3 fehlenden Zinssätze für die **Zerobonds** (synonym: Zeros, Zero-Sätze, Spot Rates) zur angegebenen Laufzeit.

Hinweis zur Lösung: Für einen Par-Bond der Laufzeit n gilt: $1 = \sum_{i=1}^{n} \frac{r_n}{(1+z_i)^i} + \frac{1}{(1+z_n)^n}$.

d) **[♦ Klausur]** Berechnen Sie die in der Tabelle 8.3 fehlenden ein-jährigen **Forward-Sätze** (diskrete Verzinsung).

Hinweis zur Lösung: $f_{m,n} = \sqrt[n-m]{\frac{(1+z_n)^n}{(1+z_m)^m}} - 1$

Lösung 6

a) (i) Das gesuchte lineare Modell besteht aus einer **Geradengleichung**. Für diese Geradengleichung müssen die Parameter m (Steigung) und b (Achsenabschnitt) aus den in der Tabelle 8.3 angegebenen Zinssätzen r_1 und r_2 bestimmt werden.

$$r_t = m \times t + b$$

Nebenrechnung:

$$m = \frac{r_2 - r_1}{t_2 - t_1} = \frac{0.014 - 0.005}{2 - 1} = 0.009$$

$$b = r_1 - m \times t_1 = 0.005 - 0.009 \times 1 = -0.004$$

$$\Rightarrow \quad r_t = 0.009 \times t - 0.004$$

Somit berechnet sich der **Bund-Satz** (synonym: Bund-Rendite) zu $t = 1.6$ Jahren: $r_{1.6} = 0.009 \times 1.6 - 0.004 = 0.0104 \quad (\widehat{=}\ 1.04\,\%)$

(ii) Gleiche Vorgehensweise wie zuvor (ai).

$$s_t = m \times t + b$$

Nebenrechnung:

$$m = \frac{s_2 - s_1}{t_2 - t_1} = \frac{0.0155 - 0.006}{2 - 1} = 0.0095$$

$$b = s_1 - m \times t_1 = 0.006 - 0.0095 \times 1 = -0.0035$$

$$\Rightarrow \quad s_t = 0.0095 \times t - 0.0035$$

Somit berechnet sich der **Swap-Satz** zu $t = 1.6$ Jahren: $s_{1.6} = 0.0095 \times 1.6 - 0.0035 = 0.0117 \quad (\widehat{=}\ 1.17\,\%)$

(iii) Das lineare Modell für den **Swap-Spread** bestimmt sich als Differenz:

$$\begin{aligned} s_t - r_t &= m_s \times t + b_s \; - \; m_r \times t - b_r \\ &= (m_s - m_r) \times t + (b_s - b_r) \\ &= (0.0095 - 0.0090) \times t + (-0.0035 + 0.0040) \\ &= 0.0005 \times t + 0.0005\,. \end{aligned}$$

Somit berechnet sich der Swap-Spread zu $t = 1.6$ Jahren: $s_{1.6} - r_{1.6} = 0.0005 \times 1.6 + 0.0005 = 0.0013 \quad (\widehat{=}\ 0.13\,\%)$
Die Abbildung 8.2 verdeutlicht den Sachverhalt.

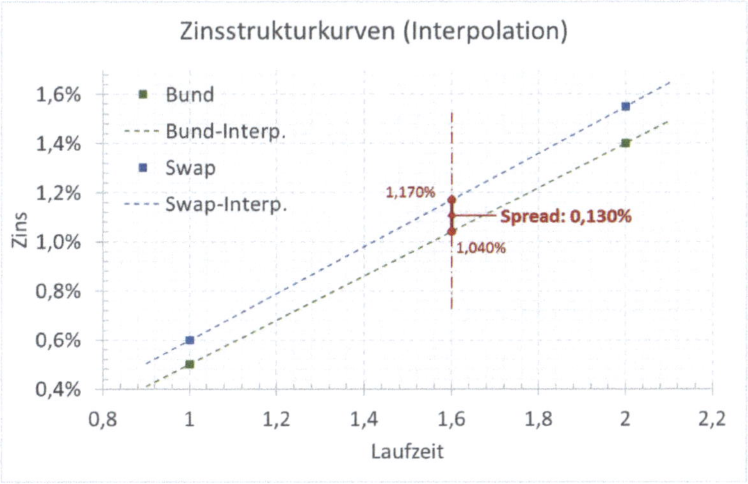

Abbildung 8.2: Lineares Modell und Swap-Spread (Lösung Aufg. 6).

b) Betrachtet wird ein Par-Bond, für den mit $C = r_2 = 0.014$ „heute" der Kurs von

$$P_0(r_2, 2) = 1 \qquad (\widehat{=}\ 100\,\%)$$

ermittelt wird.

In 12 Monaten hat der 2-jährige Par-Bond die Restlaufzeit von 1 Jahr.

Die **Zinsprognose** (Research) gibt Auskunft über die Lage der (Bund-)**Zinsstrukturkurve** in 12 Monaten und damit auch darüber, welcher Marktzins $r_1^{(e)} = 0.0075$ in 12 Monaten für eine Laufzeit von dann 1 Jahr erwartet wird (Symbol e).

Im nächsten Jahr berechnet sich demgemäß für den Par-Bond die **Kurserwartung**:

$$\begin{aligned} P_1^{(e)}(r_1^{(e)}, 1) &= C \sum_{i=1}^{1} \frac{1}{\left(1 + r_1^{(e)}\right)^i} + \frac{1}{\left(1 + r_1^{(e)}\right)^1} \\ &= \frac{0.014}{\left(1 + 0.0075\right)^1} + \frac{1}{\left(1 + 0.0075\right)^1} \\ &= \frac{1 + 0.014}{1 + 0.0075} \\ &= 1.006451613\ldots \qquad (\widehat{=}\ 100.65\,\%)\,. \end{aligned}$$

Erwartung des Kursertrags:

$$\begin{aligned} E_{\text{Kurs}} &= \Delta P \\ &= P_1^{(e)}(r_1^{(e)}, 1) - P_0(r_2, 2) \\ &= P_1^{(e)}(r_1^{(e)}, 1) - 1 \\ &= 1.006451613\ldots - 1 \\ &= 0.006451613\ldots \qquad (\widehat{=}\ 0.65\,\%)\,. \end{aligned}$$

Ertrag aufgrund **Kuponzahlung**:

$$\begin{aligned} E_{\text{Kupon}} &= C \\ &= 0.014 \quad (\widehat{=}\ 1.40\,\%)\,. \end{aligned}$$

Gesamtertrag:

$$\begin{aligned} E_{\text{Gesamt}} &= E_{\text{Kurs}} + E_{\text{Kupon}} \\ &= 0.006451613\ldots + 0.014 \\ &= 0.020451613\ldots \qquad (\widehat{=}\ 2.05\,\%)\,. \end{aligned}$$

Gesamt-Ertragserwartung in % auf Sicht von 12 Monaten:

$$\begin{aligned} E_{\text{Gesamt, \%}} &= \frac{E_{\text{Gesamt}}}{P_0(r_2, 2)} \\ &= \frac{E_{\text{Kurs}} + E_{\text{Kupon}}}{1} \\ &= 0.020451613\ldots \qquad (\widehat{=}\ 2.05\,\%)\,. \end{aligned}$$

c) Für die Berechnung werden Par-Bonds zur entsprechenden Laufzeit $n = 1, 2, \ldots$ zugrunde gelegt. Der Kurs eines Par-Bonds (beachte: $C = r_n$) ist unabhängig von der Laufzeit stets 1 ($\widehat{=}$ 100 %). Beginnend mit der Laufzeit $n = 1$ werden nacheinander die **Zero-Sätze** ermittelt:

Laufzeit $n = 1$:

$$\begin{aligned} 1 &= \sum_{i=1}^{1} \frac{r_1}{(1+z_i)^i} + \frac{1}{(1+z_1)^1} \\ &= \frac{r_1}{(1+z_1)^1} + \frac{1}{(1+z_1)^1} \\ &= \frac{1+r_1}{1+z_1} \qquad \text{(Umstellen nach } z_1\text{.)} \end{aligned}$$

$$\begin{aligned} \Rightarrow \quad z_1 &= r_1 \\ &= 0.005 \qquad (\widehat{=}\ 0.50\,\%) \end{aligned}$$

Laufzeit $n = 2$:

$$
\begin{aligned}
1 &= \sum_{i=1}^{2} \frac{r_2}{(1+z_i)^i} + \frac{1}{(1+z_2)^2} \\
&= \frac{r_2}{1+z_1} + \frac{r_2}{(1+z_2)^2} + \frac{1}{(1+z_2)^2} \\
&= \frac{r_2}{1+z_1} + \frac{1+r_2}{(1+z_2)^2} \qquad \text{(Da } z_1 \text{ bekannt, umstellen nach } z_2.\text{)}
\end{aligned}
$$

$$
\begin{aligned}
\Rightarrow \quad z_2 &= \sqrt[2]{\frac{1+r_2}{1-\frac{r_2}{1+z_1}}} - 1 \\
&= 0.014063569\ldots \qquad (\widehat{=}\ 1.41\,\%)
\end{aligned}
$$

Laufzeit $n = 3$:

$$
\begin{aligned}
1 &= \sum_{i=1}^{3} \frac{r_3}{(1+z_i)^i} + \frac{1}{(1+z_3)^3} \\
&= \sum_{i=1}^{3-1} \frac{r_3}{(1+z_i)^i} + \frac{1+r_3}{(1+z_3)^3} \qquad \text{(Da } z_1, z_2 \text{ bekannt, umstellen nach } z_3.\text{)}
\end{aligned}
$$

$$
\begin{aligned}
\Rightarrow \quad z_3 &= \sqrt[3]{\frac{1+r_3}{1-\sum_{i=1}^{2}\frac{r_3}{(1+z_i)^i}}} - 1 \\
&= 0.02224745\ldots \qquad (\widehat{=}\ 2.22\,\%)
\end{aligned}
$$

Laufzeit n: Allgemeine Formel.

$$
\begin{aligned}
1 &= \sum_{i=1}^{n} \frac{r_n}{(1+z_i)^i} + \frac{1}{(1+z_n)^n} \\
&= \sum_{i=1}^{n-1} \frac{r_n}{(1+z_i)^i} + \frac{1+r_n}{(1+z_n)^n} \qquad \text{(Da } z_1, \ldots, z_{n-1} \text{ bekannt, umstellen nach } z_n.\text{)}
\end{aligned}
$$

$$
\Rightarrow \quad z_n = \sqrt[n]{\frac{1+r_n}{1-\sum_{i=1}^{n-1}\frac{r_n}{(1+z_i)^i}}} - 1
$$

$$
z_4 = 0.0295660\ldots \qquad (\widehat{=}\ 2.96\,\%)
$$

d) Aus der vorhergehenden Teilaufgabe sind die Zero-Sätze $z_1, \ldots, z_4$ bekannt. Gesucht sind die ein-jährigen **Forward-Sätze** (diskrete Verzinsung), d. h., $m = 1$ und $n = 1, \ldots, 4$.

Solange $n > m$ gilt, ist die angegebene Formel für $f_{m,n}$ anwendbar und bezeichnet den Zinssatz, der in m Jahren für dann $n - m$ Jahre als Verzinsung bis zur ursprünglichen Endlaufzeit n anzusetzen ist.

Wenn $n = m$ gilt, dann ist der Forward-Satz gemeint, der in m Jahren für dann 0 Jahre anzusetzen ist. Da das in einer Anleihe investierte Kapital, dann bereits zurück an den Anleger geflossen ist, findet keine Verzinsung mehr statt und der Forward-Satz $f_{m,m}$ ist in dieser Betrachtung nicht definiert.

Rechengang für $m = 1$ und $n = 2, 3, 4$:

$$\begin{aligned} f_{1,2} &= \sqrt[1]{\frac{(1+z_2)^2}{(1+z_1)^1}} - 1 \\ &= \sqrt[1]{\frac{(1+0.01406357\ldots)^2}{(1+0.005)^1}} - 1 \\ &= 0.02320888\ldots \qquad (\mathrel{\hat{=}} 2.32\,\%) \end{aligned}$$

$$\begin{aligned} f_{1,3} &= \sqrt[2]{\frac{(1+z_3)^3}{(1+z_1)^1}} - 1 \\ &= \sqrt[2]{\frac{(1+0.02224745\ldots)^3}{(1+0.005)^1}} - 1 \\ &= 0.03098186\ldots \qquad (\mathrel{\hat{=}} 3.10\,\%) \end{aligned}$$

$$\begin{aligned} f_{1,4} &= \sqrt[3]{\frac{(1+z_4)^4}{(1+z_1)^1}} - 1 \\ &= \sqrt[3]{\frac{(1+0.0295660\ldots)^4}{(1+0.005)^1}} - 1 \\ &= 0.03788739\ldots \qquad (\mathrel{\hat{=}} 3.79\,\%) \end{aligned}$$

Die nachfolgende Tabelle 8.4 fasst die gegebenen und berechneten Zinssätze zusammen.

Laufzeit	Bund-Renditen		Swaps	Zero-Sätze	1J-Forwards
	(akt.)	(prog.)	(akt.)	(akt.)	(akt.)
t	r_t	$r_t^{(e)}$	s_t	z_t	$f_{1,n}$
1	0.500 %	0.750 %	0.600 %	0.500 %	–
2	1.400 %	1.700 %	1.550 %	1.406 %	2.321 %
3	2.200 %	2.600 %	2.400 %	2.224 %	3.098 %
4	2.900 %	3.400 %	3.150 %	2.957 %	3.789 %

Tabelle 8.4: Zinssätze (Lösung).

Die nachfolgende Abbildung 8.3 verdeutlicht den Sachverhalt.

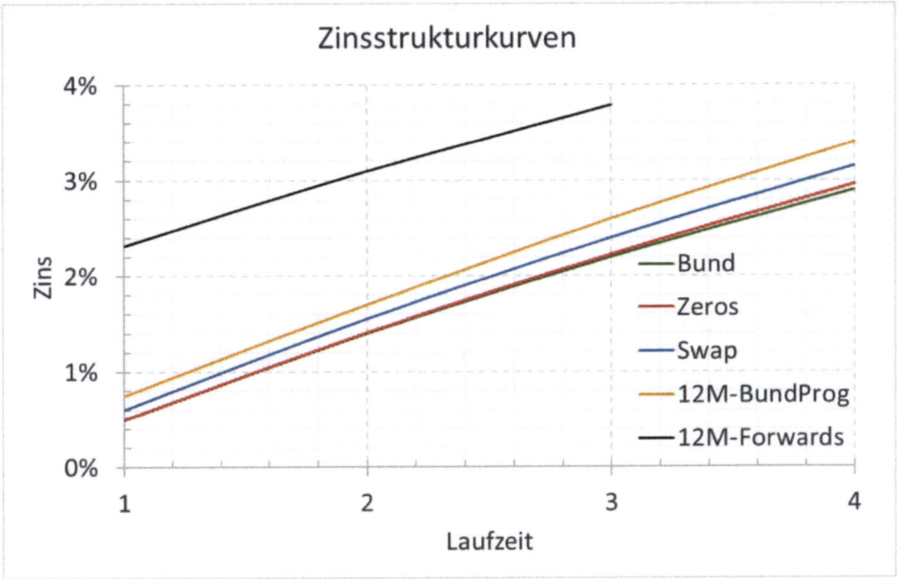

Abbildung 8.3: Zinsstrukturkurven (Lösung).

FEHLERQUELLEN VERMEIDEN

Grenze der Interpolation: In der Lösung zur Teilaufgabe (a) wird die Geradengleichung als lineares Modell zur Interpolation verwendet, um zwischen zwei Stützstellen Zwischenwerte zu berechnen. Krümmungen der **Zinsstrukturkurve** werden dabei nicht berücksichtigt und es kann zu Abweichungen zwischen dem wahren und dem interpolierten Wert kommen. Die Genauigkeit der Interpolation kann durch nicht-lineare Modelle gesteigert werden, die Krümmungen der Zinsstrukturkurve berücksichtigen, vgl. z. B. Wilkens (2002).

Forward-Satz: Die Berechnungsformel

$$f_{m,n} = \sqrt[n-m]{\frac{(1+z_n)^n}{(1+z_m)^m}} - 1$$

zur Bestimmung des Forward-Satzes $f_{m,n}$, der in m Jahren die Verzinsung für die restlichen $n - m$ Jahre bis zur Endlaufzeit n bemisst, führt für $m = n$ auf einen unbestimmten Ausdruck. In der Praxis wird in diesen Fällen in den Modellen manchmal der Übernachtzins in m Jahren als Forward-Satz $f_{m,m}$ verwendet. Es empfiehlt sich, diese Fälle und den *Workaround* einer kritischen Einzelfallbetrachtung zu unterziehen.

Praxistipp(s)

Zuwachsraten: In einer **Anlageausschusssitzung** können rück- und/oder vorausblickend Zuwächse eines Portfolio aus festverzinslichen Wertpapieren diskutiert werden. Eine geeignete Unterstützung der Sitzungsmoderation kann durch Abgrenzung der unterschiedlichen Maße für Zuwachsraten erfolgen.

Zuwachsmaße (inkl. einer Auswahl von in der Literatur verwendeten Synonymen):

- Kupon
(synonym: Nominalverzinsung)
- Durchschnittsrendite
(synonym: Durchschnittsverzinsung, Kuponanleiherendite, Par-Bondrendite, Par-Rate, yield-to-maturity, Zinssatz, ...)
- Nullkuponanleiherendite
(synonym: Kassazins, Nullkuponanleiheverzinsung, Nullkuponrendite, Nullkuponverzinsung, Spot-Rate, Spot-Zins, Zerobond-Rendite, Zero-Satz, Zero-Rate, Zeros, ...)
- Terminzins
(synonym: Forward-Rate, Forward-Satz, Terminzinssatz, ...)
- Ertragserwartung
(synonym: Performance-Prognose, ...)

Darüberhinaus sind hiervon **Prognosen** zu den Zinssätzen sowie die Darstellung von **Überrenditen** (synonym: Outperformance) gegenüber einer **Benchmark** zu unterscheiden.

Aufgabe 7: Am Kapitalmarkt notiert eine ein-jährige **Bundesanleihe** (Standardanleihe) mit einem Kupon von $C = 1.505\,\%$ bei einem Kurs von $P = 101\,\%$.

a) [♦ **Klausur**] Bestimmen Sie die Durchschnittsverzinsung r_1 der Bundesanleihe.

b) [♦ **Klausur**] Der ein-jährige **Swap-Satz** notiert zur gleichen Zeit bei $s_1 = 0.58\,\%$. Berechnen Sie den Swap-Spread.

c) [♦ **Klausur**] Warum ist der zuvor berechnete Renditeaufschlag positiv? Erläutern Sie kurz die möglichen Gründe.

d) [♦ **Klausur**] Bestimmen Sie für die ein-jährige Bundesanleihe ...

(i) Kursertrag

(ii) Kuponertrag

(iii) Gesamtertrag

(iv) Gesamtertrag in %

e) [♦ **Klausur**] Was fällt bei dem zuvor ermittelten Gesamtertrag in % auf?

f) [♦ **Klausur**] Ermitteln Sie den ein-jährigen **Zero-Satz** z_1.

g) [♦ **Klausur**] Der Zero-Satz zur 2-jährigen Laufzeit notiert zur gleichen Zeit bei $z_2 = 1.00\,\%$. Berechnen Sie den **Forward-Satz** $f_{1,2}$.

h) Ein paar Tage später notiert der Forward-Satz bei $f_{1,2} = 1.50\,\%$. Das Research prognostiziert den ein-jährigen Zins für Bundesanleihen in 12 Monaten zur gleichen Zeit mit $r_1^{(e)} = 1.40\,\%$.

(i) Bestimmen Sie für einen 2-jährigen **Par-Bond** mit einem Kupon von $C = 1.50\,\%$ jeweils den Gesamtertrag in % auf Basis der Prognose und auf Basis des Forward-Satzes.

(ii) In welchem Szenario ist ein höherer Gesamtertrag zu erwarten?

Lösung 7

a) Bestimmung der **Durchschnittsverzinsung** r_1 der Bundesanleihe.

$$P = \frac{1 + C}{1 + r_1} \qquad \text{(Umstellen nach } r_1\text{.)}$$

$$\begin{aligned} \Rightarrow \quad r_1 &= \frac{1 + C}{P} - 1 \\ &= \frac{1 + 0.01505}{1.01} - 1 \\ &= 0.005 \qquad (\widehat{=}\ 0.50\,\%) \end{aligned}$$

b) **Swap-Spread** allgemein: $s_t - r_t$.

Hier: $s_1 - r_1 = 0.0058 - 0.0050 = 0.0008 \quad (\widehat{=}\ 0.08\,\%$ bzw. 8Bp)

c) Renditeaufschläge sind z. B. dann zu verzeichnen, wenn Marktteilnehmer das Risiko einer Investition in die Anlagemöglichkeit A höher als bei einer Investition in die Anlagemöglichkeit B einschätzen. Marktteilnehmer schätzen also das Geschäft für den Austausch von Zinszahlungen (Interbankengeschäfte) riskanter ein, als das Engagement in Standardanleihen des Bundes.

d) Bemerkung: Die ein-jährige Bundesanleihe wird in 12 Monaten zu einem Kurs von $P_1 = 1.00$ ($\widehat{=}$ 100 %) zurückgezahlt. Der Kurs heute beträgt $P_0 = 1.01$ ($\widehat{=}$ 101 %).

(i) Kursertrag:

$$\begin{aligned} E_{\text{Kurs}} &= \Delta P \\ &= P_1 - P_0 \\ &= 1.00 - 1.01 \\ &= -0.01 \qquad (\widehat{=}\ -1\,\%)\,. \end{aligned}$$

(ii) Ertrag aufgrund Kuponzahlung:

$$\begin{aligned} E_{\text{Kupon}} &= C \\ &= 0.01505 \qquad (\widehat{=}\ 1.505\,\%)\,. \end{aligned}$$

(iii) **Gesamtertrag**:

$$\begin{aligned} E_{\text{Gesamt}} &= E_{\text{Kurs}} + E_{\text{Kupon}} \\ &= -0.01 + 0.01505 \\ &= 0.00505 \qquad (\widehat{=}\ 0.505\,\%)\,. \end{aligned}$$

(iv) Gesamtertrag in % auf Sicht von 12 Monaten:

$$\begin{aligned} E_{\text{Gesamt},\,\%} &= \frac{E_{\text{Gesamt}}}{P_0} \\ &= \frac{E_{\text{Kurs}} + E_{\text{Kupon}}}{P_0} \\ &= \frac{P_1 - P_0 + C}{P_0} \\ &= \frac{1 + C}{P_0} - 1 \end{aligned}$$

$$= (1 + C) \times \frac{1 + r_1}{1 + C} - 1$$

$$= r_1$$

$$= 0.005 \qquad (\widehat{=}\, 0.50\,\%)\,.$$

e) Der Gesamtertrag einer ein-jährigen Bundesanleihe in % entspricht der **Durchschnittsrendite** r_1 der Bundesanleihe.

f) Der ein-jährige Zero-Satz entspricht der ein-jährigen Durchschnittsrendite. Also gilt $z_1 = r_1 = 0.005$ ($\widehat{=}$ 0.5 %)

g) Es gilt die Gleichheit der Anlagemöglichkeiten:

$$(1 + z_2)^2 = (1 + z_1)(1 + f_{1,2})\,.$$

Umstellung nach $f_{1,2}$ liefert:

$$\begin{aligned} f_{1,2} &= \frac{(1 + z_2)^2}{(1 + z_1)} - 1 \\ &= \frac{(1 + 0.010)^2}{(1 + 0.005)} - 1 \\ &= 0.015024876\ldots \qquad (\widehat{=}\, 1.50\,\%)\,. \end{aligned}$$

h) (i) Allgemein gilt für den Gesamtertrag in % auf Sicht von 12 Monaten:

$$E_{\text{Gesamt, \%}} = \frac{P_1 - P_0 + C}{P_0}\,.$$

Wobei P_0 den aktuellen Kurs der Bundesanleihe und P_1 den Kurs in einem Jahr bezeichnet.

Handelt es sich um einen Par-Bond, dann gilt $P_0 = 1$ und die Formel vereinfacht sich zu:

$$E_{\text{Gesamt, \%}} = P_1 - 1 + C\,.$$

Der Kurs P_1 der in 12 Monaten dann noch ein-jährigen Bundesanleihe mit Kupon C berechnet sich gemäß:

$$P_1 = \frac{1 + C}{1 + u}\,.$$

Wobei u als Platzhalter für die **Prognose** des Research oder den Forward-Zins steht. Mit dieser Notation gilt für den Gesamtertrag in %:

$$E_{\text{Gesamt, \%}} = \frac{1 + C}{1 + u} - 1 + C\,.$$

Szenario – Prognose tritt ein:

$$\begin{aligned} E_{\text{Gesamt, \%}} &= \frac{1+C}{1+r_1^{(e)}} - 1 + C \\ &= \frac{1+0.015}{1+0.014} - 1 + 0.015 \\ &= 0.015986193\ldots \qquad (\widehat{=}\ 1.60\,\%)\,. \end{aligned}$$

Szenario – Forward-Satz tritt ein:

$$\begin{aligned} E_{\text{Gesamt, \%}} &= \frac{1+C}{1+f_{1,2}} - 1 + C \\ &= \frac{1+0.015}{1+0.015} - 1 + 0.015 \\ &= 0.015 \qquad (\widehat{=}\ 1.50\,\%)\,. \end{aligned}$$

(ii) Beobachtung: Liegt die Prognose unterhalb des Forward-Satzes, so ist in diesem Szenario ein höherer Gesamtertrag in % zu erwarten.

FEHLERQUELLEN VERMEIDEN

Ertragserwartung: Besteht bei der Berechnung der Ertragserwartung die Möglichkeit die Bundesanleihe frei zu wählen, so ist der **Par-Bond** mit Kupon $C = r_n$ und Bund-Rendite r_n zur Laufzeit n vorzuziehen.

Es gilt dann die vereinfachte Berechnungsformel $E_{\text{Gesamt, \%}} = P_1^{(e)} - 1 + C$ für den Ertrag in %, wobei $P_1^{(e)}$ der gemäß **Zinsprognose** $r_{n-1}^{(e)}$ erwartet Kurs des Par-Bonds in 12 Monaten mit dann auf $n-1$ Jahren verkürzter Laufzeit ist.

Es lassen sich Abweichungsfehler verringern, die im Ergebnis aufgrund von Rundungen in Zwischenrechnungen auftreten können.

PRAXISTIPP(S)

Szenarioanalyse: In der Lösung zur Teilaufgabe (h) wird die Ertragserwartung für verschiedene Zins-Szenarien bestimmt. Diese Vorgehensweise bietet sich auch an, wenn für Bundesanleihen **Stress-Szenarien** (bspw. Zinsschocks) im Rahmen eines Zinsergebnisstresstests betrachtet werden sollen. Wird das Stress-Szenario auf alle Bundesanleihen eines Portfolios angewendet, so kann ein Rückschluss der Wirkung des Stress-Szenarios auf das entsprechende Teilportfolio „Bundesanleihen" erfolgen.

Bei allgemeinen Anleihen werden in der Regel weitere Stress-Szenarien (bspw. Bonitätsverschlechterungen, Wechselkursänderungen) aufgeprägt.

Im individuellen Anwendungsfall sind die jeweiligen aktuellen regulatorischen Vorgaben bezüglich der Stress-Szenarien zu berücksichtigen.

9 Ertrag-Risiko-Profil

Aufgabe 1: Für ein **Aktienengagement** wurden in den letzten 21 Wochen die Wochenschlusskurse in Euro notiert, vgl. Tabelle 9.1. Rückblickend soll aus der **Stichprobe** für diesen Zeitraum das **Ertrag-Risiko-Profil** des Investments ermittelt werden.

a) Stellen Sie eine Gleichung für die wöchentliche **diskrete Verzinsung** r_d auf.

b) Stellen Sie eine Gleichung für die wöchentliche **stetige Verzinsung** r_s auf.

c) (i) Bestimmen Sie die Gleichung, die den Zusammenhang zwischen r_d und r_s beschreibt.

(ii) Für kleine x mit $-1 < x \leq +1$ lautet eine **Näherungsformel** für den natürlichen Logarithmus:

$$\ln(1+x) = x - \frac{x^2}{2} + \frac{x^3}{3} - \frac{x^4}{4} + \cdots + (-1)^{n+1}\frac{x^n}{n} \pm \cdots$$

Welche Aussage lässt sich damit für den Zusammenhang von r_d und r_s formulieren?

d) [◆ **Klausur**] Berechnen Sie in der nachfolgenden Tabelle 9.1 die diskreten und stetigen Verzinsungen von Woche zu Woche.

Woche i	Schlusskurs V_i	diskrete Verzinsung $r_{d,i}$	stetige Verzinsung $r_{s,i}$
0	100.000000		
1	100.076469		
2	100.299894		
3	100.893784		
4	100.682852		
5	100.725370		
6	101.298790		
7	101.651726		
8	101.981012		
9	102.966416		
10	103.111281		
11	102.929672		
12	102.239473		
13	101.743801		
14	102.313571		
15	101.230283		
16	101.515246		
17	101.973421		

18	102.361111		
19	102.321721		
20	102.351021		
Stichprobenmittelwerte:			
Stichprobenvarianz:		– nur für r_s –	
Stichprobenstandardabweichung:		– nur für r_s –	

Tabelle 9.1: Diskrete und stetige Verzinsung (Wiederholung).

e) **[◆ Klausur]** Berechnen Sie die **Stichprobenmittelwerte** für die ...

(i) ... diskrete Verzinsung.

(ii) ... stetige Verzinsung.

Hinweis zur Lösung: $\langle x\rangle = \frac{1}{n}\sum_{i=1}^{n} x_i$ (Schätzer für den Erwartungswert von x).

f) **[◆ Klausur]** Berechnen Sie die ...

(i) ... **Stichprobenvarianz** der stetigen Verzinsung.

(ii) ... **Stichprobenstandardabweichung** der stetigen Verzinsung.

Hinweis zur Lösung: $S^2 = \frac{1}{n-1}\sum_{i=1}^{n} (x_i - \langle x\rangle)^2$ (Schätzer für die Varianz von x).

g) **[◆ Klausur]**

(i) Skizzieren Sie in der Grafik 9.1 den Verlauf der stetigen Verzinsung.

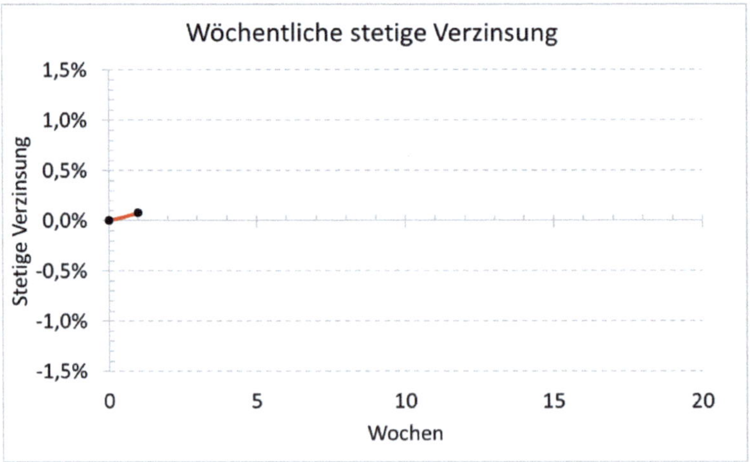

Abbildung 9.1: Verlauf der wöchentlichen stetigen Verzinsung (Wdhg. Aufg. 1).

(ii) Markieren Sie in der Grafik die Lage des Stichprobenmittelwertes.

(iii) Markieren Sie in der Grafik mit Hilfe der Stichprobenstandardabweichung das **Schwankungsband** um das Stichprobenmittel.

Lösung 1

a) **Diskrete Verzinsung**: (für $i = 1, \ldots, 20$)

$$V_i = V_{i-1}\,(1 + r_{d,i}) \quad \Rightarrow \quad r_{d,i} = \frac{V_i}{V_{i-1}} - 1$$

Es bezeichnet V_0 das „Startvolumen" in der Woche mit der Nummer 0. Damit ist beispielsweise $r_{d,1}$ die diskrete Verzinsung von der Woche 0 zur Woche 1 und beschreibt die Veränderung (Zuwachs oder Verlust!) von V_0 zu V_1.

b) **Stetige Verzinsung**:

$$V_i = V_{i-1}\,\mathrm{e}^{r_{s,i}} \quad \Rightarrow \quad r_{s,i} = \ln\left(\frac{V_i}{V_{i-1}}\right)$$

c) (i) Der Zusammenhang zwischen diskreter und stetiger Verzinsung kann über die „Gleichwertigkeit der Anlagemöglichkeit" ermittelt werden. D. h., der Quotient $\frac{V_i}{V_{i-1}}$ ist in beiden Fällen gleich. Somit lautet der Zusammenhang:

$$(1 + r_{d,i}) = \mathrm{e}^{r_{s,i}} \quad \text{bzw.} \quad r_{s,i} = \ln\left(1 + r_{d,i}\right)$$

(ii) Betrachtet wird $x = r_{d,i}$. Da die diskrete Verzinsung von Woche zu Woche i. d. R. klein ist, gilt $|x| \ll 1$ (Interpretation: Die diskrete Verzinsung von Woche zu Woche ist deutlich kleiner als 100 %). Damit sind alle höheren Potenzen von x in der angegebenen **Näherungsformel** vernachlässigbar und die Näherung reduziert sich zu:

$$\ln(1 + x) \approx x\,.$$

Damit wird

$$\ln(1 + r_{d,i}) \approx r_{d,i}$$

Somit gilt näherungsweise für kleine Verzinsungen:

$$r_{s,i} = r_{d,i}$$

d) Die Tabelle 9.2 zeigt die Lösung der Aufgabe und beinhaltet die diskreten und stetigen Verzinsungen sowie die statistischen Größen: Stichprobenmittelwert, Stichprobenvarianz und Stichprobenstandardabweichung (**Stichprobenkennzahlen**).

Woche i	Schlusskurs V_i	diskrete Verzinsung $r_{d,i}$	stetige Verzinsung $r_{s,i}$
0	100.000000	–	–
1	100.076469	0.076 %	0.076 %
2	100.299894	0.223 %	0.223 %
3	100.893784	0.592 %	0.590 %
4	100.682852	−0.209 %	−0.209 %
5	100.725370	0.042 %	0.042 %
6	101.298790	0.569 %	0.568 %
7	101.651726	0.348 %	0.348 %
8	101.981012	0.324 %	0.323 %
9	102.966416	0.966 %	0.962 %
10	103.111281	0.141 %	0.141 %
11	102.929672	−0.176 %	−0.176 %
12	102.239473	−0.671 %	−0.673 %
13	101.743801	−0.485 %	−0.486 %
14	102.313571	0.560 %	0.558 %
15	101.230283	−1.059 %	−1.064 %
16	101.515246	0.282 %	0.281 %
17	101.973421	0.451 %	0.450 %
18	102.361111	0.380 %	0.379 %
19	102.321721	−0.038 %	−0.038 %
20	102.351021	0.029 %	0.029 %
Stichprobenmittelwerte:		0.117 %	0.116 %
Stichprobenvarianz:		– nur für r_s –	2.244698E-05
Stichprobenstandardabweichung:		– nur für r_s –	0.474 %

Tabelle 9.2: Diskrete und stetige Verzinsung (Lösung).

e) (i) Diskrete Verzinsung:

$$\begin{aligned}\langle r_d\rangle &= \frac{1}{20}\sum_{i=1}^{20} r_{d,i}\\ &= 0.001173243 \quad (\widehat{=}\ 0.117\,\%)\end{aligned}$$

(ii) Stetige Verzinsung:

$$\begin{aligned}\langle r_s\rangle &= \frac{1}{n}\sum_{i=1}^{n} r_{s,i}\\ &= \frac{1}{n}\sum_{i=1}^{n} \ln\left(\frac{V_i}{V_{i-1}}\right)\\ &= \frac{1}{n}\sum_{i=1}^{n} (\ln(V_i) - \ln(V_{i-1}))\\ &= \frac{1}{n}(\ln(V_n) - \ln(V_0))\\ &= \frac{1}{n}\ln\left(\frac{V_n}{V_0}\right)\end{aligned}$$

Mit dem letzten Ausdruck berechnet sich der Schätzer für die stetige Verzinsung somit zu:

$$\begin{aligned}\langle r_s\rangle &= \frac{1}{20}\ln\left(\frac{V_{20}}{V_0}\right)\\ &= \frac{1}{20}\ln\left(\frac{102.35}{100.00}\right)\\ &= 0.001161406 \quad (\widehat{=}\ 0.116\,\%)\end{aligned}$$

f) (i) Stichprobenvarianz der stetigen Verzinsung:

$$\begin{aligned}S^2 &= \frac{1}{n-1}\sum_{i=1}^{n} (x_i - \langle x\rangle)^2\\ &= \frac{1}{n-1}\sum_{i=1}^{n} \left(r_{s,i} - \langle r_s\rangle\right)^2\\ &= \frac{1}{19}\sum_{i=1}^{20} \left(r_{s,i} - \langle r_s\rangle\right)^2\\ &= 2.244698\,\text{E-05}\end{aligned}$$

(ii) Stichprobenstandardabweichung der stetigen Verzinsung:

$$\begin{aligned}S &= \sqrt{S^2}\\ &= \sqrt{2.244698\,\text{E-05}}\\ &= 0.0047378242 \quad (\widehat{=}\ 0.474\,\%)\end{aligned}$$

g) Die Grafik 9.2 zeigt die Lösung zu den Unterpunkten (i) bis (iii).

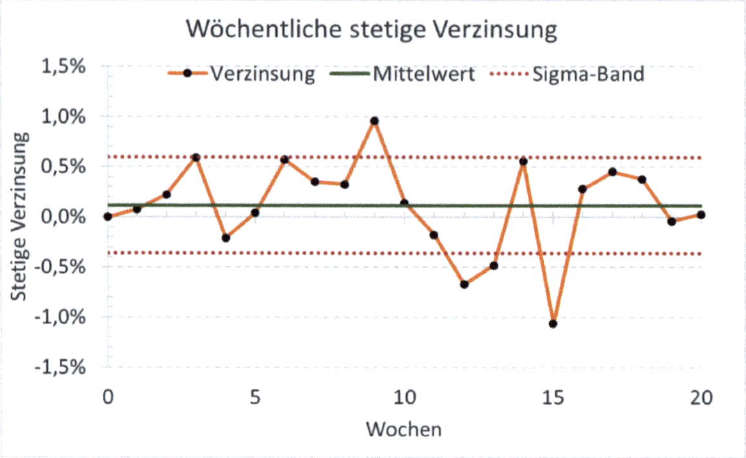

Abbildung 9.2: Verlauf der wöchentlichen stetigen Verzinsung (Lösung).

FEHLERQUELLEN VERMEIDEN

Varianz: Die Varianz und die **Stichprobenvarianz** sollten nicht in einen Prozentwert umgerechnet werden. Werden diese Kennzahlen in Prozent umgerechnet, so kann sich bei der Berechnung der Standardabweichung ein Fehler einschleichen, der letztere Kennzahl um einen Faktor 10 zu hoch ausweist.

Beispiel:
Sei exemplarisch die Stichprobenvarianz $S^2 = 4 \cdot 10^{-6}$, d. h., angegeben in Prozent $S^2 = 4 \cdot 10^{-4}\,\%$.

Die **Stichprobenstandardabweichung** berechnet sich dann zu
$S = \sqrt{S^2} = \sqrt{4 \cdot 10^{-4}\,\%} = 2 \cdot 10^{-2}\sqrt{\%}$.

Wird in der letzten Gleichung der Faktor $\sqrt{\%} = \frac{1}{10}$ „vergessen" und $10^{-2} = \%$ ersetzt, folgt das falsche Endergebnis: $S = 2\,\%$.

Korrekt ist: $S = \sqrt{S^2} = \sqrt{4 \cdot 10^{-6}} = 2 \cdot 10^{-3} = 2 \cdot 10^{-1} \cdot 10^{-2} = 0.2\,\%$.

PRAXISTIPP(S)

Annualisierung von Wochendaten: In manchen Literaturen und in manchen EDV-Tools findet sich zur Umrechnung von Wochen- in Jahresdaten der Faktor 52.18, d. h., das Jahr wird nicht mit 52 Wochen, sondern mit 52.18 Wochen berücksichtigt.

Der Grund liegt in der Berücksichtigung von Schaltjahren:
$\varnothing$-Anzahl Wochen pro Jahr $= \frac{1}{7}\,\frac{1\cdot 366+3\cdot 365}{4} = 52.17857143\ldots \approx 52.18$

Näherungsformeln: In der Teilaufgabe (c) wurde die **Taylor-Entwicklung** des natürlichen Logarithmus bis zur 1. Ordnung als Näherungsformel verwendet. Dieses Vorgehen empfiehlt sich auch bei komplexeren Zusammenhängen in denen verschiedene Funktionen zusammenwirken. Voraussetzung dafür ist, dass ausgehend von einem **Entwicklungspunkt** x_0 lediglich kleinere Änderungen Δx um den Entwicklungspunkt betrachtet werden sollen. Häufig gelingt eine erste Einschätzung welche Wirkungsrichtung eine Änderung hat bzw. welchen quantitativen Effekt eine Änderung bzgl. einer Ergebnisgröße y erzeugt.

Als Beispiel wird die Taylor-Entwicklung der Teilaufgabe (c) nun im Detail betrachtet. Sei $y = \ln u$ und setze $u = x_0 + \Delta x$, dann folgt für kleines Δx

$$
\begin{aligned}
& & y &= \ln(x_0 + \Delta x) \\
&\text{Taylor:} & &= \ln u\Big|_{u=x_0} + \frac{\partial(\ln u)}{\partial u}\Big|_{u=x_0} \Delta x + \frac{1}{2}\frac{\partial^2(\ln u)}{\partial u^2}\Big|_{u=x_0} \Delta x^2 + \ldots \\
&\text{1. Ordnung:} & &\approx \ln x_0 + \frac{1}{x_0}\Delta x \\
& & &= y_0 + \frac{1}{x_0}\Delta x\,.
\end{aligned}
$$

Sei exemplarisch der Entwicklungspunkt $x_0 = 1$, d. h., $y_0 = 0$. Dann folgt aus der letzten Zeile die Gleichung $y = \Delta x$. Diese Gleichung zeigt, dass sich die Ergebnisgröße y bei kleinen Änderungen Δx in der Nähe des Entwicklungspunkts proportional verhält und quantitativ in der Größenordnung von Δx verändert.

Leicht merkbare Näherungsformeln können bspw. in einer **Anlageausschusssitzung** genutzt werden, um ohne großen Rechenaufwand indikativ und quantitativ Effekte von kleinen Änderungen abzuschätzen.

Aufgabe 2: [◆ **Klausur**] In einem **Portfolio** befinden sich zwei Vermögenswerte X und Y. Als **Stichprobe** liegen die stetigen Verzinsungen eines jeden Vermögenswerts der letzten 20 Wochen vor, vgl. Tabelle 9.3. Rückblickend soll aus der Stichprobe für diesen Zeitraum das **Ertrag-Risiko-Profil** der Vermögenswerte sowie deren Zusammenhang (**Stichprobenkorrelation**) ermittelt werden.

Woche	stetige Verzinsung		Varianzen		Kovarianz
i	x_i	y_i	$(x_i - \langle x \rangle)^2$	$(y_i - \langle y \rangle)^2$	$(x_i - \langle x \rangle)(y_i - \langle y \rangle)$
1	−0.04772 %	0.07644 %			
2	0.07346 %	0.22301 %			
3	−0.00543 %	0.59037 %			
4	0.12463 %	−0.20928 %			
5	0.01048 %	0.04222 %			
6	0.07291 %	0.56768 %			
7	−0.05588 %	0.34780 %			
8	0.01972 %	0.32341 %			
9	0.03779 %	0.96162 %			
10	0.10865 %	0.14059 %			
11	−0.13820 %	−0.17628 %			
12	−0.11599 %	−0.67281 %			
13	0.06271 %	−0.48599 %			
14	0.04532 %	0.55844 %			
15	−0.01745 %	−1.06444 %			
16	0.02781 %	0.28110 %			
17	−0.03051 %	0.45032 %			
18	0.07733 %	0.37947 %			
19	0.03024 %	−0.03849 %			
20	−0.14676 %	0.02863 %			
$\sum$	■	■			
$\langle \cdot \rangle$			■	■	■
s^2	■	■			
s	■	■			■
$\widehat{\rho}_{xy}$	■	■	■	■	

Tabelle 9.3: Portfolio mit zwei Vermögenswerten (Wiederholung).

a) Berechnen Sie aus den Stichproben der Vermögenswerte folgende Größen (**Stichprobenkennzahlen**) und notieren Sie diese in den freien Feldern im unteren Teil der Tabelle 9.3.

(i) Stichprobenmittelwerte $\langle x \rangle$ und $\langle y \rangle$.

Hinweis zur Lösung: $\langle x \rangle = \frac{1}{n} \sum_{i=1}^{n} x_i$

(Schätzer für den Erwartungswert von x).

(ii) Stichprobenvarianzen S_x^2 und S_y^2.

Hinweis zur Lösung: $S_x^2 = \frac{1}{n-1} \sum_{i=1}^{n} (x_i - \langle x \rangle)^2$

(Schätzer für die Varianz von x).

(iii) Stichprobenstandardabweichungen S_x und S_y.

(iv) Stichprobenkovarianz $\widehat{\sigma}_{xy}$.

Hinweis zur Lösung: $\widehat{\sigma}_{xy} = \frac{1}{n-1} \sum_{i=1}^{n} (x_i - \langle x \rangle)(y_i - \langle y \rangle)$

(Schätzer für die Kovarianz von x und y).

(v) Stichprobenkorrelation $\widehat{\rho}_{xy}$.

Hinweis zur Lösung: $\widehat{\rho}_{xy} = \frac{\widehat{\sigma}_{xy}}{S_x S_y}$

(Schätzer für die Korrelation von x und y).

b) Notieren Sie anhand der Ergebnisse aus a) folgende Größen für das aus zwei Vermögenswerten bestehende Portfolio:

(i) Schätzer für den Ertragsvektor $\widehat{\boldsymbol{r}}$.

(ii) Schätzer für den Risikovektor $\widehat{\boldsymbol{\sigma}}$.

(iii) Schätzer für die Kovarianzmatrix $\widehat{C}$.

(iv) Schätzer für die Korrelationsmatrix $\widehat{\boldsymbol{\rho}}$.

c) Für das Portfolio aus zwei Vermögenswerten wird nach ein paar Monaten die tatsächliche **Kovarianzmatrix** mit

$$C = 10^{-8} \begin{pmatrix} 60 & 96 \\ 96 & 2245 \end{pmatrix}$$

ermittelt.

Berechnen Sie aus der angegebenen tatsächlichen Kovarianzmatrix die folgenden Größen (**Verteilungsparameter**):

(i) Standardabweichungen σ_x und σ_y.

(ii) Korrelation ρ_{xy}.

(iii) Notieren Sie die Korrelationsmatrix $\boldsymbol{\rho}$.

(iv) Berechnen Sie die inverse Kovarianzmatrix C^{-1}.

(v) Berechnen Sie das Matrix-Produkt $C^{-1}C$.

d) Die Anteile der zwei Vermögenswerte im Portfolio belaufen sich auf 20 % von X und 80 % von Y. Die Ertragserwartungen werden vom Research mit $\mu_x = 2\,\%$ und $\mu_y = 8\,\%$ angegeben.

Bestimmen Sie folgende Größen (**Portfoliotheorie**):

(i) Gewichtsvektor $\mathbf{w}$ und $\mathbf{w}'$.

(ii) Ertragsvektor $\boldsymbol{\mu}$ und $\boldsymbol{\mu}'$

(iii) Das Skalarprodukt $\mathbf{1}'\mathbf{w}$ bzw. $\mathbf{w}'\mathbf{1}$.

Hinweis zur Lösung: $\mathbf{1} \in \mathbb{R}^n$ ist der Einsvektor mit passender Dimension n.

(iv) Portfoliorendite $R = \boldsymbol{\mu}'\mathbf{w}$ bzw. $R = \mathbf{w}'\boldsymbol{\mu}$.

(v) Portfoliovarianz $\sigma^2 = \mathbf{w}'\ C\ \mathbf{w}$.

(vi) Portfoliostandardabweichung σ.

e) Skizzieren Sie in der Abbildung 9.3 die Ertrag-Risiko-Profile der zwei Vermögenswerte und des Portfolios (Verwenden Sie die Vorgaben und Ergebnisse aus den Aufgabenteilen c und d).

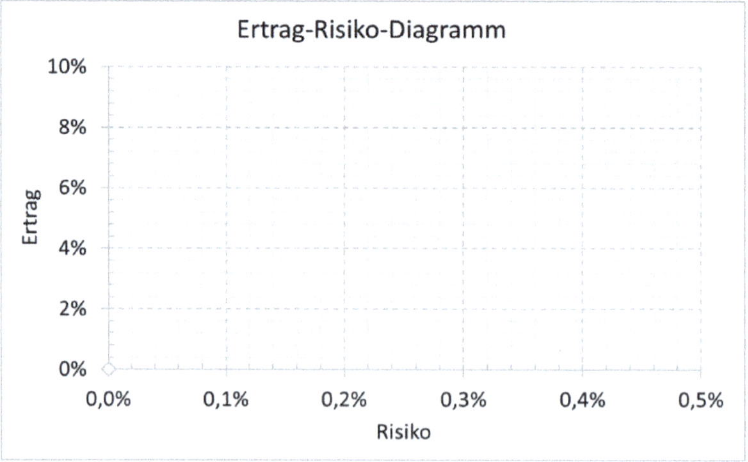

Abbildung 9.3: Ertrag-Risiko-Profile im Vergleich (Wiederholung).

f) Über eine **Datenschnittstelle** werden Korrelationsmatrizen verschiedener Portfolios für die Weiterverarbeitung bereitgestellt. Die Datenschnittstelle ist defekt und liefert z. T. falsche Korrelationsmatrizen.

(i) Welche der nachfolgenden Korrelationsmatrizen sind falsch (kurze Begründung)?

$$\rho_A = \begin{pmatrix} 1.0 & 0.9 \\ 0.9 & 1.0 \end{pmatrix} \quad \rho_B = \begin{pmatrix} +1.0 & +0.9 \\ -0.9 & +1.0 \end{pmatrix} \quad \rho_C = \begin{pmatrix} 1.0 & 0.2 & 0.3 \\ 0.3 & 1.0 & -0.5 \\ 0.2 & -0.5 & 1.0 \end{pmatrix}$$

$$\rho_D = \begin{pmatrix} 1.00 & 0.70 & 0.60 \\ 0.70 & 0.99 & -0.10 \\ 0.60 & -0.20 & 1.00 \end{pmatrix} \quad \rho_E = \begin{pmatrix} 1.00 & -0.2 & 0.3 \\ -0.2 & 1.00 & 0.5 \\ 0.3 & 0.5 & 1.00 \\ -0.1 & 0.5 & 1.00 \end{pmatrix}$$

$$\rho_F = \begin{pmatrix} 1.0 & -0.8 & -0.700 \\ -0.80 & 1 & +0.20 \\ -0.7 & +0.20 & 1.00 \end{pmatrix} \quad \rho_G = \begin{pmatrix} +1.00 & -0.10 & +0.20 & +0.90 \\ -0.10 & +1.00 & +1.10 & -0.30 \\ +0.20 & +1.10 & +1.00 & +0.50 \\ +0.90 & -0.30 & +0.50 & +1.00 \end{pmatrix}$$

(ii) Ergänzen Sie die nachfolgende, nur teilweise übermittelte Korrelationsmatrix, sodass die Anforderungen an eine Korrelationsmatrix erfüllt sind.

$$\rho_H = \begin{pmatrix} +1.00 & \_\_\_\_ & +0.20 & +0.30 \\ -0.10 & +1.00 & +0.50 & \_\_\_\_ \\ +0.20 & +0.50 & \_\_\_\_ & -0.30 \\ \_\_\_\_ & +0.90 & -0.30 & +1.00 \end{pmatrix}$$

Sollte in der **Praxis** Ihre ergänzte Korrelationsmatrix bei einer sich möglicherweise dann anschließenden Optimierung genutzt werden? Begründung!

Lösung 2

a) Die nachfolgende Tabelle 9.4 fasst die Ergebnisse der Unterpunkte (i) bis (v) zusammen.

Woche	stetige Verzinsung		Varianzen		Kovarianz
i	x_i	y_i	$(x_i - \langle x \rangle)^2$	$(y_i - \langle y \rangle)^2$	$(x_i - \langle x \rangle)(y_i - \langle y \rangle)$
1	-4.772E-04	7.644E-04	2.957E-07	1.580E-07	2.162E-07
2	7.346E-04	2.230E-03	4.463E-07	1.141E-06	7.136E-07
3	-5.431E-05	5.904E-03	1.461E-08	2.248E-05	-5.731E-07
4	1.246E-03	-2.093E-03	1.392E-06	1.059E-05	-3.840E-06
5	1.048E-04	4.222E-04	1.460E-09	5.472E-07	-2.826E-08
6	7.291E-04	5.677E-03	4.390E-07	2.038E-05	2.991E-06
7	-5.588E-04	3.478E-03	3.911E-07	5.365E-06	-1.448E-06
8	1.972E-04	3.234E-03	1.707E-08	4.294E-06	2.707E-07
9	3.779E-04	9.616E-03	9.697E-08	7.148E-05	2.633E-06
10	1.087E-03	1.406E-03	1.040E-06	5.955E-08	2.489E-07
11	-1.382E-03	-1.763E-03	2.098E-06	8.554E-06	4.237E-06
12	-1.160E-03	-6.728E-03	1.504E-06	6.225E-05	9.677E-06
13	6.271E-04	-4.860E-03	3.142E-07	3.626E-05	-3.376E-06
14	4.532E-04	5.584E-03	1.495E-07	1.956E-05	1.710E-06
15	-1.745E-04	-1.064E-02	5.812E-08	1.394E-04	2.846E-06
16	2.781E-04	2.811E-03	4.473E-08	2.720E-06	3.488E-07
17	-3.051E-04	4.503E-03	1.381E-07	1.116E-05	-1.242E-06
18	7.733E-04	3.795E-03	4.995E-07	6.931E-06	1.861E-06
19	3.024E-04	-3.849E-04	5.564E-08	2.393E-06	-3.649E-07
20	-1.468E-03	2.863E-04	2.354E-06	7.667E-07	1.343E-06
$\sum$	■	■	**1.135E-05**	**4.265E-04**	**1.822E-05**
$\langle \cdot \rangle$	**6.656E-05**	**1.162E-03**	■	■	■
S^2	■	■	**5.974E-07**	**2.245E-05**	**9.592E-07**
S	■	■	**7.729E-04**	**4.738E-03**	■
$\widehat{\rho}_{xy}$	■	■	■	■	**0.2619**

Tabelle 9.4: Portfolio mit zwei Vermögenswerten (Lösung).

b) Ergebnisse aus der **Stichprobenanalyse**:

(i) Schätzer für den Ertragsvektor $\widehat{\boldsymbol{r}}$ (In Tabelle 9.4 grün, letzte Einträge in den ersten beiden Spalten)

$$\widehat{\boldsymbol{r}} = \begin{pmatrix} \langle x \rangle \\ \langle y \rangle \end{pmatrix} = \begin{pmatrix} 6.656E-05 \\ 1.162E-03 \end{pmatrix} \mathrel{\widehat{=}} \begin{pmatrix} 0.007\ \% \\ 0.116\ \% \end{pmatrix} .$$

(ii) Schätzer für den Risikovektor $\widehat{\boldsymbol{\sigma}}$ (In Tabelle 9.4 orange, letzter Eintrag in dritter und vierter Spalte)

$$\widehat{\boldsymbol{\sigma}} = \begin{pmatrix} S_x \\ S_y \end{pmatrix} = \begin{pmatrix} 7.729E-04 \\ 4.738E-03 \end{pmatrix} \mathrel{\widehat{=}} \begin{pmatrix} 0.077\,\% \\ 0.474\,\% \end{pmatrix} .$$

(iii) Schätzer für die Kovarianzmatrix $\widehat{C}$ (In Tabelle 9.4 rot und blau, Einträge in drittletzter Zeile)

$$\widehat{C} = \begin{pmatrix} 5.974E-07 & 9.592E-07 \\ 9.592E-07 & 2.245E-05 \end{pmatrix} = 10^{-8} \begin{pmatrix} 59.74 & 95.92 \\ 95.92 & 2245.00 \end{pmatrix} .$$

(iv) Schätzer für die Korrelationsmatrix $\widehat{\boldsymbol{\rho}}$ (In Tabelle 9.4 violett, letzter Eintrag in der letzten Spalte)

$$\widehat{\boldsymbol{\rho}} = \begin{pmatrix} 1 & 0.2619 \\ 0.2619 & 1 \end{pmatrix} .$$

c) Eine allgemeine 2×2 **Kovarianzmatrix** C besteht aus den Matrixelementen c_{ij}:

$$\boldsymbol{C} = \begin{pmatrix} c_{11} & c_{12} \\ c_{21} & c_{22} \end{pmatrix} .$$

Sie ist symmetrisch, d. h., es gilt für die Kovarianzen (Nebendiagonalelemente) allgemeine $c_{ij} = c_{ji}$, also hier $c_{12} = c_{21}$. Die Diagonalelemente c_{ll} der Kovarianzmatrix entsprechen den jeweiligen Varianzen und sind damit die Quadrate der jeweiligen Standardabweichungen.

(i) Standardabweichungen σ_x und σ_y.

$$\sigma_x = \sqrt{\sigma_x^2} = \sqrt{c_{11}} = \sqrt{60 \cdot 10^{-8}} \quad = 7.74596 \cdot 10^{-4} \quad (\mathrel{\widehat{=}} 0.077\,\%)$$
$$\sigma_y = \sqrt{\sigma_y^2} = \sqrt{c_{22}} = \sqrt{2245 \cdot 10^{-8}} = 4.73814 \cdot 10^{-3} \quad (\mathrel{\widehat{=}} 0.474\,\%)$$

(ii) Korrelation ρ_{xy}.

$$\rho_{xy} = \frac{\sigma_{xy}}{\sigma_x \sigma_y} = \frac{c_{12}}{\sigma_x \sigma_y} = \frac{96 \cdot 10^{-8}}{7.74596 \cdot 10^{-4} \cdot 4.73814 \cdot 10^{-3}} = 0.26157$$

(iii) Korrelationsmatrix $\boldsymbol{\rho}$.

$$\boldsymbol{\rho} = \begin{pmatrix} 1 & 0.2616 \\ 0.2616 & 1 \end{pmatrix}$$

(iv) **Inverse Kovarianzmatrix C^{-1}**. Zur Bestimmung der **inversen Matrix** einer beliebig dimensionalen quadratischen Matrix $C \in \mathbb{R}^{n \times n}$ müssen als Zwischenschritte in einem aufwändigen Verfahren die Determinante und die adjungierte Matrix von C berechnet werden. Die Berechnung der inversen Matrix erfolgt für $n > 2$ in der Praxis mit Software-Paketen.

Für $n = 2$ ist der Rechengang überschaubar und die inverse Matrix der symmetrischen Kovarianzmatrix ($c_{21} = c_{12}$!) wird wie folgt gebildet:

$$C^{-1} = \begin{pmatrix} c_{11} & c_{12} \\ c_{12} & c_{22} \end{pmatrix}^{-1} = \frac{1}{\det C} \begin{pmatrix} c_{22} & -c_{12} \\ -c_{12} & c_{11} \end{pmatrix} = \frac{1}{c_{11}c_{22} - c_{12}^2} \begin{pmatrix} c_{22} & -c_{12} \\ -c_{12} & c_{11} \end{pmatrix} .$$

Hier also:

$$\begin{aligned} C^{-1} &= \frac{1}{c_{11}c_{22} - c_{12}^2} \begin{pmatrix} c_{22} & -c_{12} \\ -c_{12} & c_{11} \end{pmatrix} \\ &= \frac{10^{-8}}{60 \cdot 10^{-8} \cdot 2245 \cdot 10^{-8} - (96 \cdot 10^{-8})^2} \begin{pmatrix} 2245 & -96 \\ -96 & 60 \end{pmatrix} \\ &= \frac{10^{+8}}{125484} \begin{pmatrix} 2245 & -96 \\ -96 & 60 \end{pmatrix} . \end{aligned}$$

(v) **Matrix-Produkt $C^{-1}C$.**
Das Produkt aus einer Matrix und ihrer inversen Matrix ist gleich der **Einheitsmatrix E**. D. h., es gilt hier (2×2 Fall!):

$$C^{-1}C = E = \begin{pmatrix} 1 & 0 \\ 0 & 1 \end{pmatrix}$$

Detailrechnung:

$$C^{-1}C = \frac{10^{+8}}{125484} \begin{pmatrix} 2245 & -96 \\ -96 & 60 \end{pmatrix} \begin{pmatrix} 60 & 96 \\ 96 & 2245 \end{pmatrix} 10^{-8} = \frac{1}{125484} \begin{pmatrix} 125484 & 0 \\ 0 & 125484 \end{pmatrix}$$

d) (i) Gewichtsvektor $\mathbf{w} = \binom{0.2}{0.8}$ und $\mathbf{w}' = (0.2 \quad 0.8)$.

(ii) Ertragsvektor $\boldsymbol{\mu} = \binom{0.02}{0.08}$ und $\boldsymbol{\mu}' = (0.02 \quad 0.08)$.
Notiz: Annahme, dass das Research den Ertrag auf Wochenbasis ausgewiesen hat. Damit ist das Ertrags-Risiko-Profil jedoch fern jeder Marktsituation. In einem solchen Fall sollte in der Praxis eine Rückfrage beim Research erfolgen.

(iii) Das **Skalarprodukt**
$\mathbf{1}'\mathbf{w} = (1 \quad 1)\binom{0.2}{0.8} = 1$ bzw.
$\mathbf{w}'\mathbf{1} = (0.2 \quad 0.8)\binom{1}{1} = 1$.

(iv) Portfoliorendite
$R = \boldsymbol{\mu}'\mathbf{w} = (0.02 \quad 0.08)\binom{0.2}{0.8} = 0.068$ ($\widehat{=}$ 6.80 %) bzw.
$R = \mathbf{w}'\boldsymbol{\mu} = (0.2 \quad 0.8)\binom{0.02}{0.08} = 0.068$ ($\widehat{=}$ 6.80 %).

(v) Portfoliovarianz $\sigma^2 = \mathbf{w}'\, C\, \mathbf{w}$.

$$\begin{aligned}\sigma^2 &= \mathbf{w}'\, C\, \mathbf{w} \\ &= 10^{-8} \cdot (0.2 \quad 0.8)\begin{pmatrix} 60 & 96 \\ 96 & 2245 \end{pmatrix}\begin{pmatrix} 0.2 \\ 0.8 \end{pmatrix} \\ &= 10^{-8} \cdot 1469.92 \\ &= 1.46992 \cdot 10^{-5}\end{aligned}$$

(vi) Portfoliostandardabweichung
$\sigma = \sqrt{\sigma^2} = \sqrt{1.46992 \cdot 10^{-5}} = 0.0038340\ldots$ ($\widehat{=}$ 0.383 %).

e) Die Grafik 9.4 zeigt für das Portfolio und die Vermögenswerte die **Ertrag-Risiko-Profile** im Vergleich.

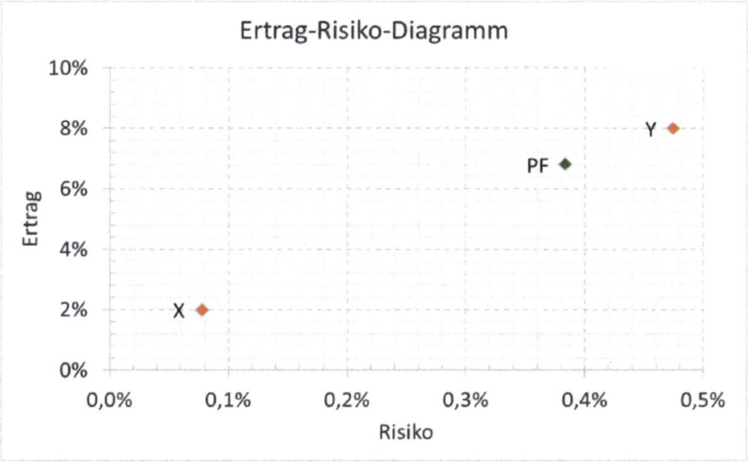

Abbildung 9.4: Ertrag-Risiko-Profile im Vergleich (Lösung).

f) Für eine **Korrelationsmatrix** gilt:

- Die Korrelationsmatrix ist quadratisch. Also $\boldsymbol{\rho} \in \mathbb{R}^{n \times n}$.
- Symmetrie $\boldsymbol{\rho}' = \boldsymbol{\rho}$. Also $\rho_{ij} = \rho_{ji}$.
- Alle Matrixelemente erfüllen die Bedingung: $-1 \leq \rho_{ij} \leq +1$.
- Für die Matrixelemente der Hauptdiagonalen gilt, dass sie ausschließlich den Wert 1 annehmen. Also $\rho_{ii} = 1 \; \forall i$.

(i) Außer $\boldsymbol{\rho}_A$ und $\boldsymbol{\rho}_F$ sind gemäß der o. g. Kriterien alle Korrelationsmatrizen fehlerhaft übermittelt worden. Die Fehler im Einzelnen (**Fehleranalyse**):

$$\boldsymbol{\rho}_A = \begin{pmatrix} 1.0 & 0.9 \\ 0.9 & 1.0 \end{pmatrix} \quad \boldsymbol{\rho}_B = \begin{pmatrix} +1.0 & +0.9 \\ -0.9 & +1.0 \end{pmatrix} \quad \boldsymbol{\rho}_C = \begin{pmatrix} 1.0 & 0.2 & 0.3 \\ 0.3 & 1.0 & -0.5 \\ 0.2 & -0.5 & 1.0 \end{pmatrix}$$

Beobachtung: $\boldsymbol{\rho}_B$ und $\boldsymbol{\rho}_C$ sind nicht symmetrisch.

$$\boldsymbol{\rho}_D = \begin{pmatrix} 1.00 & 0.70 & 0.60 \\ 0.70 & 0.99 & -0.10 \\ 0.60 & -0.20 & 1.00 \end{pmatrix} \quad \boldsymbol{\rho}_E = \begin{pmatrix} 1.00 & -0.2 & 0.3 \\ -0.2 & 1.00 & 0.5 \\ 0.3 & 0.5 & 1.00 \\ -0.1 & 0.5 & 1.00 \end{pmatrix}$$

Beobachtung: $\boldsymbol{\rho}_D$ ist nicht symmetrisch und ein Wert der Diagonale ist nicht identisch 1, $\boldsymbol{\rho}_E$ hat die Dimensionierung 4×3 (**Dimensionsanalyse**) ist somit nicht quadratisch.

$$\boldsymbol{\rho}_F = \begin{pmatrix} 1.0 & -0.8 & -0.700 \\ -0.80 & 1 & +0.20 \\ -0.7 & +0.20 & 1.00 \end{pmatrix} \quad \boldsymbol{\rho}_G = \begin{pmatrix} +1.00 & -0.10 & +0.20 & +0.90 \\ -0.10 & +1.00 & +1.10 & -0.30 \\ +0.20 & +1.10 & +1.00 & +0.50 \\ +0.90 & -0.30 & +0.50 & +1.00 \end{pmatrix}$$

Beobachtung: Bei $\boldsymbol{\rho}_G$ ist ein Matrixelement größer als 1.

(ii)

$$\boldsymbol{\rho}_H = \begin{pmatrix} +1.00 & -0.10 & +0.20 & +0.30 \\ -0.10 & +1.00 & +0.50 & +0.90 \\ +0.20 & +0.50 & +1.00 & -0.30 \\ +0.30 & +0.90 & -0.30 & +1.00 \end{pmatrix}$$

Obwohl die Matrix offensichtlich alle Kriterien erfüllt, sollte sie nicht weiter benutzt werden. Ein manuelles Eingreifen ist i. d. R. nicht erlaubt. Darüber hinaus können über die **Schnittstelle** weitere Fehler übermittelt worden sein, die nicht ersichtlich sind. Beispiel: Beide Matrixelement ρ_{43} und ρ_{34} sind gleichmäßig um +0.10 zu hoch. In der Praxis wird die Schnittstelle (bspw. durch IT) kontrolliert und dort zunächst für einen korrekten Datenaustausch gesorgt. Erst nach Abschlusskontrolle und Freigabe der Schnittstelle, werden gelieferte Daten weiter verarbeitet.

Fehlerquellen vermeiden

Inverse Matrix: Bei der Berechnung der inversen Kovarianzmatrix C^{-1} kann es zu numerischen Ungenauigkeiten kommen. Das kann bspw. mit der Konditionierung der Kovarianzmatrix C zusammenhängen. Folgefehler und weitere Ungenauigkeiten können auftreten, wenn die Elemente in der Ergebnismatrix C^{-1} stark gerundet werden.

Eine Möglichkeit diese Ungenauigkeiten aufzudecken, ist die Berechnung der **Einheitsmatrix** $E = C^{-1}C$. Auf der Hauptdiagonalen der Einheitsmatrix stehen nur Elemente mit dem Wert +1 und auf den Nebendiagonalen nur Elemente mit dem Wert 0. Abweichungen von diesen Werten ergeben einen ersten Hinweis auf mögliche Ungenauigkeiten in der Berechnung, deren Ursache dann genauer inspiziert werden muss.

Praxistipp(s)

Schnittstelle: In der Lösung zur Teilaufgabe (fii) wurde der Umgang mit übermittelten Fehlern über eine Datenschnittstelle speziell bezüglich der Korrelationsmatrix ρ erläutert. In der Praxis empfiehlt sich dieses Vorgehen für jeden gelieferten Datensatz.

Zur Qualitätssicherung verfügt die liefernde, vorgelagerte Organisationseinheit i. d. R. über eine geeignete **Ausgangskontrolle** und die empfangende, nachgelagerte Organisationseinheit über eine geeignete **Eingangskontrolle**. Bei der Eingangskontrolle (**Fehleranalyse**) entdeckte Fehler werden zusammen mit der liefernden Organisationseinheit analysiert und die vorgelagerte Ausgangskontrolle ggf. angepasst. Letzteres kann auch in einem kontinuierlichen Verbesserungsprozess integriert sein.

10 Portfolioanalyse

Aufgabe 1: [◆ **Klausur**] Ein **Portfolio** besteht aus zwei Vermögenswerten $A1$ und $A2$. Der Ertragsvektor wird mit $\boldsymbol{\mu}' = (9.0\,\% \quad 3.5\,\%)$, der Risikovektor mit $\boldsymbol{\sigma}' = (22.02\,\% \quad 4.02\,\%)$ und die Korrelation der beiden Vermögenswerten mit $\rho_{12} = -0.500$ angegeben.

a) Notieren Sie die Korrelationsmatrix $\boldsymbol{\rho}$.

b) Berechnen Sie die Kovarianzmatrix $\boldsymbol{C}$ für die Vermögenswerte.

> *Hinweis zur Lösung*: $\rho_{ij} = \frac{C_{ij}}{\sigma_i \sigma_j}$.

c) Bei einem Portfolio aus zwei Vermögenswerten gilt für die Gewichte folgender Zusammenhang: $\omega_2 = 1 - \omega_1$.

Berechnen Sie für die Gewichtungen $\omega_1 = 0\,\%, 10\,\%, 20\,\%, \ldots, 90\,\%, 100\,\%$ jeweils den **Portfolioertrag** R_{PF} sowie das **Portfoliorisiko** σ_{PF} und stellen Sie die Ergebnisse in Tabellenform dar.

> *Hinweis zur Lösung*: $R_{\text{PF}} = \mathbf{w}'\boldsymbol{\mu}$ und $\sigma^2_{\text{PF}} = \mathbf{w}'\boldsymbol{C}\mathbf{w}$.

d) Skizzieren Sie in der Grafik 10.1 das Ertrag-Risiko-Profil der Vermögenswerte und mit den Ergebnissen aus Punkt c) die Effizienzlinie.

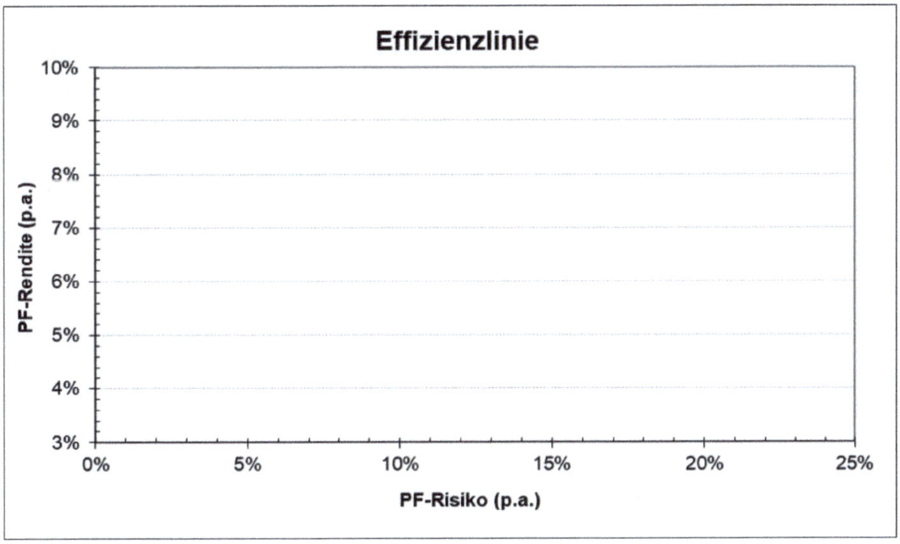

Abbildung 10.1: Effizienzlinie (Wiederholung).

e) Die **inverse Kovarianzmatrix** zu Ihrer Matrix aus Punkt b) wird mit einem Software-Paket berechnet und hat folgende Darstellung:

$$C^{-1} = \begin{pmatrix} 27.5 & 75.3 \\ 75.3 & 825.0 \end{pmatrix}$$

Überzeugen Sie sich, dass näherungsweise gilt:

$$C^{-1}C = \boldsymbol{E} = \begin{pmatrix} 1 & 0 \\ 0 & 1 \end{pmatrix}$$

f) Für das **Minimum-Varianz-Portfolio** (MVPF) sollen die nachfolgenden Größen ermittelt werden:

(i) Gewichtsvektor $\mathbf{w}^*$.

> *Hinweis zur Lösung*: $\mathbf{w}^* = \frac{C^{-1}\mathbf{1}}{\mathbf{1}'C^{-1}\mathbf{1}}$ und
>
> $\mathbf{1} \in \mathbb{R}^n$ ist der Einsvektor mit passender Dimension n.

(ii) Ertrag R_{MVPF}.

(iii) Risiko σ^2_{MVPF}.

(iv) Standardabweichung σ_{MVPF}.

(v) Markieren Sie in der Grafik 10.1 das Ertrag-Risiko-Profil des Minimum-Varianz-Portfolios.

g) Skizzieren Sie in der Grafik 10.1 den Verlauf der Effizienzlinie für $\rho_{12} = +1$ (ohne **Short-Positionen**). Welche Zusammensetzung hat in diesem Fall das Minimum-Varianz-Portfolio?

Lösung 1

Analyse eines **Portfolios** mit zwei Vermögenswerten.

a) Die **Korrelationsmatrix** ist symmetrisch, somit gilt: $\rho_{ij} = \rho_{ji}$. Außerdem enthält die Hauptdiagonale nur die Werte $\rho_{ii} = 1$.

$$\boldsymbol{\rho} = \begin{pmatrix} \rho_{11} & \rho_{12} \\ \rho_{21} & \rho_{22} \end{pmatrix} = \begin{pmatrix} +1.0 & -0.5 \\ -0.5 & +1.0 \end{pmatrix}$$

b) Die Elemente der **Kovarianzmatrix** lassen sich über die Formel: $C_{ij} = \sigma_i \sigma_j \rho_{ij}$ für $i = 1, 2$ berechnen. Dabei wird jede Kombination von i und j betrachtet und das entsprechende Element der Kovarianzmatrix berechnet. Somit:

$$\boldsymbol{C} = \begin{pmatrix} C_{11} & C_{12} \\ C_{21} & C_{22} \end{pmatrix} = \begin{pmatrix} \sigma_1\sigma_1\rho_{11} & \sigma_1\sigma_2\rho_{12} \\ \sigma_2\sigma_1\rho_{21} & \sigma_2\sigma_2\rho_{22} \end{pmatrix} = \begin{pmatrix} +0.04848804 & -0.00442602 \\ -0.00442602 & +0.00161604 \end{pmatrix}.$$

c) Der Gewichtsvektor ist variabel und lautet $\mathbf{w} = (\omega_1 \quad \omega_2)'$. Mit dem Ertragsvektor $\boldsymbol{\mu}' = (9.0\,\% \quad 3.5\,\%)$ und der Kovarianzmatrix

$$\boldsymbol{C} = \begin{pmatrix} +0.04848804 & -0.00442602 \\ -0.00442602 & +0.00161604 \end{pmatrix}$$

aus dem vorhergehenden Aufgabenteil lassen sich die verschiedenen **Ertrag-Risiko-Profile** $\sigma_{\text{PF}} = \sqrt{\mathbf{w}'\boldsymbol{C}\mathbf{w}}$ und $R_{\text{PF}} = \mathbf{w}'\boldsymbol{\mu}$ des Portfolios ermitteln. Die Tabelle 10.1 zeigt die Ergebnisse.

Gewichtung		Ertrag-Risiko-Profil	
ω_1	ω_2	R_{PF}	σ_{PF}
0 %	100 %	3.50 %	4.02 %
10 %	90 %	4.05 %	3.16 %
20 %	80 %	4.60 %	3.95 %
30 %	70 %	5.15 %	5.74 %
40 %	60 %	5.70 %	7.88 %
50 %	50 %	6.25 %	10.16 %
60 %	40 %	6.80 %	12.49 %
70 %	30 %	7.35 %	14.85 %
80 %	20 %	7.90 %	17.23 %
90 %	10 %	8.45 %	19.62 %
100 %	0 %	9.00 %	22.02 %

Tabelle 10.1: Ertrag-Risiko-Profil für ein Portfolio (Lösung).

d) Die Abbildung 10.2 zeigt die Lösung – auch zu den Aufgabenteilen fv) und g). Die Punkte **A1** und **A2** markieren die Ertrag-Risiko-Profile der beiden Vermögenswerte. Mit den Kreuzen sind die Ergebnisse aus Tabelle 10.1 markiert. Die blaue, gekrümmte Linie verbindet als **Effizienzlinie** die einzelnen Ertrag-Risiko-Profile bei sich ändernder Zusammensetzung des Portfolios.

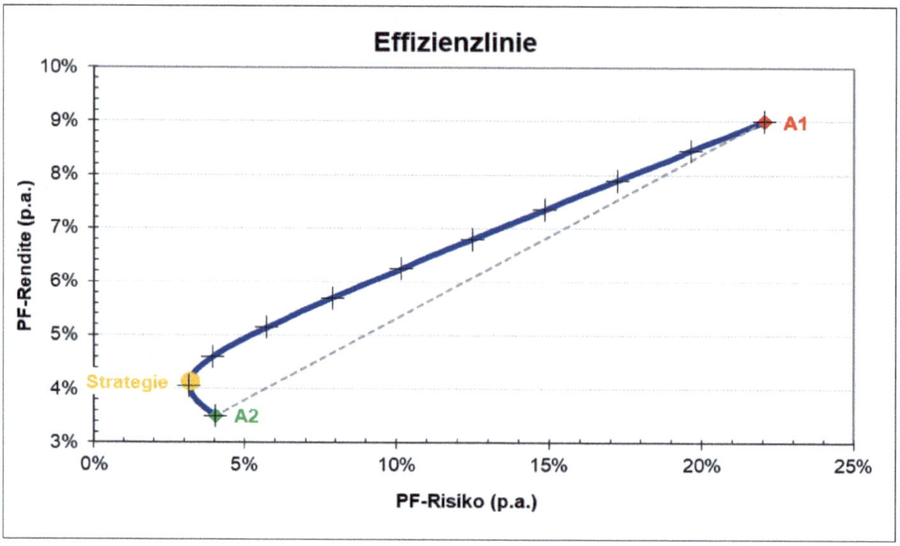

Abbildung 10.2: Effizienzlinie (Lösung).

e) Überprüfung der Inversen mit Hilfe des **Falkschen Schemas**

$$\begin{array}{c|cl} & \begin{pmatrix} +0.04848804 & -0.00442602 \\ -0.00442602 & +0.00161604 \end{pmatrix} & = C \\ \hline C^{-1} = \begin{pmatrix} 27.5 & 75.3 \\ 75.3 & 825.0 \end{pmatrix} & \begin{pmatrix} +1.00014179 & -0.00002774 \\ -0.00031709 & +0.99995369 \end{pmatrix} & = C^{-1}C \approx E \quad \checkmark \end{array}$$

f) (i) Berechnung des Gewichtsvektors $\mathbf{w}^*$. Der **Einsvektor** für das Portfolio aus zwei Vermögenswerten hat hier die Form $\mathbf{1} = \binom{1}{1}$. Somit:

$$\begin{aligned} \mathbf{w}^* &= \frac{C^{-1}\mathbf{1}}{\mathbf{1}'C^{-1}\mathbf{1}} \\ &= \frac{\begin{pmatrix} 27.5 & 75.3 \\ 75.3 & 825.0 \end{pmatrix}\begin{pmatrix} 1 \\ 1 \end{pmatrix}}{\begin{pmatrix} 1 & 1 \end{pmatrix}\begin{pmatrix} 27.5 & 75.3 \\ 75.3 & 825.0 \end{pmatrix}\begin{pmatrix} 1 \\ 1 \end{pmatrix}} \\ &= \frac{1}{1003.1}\begin{pmatrix} 102.8 \\ 900.3 \end{pmatrix} = \begin{pmatrix} 0.1024840 \\ 0.8975160 \end{pmatrix} \qquad \widehat{=} \begin{pmatrix} 10.25\,\% \\ 89.75\,\% \end{pmatrix} \end{aligned}$$

(ii) **Ertrag** des Minimum-Varianz-Portfolios R_{MVPF}.

$$\begin{aligned} R_{\text{MVPF}} &= \mathbf{w}^{*\prime}\boldsymbol{\mu} \\ &= \begin{pmatrix} 0.1024840 & 0.8975160 \end{pmatrix} \begin{pmatrix} 0.090 \\ 0.035 \end{pmatrix} \\ &= 0.04063662 \qquad (\hat{=}\ 4.06\,\%) \end{aligned}$$

(iii) **Risiko** σ^2_{MVPF}.

$$\begin{aligned} \sigma^2_{\text{MVPF}} &= \mathbf{w}^{*\prime} C \mathbf{w}^* \\ &= \frac{\mathbf{1}' C^{-1}}{\mathbf{1}' C^{-1}\mathbf{1}}\, C\, \frac{C^{-1}\mathbf{1}}{\mathbf{1}' C^{-1}\mathbf{1}} \qquad \text{mit} C^{-1}C = E \\ &= \frac{\mathbf{1}' C^{-1}\mathbf{1}}{(\mathbf{1}' C^{-1}\mathbf{1})^2} \\ &= \frac{1}{\mathbf{1}' C^{-1}\mathbf{1}} \\ &= \frac{1}{1003.1} \\ &= 0.000996909\ldots \end{aligned}$$

(iv) Standardabweichung σ_{MVPF}.

$$\begin{aligned} \sigma_{\text{MVPF}} &= \sqrt{\sigma^2_{\text{MVPF}}} \\ &= \sqrt{0.000996909\ldots} \\ &= 0.031573875\ldots \qquad (\hat{=}\ 3.16\,\%) \end{aligned}$$

(v) Das **Ertrag-Risiko-Profil** des Minimum-Varianz-Portfolios lautet gemäß der obigen Rechnungen: $\sigma_{\text{MVPF}} = 3.16\,\%$ und $R_{\text{MVPF}} = 4.06\,\%$. In der Abbildung 10.1 ist die Lage des Minimum-Varianz-Portfolios mit einem orangen Punkt und der Bezeichnung „Strategie" markiert.

g) Gesucht ist zunächst eine Funktion, die in diesem speziellen Fall den Ertrag abhängig von der Standardabweichung des Portfolios darstellt: $R_{\text{PF}} = f(\sigma_{\text{PF}})$.

Lösungsweg:
Die Vektor-Matrix-Gleichung für die **Portfoliovarianz** lässt sich auch in einer Summe schreiben:

$$\begin{aligned} \sigma^2_{\text{PF}} &= \mathbf{w}' C \mathbf{w} \\ &= \sum_{ij} \omega_i \omega_j \sigma_i \sigma_j \rho_{ij} \end{aligned}$$

Wenn alle Korrelationen zu 1 werden, d. h., $\rho_{ij} = 1 \quad \forall i, j$, dann vereinfacht sich die Summe zu:

$$\sigma^2_{\text{PF}} = \sum_{ij} \omega_i \omega_j \sigma_i \sigma_j$$

Beinhaltet ein Portfolio nur zwei Vermögenswerte, so lautet die Summe ausgeschrieben:

$$\begin{aligned}\sigma_{\mathrm{PF}}^2 &= \omega_1^2\sigma_1^2 + 2\omega_1\omega_2\sigma_1\sigma_2 + \omega_2^2\sigma_2^2 \qquad \text{(binomische Formel!)}\\ &= (\omega_1\sigma_1 + \omega_2\sigma_2)^2\end{aligned}$$

Die Standardabweichung des Portfolios (**Portfoliorisiko**) ist demnach in diesem speziellen Fall die gewichtete Summe der einzelnen Standardabweichungen.

$$\sigma_{\mathrm{PF}} = \omega_1\sigma_1 + \omega_2\sigma_2$$

Mit der Nebenbedingung $1 = \omega_1 + \omega_2$ und der abkürzenden Schreibweise:

$$\begin{aligned}\omega_1 &= \omega\\ \omega_2 &= 1 - \omega\end{aligned}$$

Folgt in diesem speziellen Fall für das Risiko und den Ertrag des Portfolios die Berechnungsvorschrift:

$$\begin{aligned}\sigma_{\mathrm{PF}} &= \omega\sigma_1 + (1-\omega)\sigma_2\\ &= \omega(\sigma_1 - \sigma_2) + \sigma_2 \qquad (10.1)\\ R_{\mathrm{PF}} &= \omega\mu_1 + (1-\omega)\mu_2\\ &= \omega(\mu_1 - \mu_2) + \mu_2 \qquad (10.2)\end{aligned}$$

Aus der ersten Gleichung (10.1) folgt durch Umstellen nach ω:

$$\omega = \frac{\sigma_{\mathrm{PF}} - \sigma_2}{\sigma_1 - \sigma_2}$$

Einsetzen in die zweite Gleichung (10.2) liefert:

$$\begin{aligned}R_{\mathrm{PF}} &= \frac{\sigma_{\mathrm{PF}} - \sigma_2}{\sigma_1 - \sigma_2}(\mu_1 - \mu_2) + \mu_2 \qquad (10.3)\\ &= \sigma_{\mathrm{PF}}\frac{\mu_1 - \mu_2}{\sigma_1 - \sigma_2} - \sigma_2\frac{\mu_1 - \mu_2}{\sigma_1 - \sigma_2} + \mu_2\\ &= \underbrace{\frac{\mu_1 - \mu_2}{\sigma_1 - \sigma_2}}_{\text{Steigung } m}\sigma_{\mathrm{PF}} + \underbrace{\mu_2 - \sigma_2\frac{\mu_1 - \mu_2}{\sigma_1 - \sigma_2}}_{\text{Achsenabschnitt } b}\\ &= m \cdot \sigma_{\mathrm{PF}} + b\end{aligned}$$

In dem vorliegenden speziellen Fall besteht zwischen dem Ertrag und der Standardabweichung des Portfolios ein linearer Zusammenhang. Werden keine **Short-Positionen** betrachtet, d. h. $0 \le \omega \le 1$, dann kann die Standardabweichung nur Werte aus dem Intervall $\sigma_2 \le \sigma_{\mathrm{PF}} \le \sigma_1$ annehmen[1], vgl. Gleichung (10.1). Aus der Gleichung (10.3) folgt für $\sigma_{\mathrm{PF}} = \sigma_1$, dass der Portfolioertrag $R_{\mathrm{PF}} = \mu_1$ ist. Für $\sigma_{\mathrm{PF}} = \sigma_2$ folgt entsprechend $R_{\mathrm{PF}} = \mu_2$. D. h., die **Effizienzlinie** $R_{\mathrm{PF}} = f(\sigma_{\mathrm{PF}})$ besteht aus einer Geraden, die die beiden Vermögenswerte A1 und A2 als Endpunkte besitzt, wobei σ_{PF} alle Werte

1 Beachte: lt. Aufgabenstellung ist $\sigma_2 < \sigma_1$.

zwischen σ_2 und σ_1 durchläuft. In der Abbildung 10.2 zeigt die gestrichelte Linie die Effizienzlinie in diesem speziellen Fall. Das Minimum-Varianz-Portfolio besteht hier also lediglich aus dem Vermögenswert mit dem geringsten Risiko; das Ertrag-Risiko-Profil ist damit: $\sigma_{\mathrm{MVPF}} = \sigma_2$ und $R_{\mathrm{MVPF}} = \mu_2$.

FEHLERQUELLEN VERMEIDEN

Kovarianzmatrix: Bei größeren Portfolios mit n Vermögenswerten ist die in der Lösung zur Teilaufgabe (b) auf Kombinationen von i und j beruhende Vorgehensweise fehleranfällig. Eine andere - gut automatisierbare - Methode basiert auf einer zwei-stufigen Produktbildung.

Zu unterscheiden sind dabei, das

- **Hadamard-Produkt**:

  $\boldsymbol{K} = \boldsymbol{A} \circ \boldsymbol{B}$ mit $\boldsymbol{A}, \boldsymbol{B}, \boldsymbol{K} \in \mathbb{R}^{n \times n}$ und $K_{ij} = A_{ij} \cdot B_{ij} \quad \forall i, j$

  (synonym: Schur-Produkt, komponentenweise Multiplikation, elementweises Produkt) und das bekannte

- **Matrix-Produkt**:

  $\boldsymbol{L} = \boldsymbol{C}\boldsymbol{D}$ mit $\boldsymbol{C} \in \mathbb{R}^{n \times m}$, $\boldsymbol{D} \in \mathbb{R}^{m \times k}$ und $\boldsymbol{L} \in \mathbb{R}^{n \times k}$.

Mit diesen beiden Produkten berechnet sich die Kovarianzmatrix dann wie folgt aus dem Risikovektor $\boldsymbol{\sigma} \in \mathbb{R}^{n \times 1}$ und der Korrelationsmatrix $\boldsymbol{\rho} \in \mathbb{R}^{n \times n}$:

$$\boldsymbol{C} = \boldsymbol{\sigma}\boldsymbol{\sigma}' \circ \boldsymbol{\rho} \,.$$

Der Ausdruck $\boldsymbol{\sigma}\boldsymbol{\sigma}'$ erzeugt eine quadratische Matrix mit n Spalten und n Zeilen (Matrix-Produkt). Als Merkhilfe kann dieser Ausdruck als „Vola-mal-Vola"-Matrix verstanden werden.

Die alternative Lösung der Teilaufgabe (b) lautet somit:

$$\begin{aligned}
\boldsymbol{C} &= \boldsymbol{\sigma}\boldsymbol{\sigma}' \circ \boldsymbol{\rho} \\
&= \begin{pmatrix} \sigma_1 \\ \sigma_2 \end{pmatrix} (\sigma_1 \sigma_2) \circ \begin{pmatrix} \rho_{11} & \rho_{12} \\ \rho_{21} & \rho_{22} \end{pmatrix} \\
&= \begin{pmatrix} \sigma_1\sigma_1 & \sigma_1\sigma_2 \\ \sigma_2\sigma_1 & \sigma_2\sigma_2 \end{pmatrix} \circ \begin{pmatrix} \rho_{11} & \rho_{12} \\ \rho_{21} & \rho_{22} \end{pmatrix} \\
&= \begin{pmatrix} +0.04848804 & +0.00885204 \\ +0.00885204 & +0.00161604 \end{pmatrix} \circ \begin{pmatrix} +1.0 & -0.5 \\ -0.5 & +1.0 \end{pmatrix} \\
&= \begin{pmatrix} +0.04848804 & -0.00442602 \\ -0.00442602 & +0.00161604 \end{pmatrix} .
\end{aligned}$$

Praxistipp(s)

Schrittweitensteuerung: Die Tabelle 10.1 zeigt die (sehr grobe) Abtastung der **Effizienzlinie** mit einer Schrittweite von 10 %. EDV-Tools zur Portfoliooptimierung verfügen i. d. R. über eine automatische Schrittweitensteuerung, sodass z. B. bei starken Änderungen im Ergebniswert kleinere Schrittweiten verwendet werden. Werden bei der Effizienzlinie Ungenauigkeiten z. B. in der Nähe des **Minimum-Varianz-Portfolios** festgestellt, so kann die Überprüfung und ggf. Nachjustierung der Schrittweite eine Möglichkeit sein, eine Verbesserung zu erzielen.

Aufgabe 2: Ein **Portfolio** besteht aus n Vermögenswerten. Für die Vermögenswerte sei der **Vektor** der Ertragserwartungen $\boldsymbol{\mu}$ und die Kovarianzmatrix C gegeben. Es wird angenommen, dass die Vermögenswerte jeweils den gleichen Anteil am Portfoliovolumen besitzen (**Gleichgewichtung**).

a) Notieren Sie den Gewichtsvektor $\mathbf{w}$.

b) Welcher Portfolioertrag $R = \mathbf{w}'\boldsymbol{\mu}$ ist zu erwarten?

c) Wie vereinfacht sich die Gleichung für die Portfoliovarianz $\sigma^2 = \mathbf{w}'C\mathbf{w}$?

d) Notieren Sie die zuvor bestimmte Gleichung für σ^2 in Summenschreibweise.

e) Spalten Sie die Summe für σ^2 in Varianz- und Kovarianzterme auf und vereinfachen Sie den Ausdruck durch Einführung des Mittelwertes $\langle x\rangle = \frac{1}{n}\sum_{i=1}^{n} x_i$.

f) Bestimmen Sie den **Grenzwert** für σ^2 wenn $n \to \infty$.

g) [◆ **Klausur**] Welche Bedeutung hat der Grenzwert?

Lösung 2

a) Es handelt sich um ein Portfolio, in dem jeder Vermögenswert mit gleichem Anteil $\frac{1}{n}$ vorkommt (in manchen Literaturen **„naives" Portfolio** genannt). Somit:

$$\begin{aligned}\mathbf{w}' &= \begin{pmatrix}\frac{1}{n} & \frac{1}{n} & \cdots & \frac{1}{n}\end{pmatrix} \in \mathbb{R}^{1\times n} . \\ &= \frac{1}{n}\mathbf{1}'\end{aligned}$$

b) Erwarteter **Portfolioertrag**:

$$\begin{aligned}R &= \mathbf{w}'\boldsymbol{\mu} \\ &= \frac{1}{n}\mathbf{1}'\boldsymbol{\mu} \\ &= \frac{1}{n}\sum_{i=1}^{n}\mu_i \\ &= \langle\mu\rangle\end{aligned}$$

D. h., der erwartete Portfolioertrag entspricht dem Mittelwert der Ertragserwartungen der im Portfolio enthaltenen Vermögenswerte.

c) **Portfoliovarianz**:

$$\begin{aligned}\sigma^2 &= \mathbf{w}'C\mathbf{w} \\ &= \frac{1}{n}\mathbf{1}'C\mathbf{1}\frac{1}{n} \\ &= \frac{1}{n^2}\mathbf{1}'C\mathbf{1}\end{aligned}$$

d) Vorbemerkung: Allgemein hat die Kovarianzmatrix $\boldsymbol{C} \in \mathbb{R}^{n \times n}$ die Gestalt

$$\boldsymbol{C} = \begin{pmatrix} C_{11} & C_{12} & C_{13} & & \cdots & & C_{1n} \\ C_{21} & C_{22} & C_{23} & & \cdots & & C_{2n} \\ C_{31} & C_{32} & C_{33} & & \cdots & & C_{3n} \\ & & & \ddots & & & \\ \vdots & \vdots & \vdots & & C_{ij} & & \vdots \\ & & & & & \ddots & \\ C_{n1} & C_{n2} & C_{n3} & & \cdots & & C_{nn} \end{pmatrix}$$

Summenschreibweise:

$$\begin{aligned} \sigma^2 &= \frac{1}{n^2}\mathbf{1}'\boldsymbol{C}\mathbf{1} \\ &= \frac{1}{n^2}\sum_{i=1}^{n}\sum_{j=1}^{n} C_{ij} \end{aligned}$$

Beobachtung: Der Term $\mathbf{1}'\boldsymbol{C}\mathbf{1}$ ist die Summe aller Matrixelemente.

e) Separierung Varianz- und Kovarianzterme:

$$\begin{aligned} \sigma^2 &= \frac{1}{n^2}\sum_{i=1}^{n}\sum_{j=1}^{n} C_{ij} \\ &= \frac{1}{n^2}\left(\sum_{k=1}^{n} C_{kk} + \sum_{i=1}^{n}\sum_{\substack{j=1 \\ j\neq i}}^{n} C_{ij}\right) \end{aligned}$$

Insgesamt gibt es n^2 Elemente C_{ij}, wenn $i, j = 1, \dots, n$. Die erste Summe enthält dann alle n-Elemente der Hauptdiagonalen von $\boldsymbol{C}$, also alle Varianzterme der im Portfolio vorkommenden Vermögenswerte. Die zweite (Doppel-)Summe enthält demzufolge die $(n^2 - n)$-Elemente neben der Hauptdiagonalen, also alle Kovarianzterme der im Portfolio enthaltenen Vermögenswerte.

Wird der Ausdruck $\langle\cdot\rangle$ für den Mittelwert genutzt, dann berechnen sich folgende Ersetzungen:

$$\sum_{k=1}^{n} C_{kk} = n\langle C_{kk}\rangle$$

$$\sum_{i=1}^{n}\sum_{\substack{j=1 \\ j\neq i}}^{n} C_{ij} = (n^2 - n)\langle C_{ij}\rangle_{j\neq i}$$

Damit folgt für die Portfoliovarianz:

$$\begin{aligned} \sigma^2 &= \frac{1}{n^2}\Big(n\langle C_{kk}\rangle + (n^2 - n)\langle C_{ij}\rangle_{j\neq i}\Big) \\ &= \langle C_{ij}\rangle_{j\neq i} + \frac{1}{n}\Big(\langle C_{kk}\rangle - \langle C_{ij}\rangle_{j\neq i}\Big) \end{aligned}$$

f) **Grenzwertbetrachtung** $n \to \infty$:

$$\sigma^2_{\text{lim}} = \lim_{n\to\infty}\left(\langle C_{ij}\rangle_{j\neq i} + \frac{1}{n}\Big(\langle C_{kk}\rangle - \langle C_{ij}\rangle_{j\neq i}\Big)\right)$$
$$= \langle C_{ij}\rangle_{j\neq i}$$

Als Endausdruck verbleibt also der Mittelwert der Elemente C_{ij} neben der Hauptdiagonalen.

g) Der Grundgedanke der Portfoliotheorie ist die Reduktion des Gesamtrisikos, durch **Diversifikation** der Kapitalanlage über verschiedene Vermögenswerte. Es gibt jedoch u. U. einen Teil des Risikos, der sich nicht weiter reduzieren lässt. Dieses Risiko wird als **systematisches Risiko** bezeichnet und beschreibt das Marktrisiko, dem das Portfolio unterworfen ist. Demgegenüber steht das **unsystematische Risiko**, das aus den Einzeltiteln resultiert und jeweils im Vermögenswert selbst begründet liegt (Managementfehler, falsche Produktpolitik, Produktfehler etc.).

Bei dem hier betrachteten gleichgewichteten Portfolio beziffert der Ausdruck $\langle C_{ij}\rangle_{j\neq i}$ das systematische Risiko, das nicht durch Diversifikation reduziert werden kann.

Somit beschreibt bei endlicher Anzahl von Vermögenswerten im Portfolio der Ausdruck $\frac{1}{n}\Big(\langle C_{kk}\rangle - \langle C_{ij}\rangle_{j\neq i}\Big)$ das im gleichgewichteten Portfolio noch enthaltene unsystematische Risiko. Mit wachsendem n geht dieser Term in grober Näherung wie $\frac{1}{n}$ gegen den Wert 0.

Fehlerquellen vermeiden

Lineare Algebra: In der Portfoliotheorie werden in Gleichungen und Herleitungen sowohl die **Summenschreibweise** als auch die Schreibweise in Vektor-/Matrix-Form genutzt.

Tendenziell sind Herleitungen in Summenschreibweise etwas aufwändiger und mitunter fehleranfälliger. Zur Vermeidung von Fehlern kann zunächst eine äquivalente Formulierung in Vektor-/Matrix-Form notiert und die benötigte Herleitung durchgeführt werden. Falls erforderlich kann abschließend das Ergebnis in Summenschreibweise zurückgerechnet werden.

Praxistipp(s)

Naives Portfolio: Für eine **Anlageausschusssitzung** kann die Berechnung des Ertrag-Risiko-Profils (R, σ^2) für das gleichgewichtete Portfolio $\mathbf{w} = \frac{1}{n}\mathbf{1}$ im Vorfeld durchgeführt und als Ausgangspunkt für Diskussionen vorbereitet werden. Vgl. zur Berechnung des Ertrag-Risiko-Profils die Lösungen zu den Teilaufgaben (b) und (c).

Stichprobenmittelwert: Häufig kann zur Vereinfachung von Herleitungen in Summenschreibweise die Ersetzung $n\langle x\rangle = \sum_{i=1}^{n} x_i$ mit Hilfe des Stichprobenmittelwertes $\langle x\rangle$ verwendet werden, vgl. die Lösung zur Teilaufgabe (e).

11 Das *Capital Asset Pricing Model* - CAPM

Aufgabe 1: [◆ **Klausur**] Das **Aktienportfolio** eines Investors besteht gemäß Anlagerichtlinien lediglich aus zwei Aktientiteln. Zu den beiden Aktientiteln und dem risikolosen Zins liegen vom Research die in Tabelle 11.1 notierten Daten vor:

Kürzel	Titel	erw. Ertrag μ	erw. Risiko σ
A	Autoschaden AG	20 %	22 %
B	Baupfusch AG	10 %	15 %
Korrelation $\rho_{AB} = 0.0$ Risikoloser Zins $r_F = 5.0\,\%$			

Tabelle 11.1: Aktienportfolio mit zwei Vermögenswerten (Wiederholung).

a) Bestimmen Sie die **Kovarianzmatrix C** der beiden Aktientitel.

Hinweis zur Lösung: $C_{ij} = \rho_{ij}\sigma_i\sigma_j$.

b) Berechnen Sie die **inverse Kovarianzmatrix** $\mathbf{C}^{-1}$.

Hinweis zur Lösung: Einheitsmatrix $\mathbf{E} = \mathbf{C}\mathbf{C}^{-1}$.

c) Nehmen Sie an, die inverse Kovarianzmatrix habe näherungsweise folgende Gestalt:

$$\mathbf{C}^{-1} = \begin{pmatrix} 20 & 0 \\ 0 & 44 \end{pmatrix} .$$

Bestimmen Sie mit dieser inversen Kovarianzmatrix die Zusammensetzung **w** (Gewichtsvektor) des **Tangentialportfolios**.

Hinweis zur Lösung: $\mathbf{w} = \frac{\mathbf{C}^{-1}\left(\boldsymbol{\mu} - r_F\mathbf{1}\right)}{\mathbf{1}'\mathbf{C}^{-1}\left(\boldsymbol{\mu} - r_F\mathbf{1}\right)}$.

d) Berechnen Sie mit dem Gewichtsvektor aus Teilaufgabe c) folgende Größen für das Tangentialportfolio:

(i) Den erwarteten Ertrag $\mu_{\mathrm{PF}} = \mathbf{w}'\boldsymbol{\mu}$.

(ii) Die Varianz $\sigma^2_{\mathrm{PF}} = \mathbf{w}'\mathbf{C}\mathbf{w}$.

(iii) Die Standardabweichung σ_{PF}.

e) Skizzieren Sie in der nachfolgenden Abbildung 11.1 mit den Ergebnissen aus Teilaufgabe d) die Lage des Tangentialportfolios. Skizzieren Sie außerdem den Verlauf der Kapitalmarktlinie.

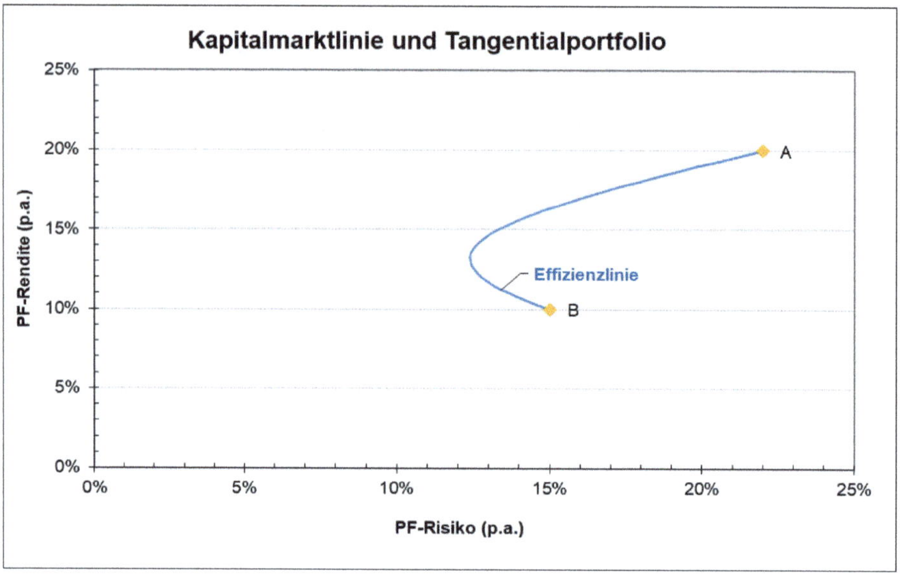

Abbildung 11.1: Kapitalmarktlinie und Tangentialportfolio (Wiederholung).

Lösung 1

a) Mit dem Hinweis $C_{ij} = \rho_{ij}\sigma_i\sigma_j$ und der Korrelation zwischen den Aktienwerten $\rho_{AB} = 0.0$ folgt, dass alle Nebendiagonalelemente den Wert null annehmen. D. h., die **Kovarianzmatrix** hat nur Einträge auf der Hauptdiagonalen. Dort stehen die Quadrate der Standardabweichungen (= Varianzen).

Somit hat die Kovarianzmatrix folgende Gestalt:

$$\mathrm{C} = \begin{pmatrix} 0.0484 & 0.0000 \\ 0.0000 & 0.0225 \end{pmatrix}$$

b) Die inverse Matrix einer **Diagonalmatrix** ist wieder eine Diagonalmatrix. Dabei sind die Diagonalelemente der Inversen gerade die Kehrwerte der Diagonalelemente der ursprünglichen Matrix. (Vgl. Falksches-Schema für $\mathbf{E} = \mathbf{CC}^{-1}$, wenn $\mathbf{C}$ eine Diagonalmatrix ist.)

Somit lautet die Inverse der Kovarianzmatrix:

$$\mathrm{C}^{-1} = \begin{pmatrix} \frac{1}{0.0484} & 0.0000 \\ 0.0000 & \frac{1}{0.0225} \end{pmatrix} = \begin{pmatrix} 20.661 & 0.0000 \\ 0.0000 & 44.444 \end{pmatrix}$$

c) Gewichtsvektor des **Tangentialportfolios** (Marktportfolio M):

$$\begin{aligned}
\mathbf{w} &= \frac{\mathbf{C}^{-1}\left(\boldsymbol{\mu} - r_F\mathbf{1}\right)}{\mathbf{1}'\mathbf{C}^{-1}\left(\boldsymbol{\mu} - r_F\mathbf{1}\right)} \\
&= \frac{\begin{pmatrix} 20 & 0 \\ 0 & 44 \end{pmatrix}\left(\begin{pmatrix} 0.20 \\ 0.10 \end{pmatrix} - 0.05 \times \begin{pmatrix} 1 \\ 1 \end{pmatrix}\right)}{\begin{pmatrix} 1 & 1 \end{pmatrix}\begin{pmatrix} 20 & 0 \\ 0 & 44 \end{pmatrix}\left(\begin{pmatrix} 0.20 \\ 0.10 \end{pmatrix} - 0.05 \times \begin{pmatrix} 1 \\ 1 \end{pmatrix}\right)} \\
&= \frac{\begin{pmatrix} 20 & 0 \\ 0 & 44 \end{pmatrix}\begin{pmatrix} 0.15 \\ 0.05 \end{pmatrix}}{\begin{pmatrix} 1 & 1 \end{pmatrix}\begin{pmatrix} 20 & 0 \\ 0 & 44 \end{pmatrix}\begin{pmatrix} 0.15 \\ 0.05 \end{pmatrix}} \\
&= \frac{\begin{pmatrix} 3.00 \\ 2.20 \end{pmatrix}}{\begin{pmatrix} 1 & 1 \end{pmatrix}\begin{pmatrix} 3.00 \\ 2.20 \end{pmatrix}} \\
&= \frac{1}{5.20}\begin{pmatrix} 3.00 \\ 2.20 \end{pmatrix} \\
&= \begin{pmatrix} 0.5769\ldots \\ 0.4230\ldots \end{pmatrix} \qquad \left(\text{in Prozent: } \approx \begin{pmatrix} 57.7\,\% \\ 42.3\,\% \end{pmatrix}\right)
\end{aligned}$$

d) Kenngrößen des Tangentialportfolios (**Ertrag-Risiko-Profil**):

(i) Erwarteter Ertrag

$$\mu_{\mathrm{PF}} = \mathbf{w}'\boldsymbol{\mu} = \begin{pmatrix} 0.5769\ldots & 0.4230\ldots \end{pmatrix}\begin{pmatrix} 0.20 \\ 0.10 \end{pmatrix} = 0.157692\ldots \text{ (in Prozent: } 15.7\,\%) .$$

(ii) Varianz

$$\begin{aligned}
\sigma^2_{\mathrm{PF}} &= \mathbf{w}'\mathbf{C}\mathbf{w} \\
&= \begin{pmatrix} 0.5769\ldots & 0.4230\ldots \end{pmatrix}\begin{pmatrix} 0.0484 & 0.0000 \\ 0.0000 & 0.0225 \end{pmatrix}\begin{pmatrix} 0.5769\ldots \\ 0.4230\ldots \end{pmatrix} \\
&= 0.020137\ldots
\end{aligned}$$

(iii) Standardabweichung $\sigma_{\mathrm{PF}} = \sqrt{\sigma^2_{\mathrm{PF}}} = \sqrt{0.020137\ldots} = 0.141904\ldots \approx 14.2\,\%.$

e) Die Abbildung 11.2 zeigt die grafische Lösung dieser Teilaufgabe.

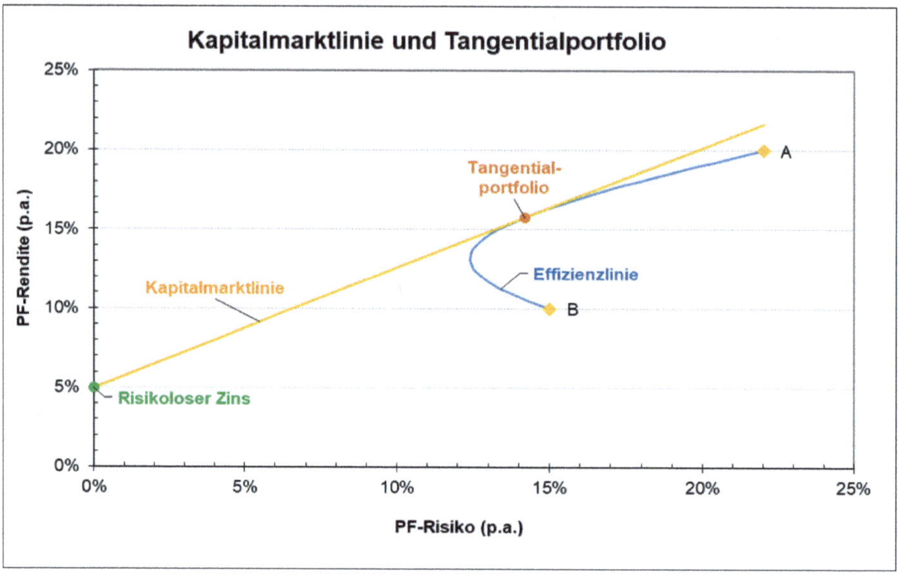

Abbildung 11.2: Kapitalmarktlinie und Tangentialportfolio (Lösung).

FEHLERQUELLEN VERMEIDEN

Lineare Algebra: Die Gewichte der im **Tangentialportfolio** enthaltenen Vermögenswerte wird mit der Gleichung

$$\mathbf{w} = \frac{\mathrm{C}^{-1}\left(\boldsymbol{\mu} - r_F \mathbf{1}\right)}{\mathbf{1}'\mathrm{C}^{-1}\left(\boldsymbol{\mu} - r_F \mathbf{1}\right)}$$

berechnet. Wobei $r_F \in \mathbb{R}$ der risikolose Zins, $\boldsymbol{\mu} \in \mathbb{R}^{n\times 1}$ der Vektor der Ertragserwartungen und $\mathrm{C} \in \mathbb{R}^{n\times n}$ die Kovarianzmatrix der n Vermögenswerte bedeutet. Mit $\mathbf{1} \in \mathbb{R}^{n\times 1}$ sei der Spaltenvektor bezeichnet, dessen sämtliche Elemente den Wert +1 besitzen (**Einsvektor**).

Das Ergebnis ist der Gewichtsvektor $\mathbf{w} \in \mathbb{R}^{n\times 1}$, d. h., ein Spaltenvektor mit der Dimension n.

Die Dimensionierung des Ergebnisvektors bestimmt sich ausschließlich durch den Zähler der o. g. Gleichung. Der Nenner ist stets eine skalare Größe mit der Dimension 1. Zur Vermeidung von Fehlern, empfiehlt sich vor der Rechnung eine **Dimensionsanalyse** von Zähler und Nenner.

Praxistipp(s)

Portfoliooptimierung: In der Praxis wird i. Allg. mit speziellen EDV-Tools numerisch diejenige Gewichtung $\mathbf{w} \in \mathbb{R}^{n \times 1}$ der n Vermögenswerte bestimmt, die unter sämtlichen Rahmenbedingungen entweder

- bei vorgegebenem Risiko,
- einen größtmöglichen Ertrag erwarten lässt

oder

- bei vorgegebenem Ertrag,
- ein kleinstmögliches Risiko erwarten lässt.

Die Genauigkeit der eingesetzten EDV-Tools lässt sich mit Hilfe des **Minimum-Varianz-Portfolios** und des **Tangentialportfolios** beispielhaft testen.

Sind der risikolose Zins $r_F \in \mathbb{R}$, der Vektor der Ertragserwartungen $\boldsymbol{\mu} \in \mathbb{R}^{n \times 1}$ und die Kovarianzmatrix $\mathrm{C} \in \mathbb{R}^{n \times n}$ der n Vermögenswerte bekannt, so lässt sich der jeweilige Gewichtsvektor exakt berechnen, wenn weitere Rahmenbedingungen nicht berücksichtigt werden müssen und insbesondere **Short-Positionen** nicht ausgeschlossen sind.

Ein quantitativer Vergleich der exakten Gewichtsvektoren mit den numerisch ermittelten kann im Rahmen der Qualitätssicherung ein Maß für die Genauigkeit der eingesetzten EDV-Tools sein. Wird die Anzahl n der Vermögenswerte bei dem Test stetig vergrößert, dürfte sich daraus ein Hinweis ergeben, ab welcher Dimension größere numerische Probleme zu erwarten sind (**Grenzwertbetrachtung**).

Aufgabe 2: [◆ **Klausur**] Die nachfolgende Grafik 11.3 zeigt die in der Vergangenheit realisierten Erträge (annualisierten Renditen) des Unternehmens Abwrack AG gegenüber dem Marktportfolio aufgezeichnet (**Stichprobe**).

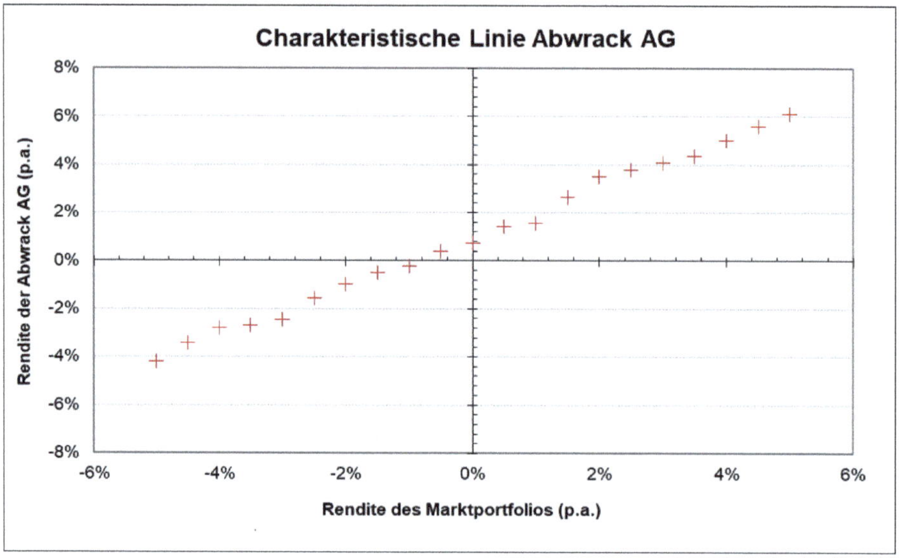

Abbildung 11.3: Realisierte Erträge und Charakteristische Linie (Wiederholung).

a) Zeichnen Sie die **Charakteristische Linie** als Ausgleichsgerade für die markierten Punkte in die Abbildung 11.3. Bestimmen Sie aus Ihrer Zeichnung näherungsweise α und β der Regressionsgleichung.

Hinweis zur Lösung: $\mathrm{E}[R_i] = \alpha_i + \beta_i \mathrm{E}[R_M]$.

Für die Abwrack AG berechnet das Research einen β-Faktor (**Beta-Faktor**) von $\beta_{\mathrm{A,M}} = 1.05$ und eine Varianz von $\sigma^2_{\mathrm{A}} = 0.0256$. Erwarteter Ertrag und Varianz des Marktportfolios wird mit $\mathrm{E}[R_M] = 7\,\%$ bzw. $\sigma^2_{\mathrm{M}} = 0.0196$ angegeben. Den Zins der risikolosen Anlage notiert das Research mit $r_F = 1\,\%$.

b) Berechnen Sie die Korrelation $\rho_{\mathrm{A,M}}$ der Renditen von Marktportfolio und Abwrack AG.

Hinweis zur Lösung: $\beta_i = \frac{\mathrm{COV}(R_i, R_M)}{\mathrm{Var}(R_M)}$ und $\mathrm{COV}(R_i, R_M) = \rho_{i,\mathrm{M}} \sigma_i \sigma_{\mathrm{M}}$.

c) Was bedeutet $|\beta| < 1$ im Sachzusammenhang?

d) Zur **Wertpapierlinie**:

(i) Bestimmen Sie mit Hilfe der Wertpapierlinie den erwarteten Ertrag des Wertpapiers.

Hinweis zur Lösung: $\mathrm{E}[R_i] = r_F + \beta_{\mathrm{A,M}}(\mathrm{E}[R_M] - r_F)$.

(ii) Das Research publiziert das **Jensen-Alpha** für die Abwrack AG mit $\alpha_J = 0.55\,\%$. Welcher realisierte Ertrag liegt diesem Jensen-Alpha zugrunde?

(iii) Bestimmen Sie das **Sharpe-Ratio** für den erwarteten Ertrag und für den realisierten Ertrag der Abwrack AG.

Hinweis zur Lösung: $\mathcal{S} = \frac{\mu_A - r_F}{\sigma_A}$.

Lösung 2

a) Die Abbildung 11.4 zeigt die Lösung zu dieser Teilaufgabe.

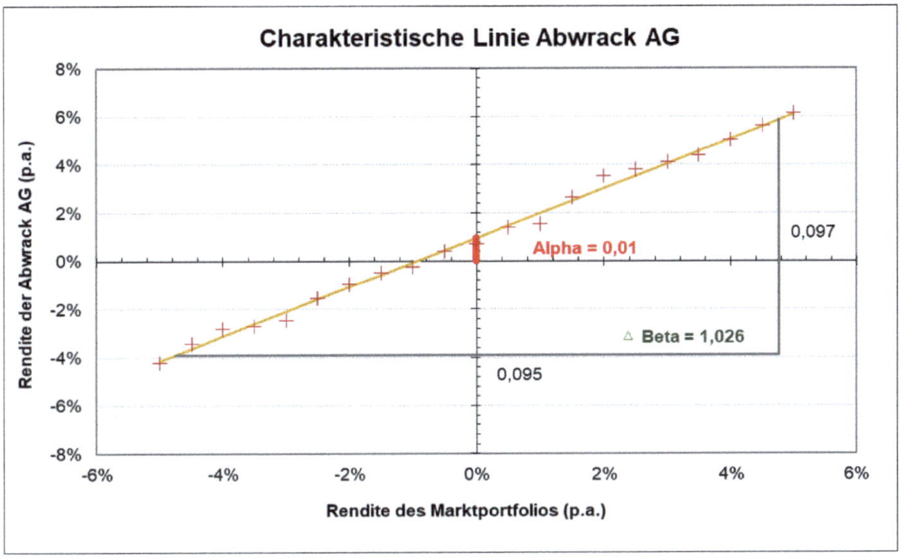

Abbildung 11.4: Realisierte Erträge und Charakteristische Linie (Lösung).

b) Aus den Hinweisen folgt für das Nebendiagonalelement der **Korrelationsmatrix**:

$$
\begin{aligned}
\beta_{A,M} &= \frac{COV(R_A, R_M)}{Var(R_M)} \\
&= \frac{\rho_{A,M}\ \sigma_A \sigma_M}{\sigma_M^2} \\
&= \rho_{A,M}\ \frac{\sigma_A}{\sigma_M} \\
\text{somit:} \quad \rho_{A,M} &= \beta_{A,M}\ \frac{\sigma_M}{\sigma_A} \\
&= 1.05 \times \frac{\sqrt{0.0196}}{\sqrt{0.0256}} \\
&= 0.91875
\end{aligned}
\tag{11.1}
$$

c) $|\beta| < 1$: Die Charakteristische Linie verläuft flacher. Die Renditen des Wertpapiers der Abwrack AG würden sich bei einem β-Faktor (**Beta-Faktor**) kleiner als 1 weniger stark als die Rendite des hier betrachtete Marktportfolios (M) bewegen. In steigenden Märkten (*Hausse*) vollzieht das Wertpapier der Abwrack AG den Anstieg nur reduziert mit.

d) (i) Erwarteter Ertrag des Wertpapiers:

$$\begin{aligned} \mathrm{E}[R_A] &= r_F + \beta_{\mathrm{A,M}}(\mathrm{E}[R_M] - r_F) \\ &= 0.01 + 1.05 \times (0.07 - 0.01) \\ &= 0.073 \qquad (\widehat{=}\ 7.30\,\%)\,. \end{aligned}$$

(ii) Das Jensen-Alpha misst die **Überrendite** des Wertpapiers im Vergleich zum erwarteten Ertrag entlang der Wertpapierlinie. Der Berechnung wird die realisierte, empirisch ermittelte Rendite r_{A} (realisierter Ertrag) des Wertpapiers zugrunde gelegt:

$$\begin{aligned} \alpha_{\mathrm{J}} &= r_{\mathrm{A}} - \mathrm{E}[R_A] \\ \text{somit:}\quad r_{\mathrm{A}} &= \alpha_{\mathrm{J}} + \mathrm{E}[R_A] \\ &= 0.55\,\% + 7.30\,\% \\ &= 7.85\,\%\,. \end{aligned}$$

(iii) **Sharpe-Quotient** (Sharpe-Ratio, Sharpe-Verhältnis, Sharpe-Maß):

$$\mathcal{S} = \frac{\mu_{\mathrm{A}} - r_F}{\sigma_{\mathrm{A}}}\,.$$

$$\begin{aligned} \text{Für erwarteten Ertrag:}\quad \mathcal{S}_1 &= \frac{0.0730 - 0.0100}{\sqrt{0.0256}} \\ &= 0.393750 \end{aligned}$$

$$\begin{aligned} \text{Für realisierten Ertrag:}\quad \mathcal{S}_2 &= \frac{0.0785 - 0.0100}{\sqrt{0.0256}} \\ &= 0.428125 \end{aligned}$$

Fehlerquellen vermeiden

Charakteristische Linie: In der Abbildung 11.4 ist eine Idealsituation dargestellt, die das Zeichnen der Ausgleichsgraden und die Ermittlung der Parameter (α, β) der **Regressionsgleichung** zur Anschauung erleichtert.

In der Praxis verteilen sich die dort dargestellten Messpunkte über einen größeren Bereich und zeigen i. Allg. eine ausgedehnte, ellipsenförmige Struktur. Die Anpassung einer Ausgleichsgraden per Zeichnung kann hier zu groben Schätzfehlern führen. In diesen Fällen sind EDV-Tools zur Anpassung der Regressionsgleichung zu nutzen, um die Regressionsparameter mit ausreichender Genauigkeit zu schätzen.

PRAXISTIPP(S)

Beta-Faktor: Der historische Beta-Faktor β_{Hist} eines Unternehmens folgt aus der Analyse von in der Vergangenheit realisierten Erträgen. Wobei die Erträge des Unternehmens denen des Marktportfolios gegenüber gestellt werden und eine Regressionsgerade angepasst wird. Der historische Beta-Faktor entspricht dann der Steigung der Regressionsgeraden.

In **Anlageausschusssitzungen** wird neben dem historischen Beta-Faktor oft auch eine Prognose des Beta-Faktors β_{Prog} in der nächsten Beobachtungsperiode (Quartal, Jahr) benötigt. Als naive Prognose gilt dabei $\beta_{\text{Prog, Naiv}} = \beta_{\text{Hist}}$.

Es lässt sich beobachten, das Beta-Faktoren im Zeitablauf nicht stabil sind und die Tendenz aufweisen, gegen den theoretischen Beta-Faktor des Marktportfolios von $\beta_{\text{Markt}} = +1$ zu streben. Diese Beobachtung greift das Verfahren von Blume[a] auf und führt mit folgender **Heuristik** auf eine adjustierte Prognose des Beta-Faktors in der nächsten Beobachtungsperiode:

$$\begin{aligned}\beta_{\text{Prog, adjustiert}} &= \frac{2}{3}\beta_{\text{Hist}} + \frac{1}{3}\beta_{\text{Markt}} \\ &= \frac{2}{3}\beta_{\text{Hist}} + \frac{1}{3}\,.\end{aligned}$$

Beim Verfahren von Blume werden somit die Beta-Faktoren in der Spannweite gestaucht, d. h., niedrige Beta-Faktoren werden erhöht und hohe Beta-Faktoren verringert.

Manche institutionelle Datenanbieter unterscheiden die beiden Beta-Faktoren β_{Hist} und $\beta_{\text{Prog, adjustiert}}$ durch den englischen Zusatz *raw* (roh) und *adjusted* (adjustiert).

a Blume (1971), On the Assessment of Risk, in: The Journal of Finance 26, S. 1–10; Blume (1975). Betas and their Regression Tendencies, in: The Journal of Finance 30, S. 785–795.

12 Black-Litterman

Aufgabe 1: Das Portfolio eines Investors ist auf der strategischen Ebene (**Strategie**) über die drei Vermögensklassen Staatsanleihen (S), Unternehmensanleihen (U) und Aktien (A) diversifiziert. Die nachfolgende Tabelle 12.1 zeigt die aktuelle Gewichtung der Vermögensklassen **h** und den vom Investor erwarteten Ertrag je Vermögensklasse $\mathbf{R}_A$. Das Research publizierte zu den Vermögensklassen den Risikovektor $\boldsymbol{\sigma}$ und die Korrelationsmatrix $\boldsymbol{\rho}$. Außerdem erwartet das Research für das Marktportfolio (M) den angegebenen Ertrag $E[R_M]$.

Kürzel	Gewichtung **h**	erw. Ertrag $\mathbf{R}_A$	erw. Risiko $\boldsymbol{\sigma}$	Korrelationen $\boldsymbol{\rho}$ S	U	A
S	50 %	3 %	5 %	+1.0	+0.6	−0.2
U	30 %	5 %	7 %	+0.6	+1.0	0.0
A	20 %	7 %	17 %	−0.2	0.0	+1.0
Ertragserwartung des Marktportfolios: $E[R_M] = 5\,\%$						

Tabelle 12.1: Strategisches Portfolio des Investors (Wiederholung).

a) [◆ **Klausur**] Bestimmen Sie die **Kovarianzmatrix** C für das Portfolio des Investors mit den angegebenen Vermögensklassen.

> *Hinweis zur Lösung*: $C_{ij} = \rho_{ij}\sigma_i\sigma_j$.

b) [◆ **Klausur**] Berechnen Sie mit der Kovarianzmatrix aus a) die **impliziten Gleichgewichtsrenditen** $\mathbf{R}_I$.

> *Hinweis zur Lösung*: $\mathbf{R}_I = E[R_M]\,\frac{\mathbf{Ch}}{\mathbf{h'Ch}}$

c) Vergleichen Sie die von Ihnen bestimmten impliziten Gleichgewichtsrenditen $\mathbf{R}_I$ mit den Erwartungen $\mathbf{R}_A$ des Investors. Welche Vermögensklasse dürfte zu Diskussionen führen?

d) Die **Black-Litterman-Renditen** seien im zweiten Schritt des Black-Litterman-Verfahrens zu $\mathbf{R}_{BL} = \mathbf{R}_I$ bestimmt worden. Daraus wurde im dritten Schritt die optimale Zusammensetzung **w** des künftigen strategischen Portfolios berechnet. Ergebnis der Optimierung: $\mathbf{w} = \mathbf{h}$.

(i) Was muss noch gelten, dass gilt: $\mathbf{w} = \mathbf{h}$?

(ii) Berechnen Sie den erwarteten Ertrag $E[R_{PF}]$ des künftigen strategischen Portfolios.

Lösung 1

a) Bestimmung der Kovarianzmatrix ($\circ$ bedeutet das **Hadamard-Produkt**!):

$$
\begin{aligned}
\mathrm{C} &= \boldsymbol{\sigma}\boldsymbol{\sigma}' \circ \boldsymbol{\rho} \\
&= \begin{pmatrix} 0.05 \\ 0.07 \\ 0.17 \end{pmatrix} \begin{pmatrix} 0.05 & 0.07 & 0.17 \end{pmatrix} \circ \begin{pmatrix} +1.0 & +0.6 & -0.2 \\ +0.6 & +1.0 & 0.0 \\ -0.2 & 0.0 & +1.0 \end{pmatrix} \\
&= \begin{pmatrix} 0.0025 & 0.0035 & 0.0085 \\ 0.0035 & 0.0049 & 0.0119 \\ 0.0085 & 0.0119 & 0.0289 \end{pmatrix} \circ \begin{pmatrix} +1.0 & +0.6 & -0.2 \\ +0.6 & +1.0 & 0.0 \\ -0.2 & 0.0 & +1.0 \end{pmatrix} \\
&= \begin{pmatrix} 0.0025 & 0.0021 & -0.0017 \\ 0.0021 & 0.0049 & 0.0000 \\ -0.0017 & 0.0000 & 0.0289 \end{pmatrix}.
\end{aligned}
$$

b) Bestimmung der impliziten Gleichgewichtsrenditen:

$$
\begin{aligned}
\mathbf{R}_{\mathrm{I}} &= \mathrm{E}[R_{\mathrm{M}}] \frac{\mathbf{Ch}}{\mathbf{h}'\mathbf{Ch}} \\
&= 0.05 \times \frac{\begin{pmatrix} 0.0025 & 0.0021 & -0.0017 \\ 0.0021 & 0.0049 & 0.0000 \\ -0.0017 & 0.0000 & 0.0289 \end{pmatrix} \begin{pmatrix} 0.5 \\ 0.3 \\ 0.2 \end{pmatrix}}{\begin{pmatrix} 0.5 & 0.3 & 0.2 \end{pmatrix} \begin{pmatrix} 0.0025 & 0.0021 & -0.0017 \\ 0.0021 & 0.0049 & 0.0000 \\ -0.0017 & 0.0000 & 0.0289 \end{pmatrix} \begin{pmatrix} 0.5 \\ 0.3 \\ 0.2 \end{pmatrix}} \\
&= 0.05 \times \frac{\begin{pmatrix} 0.00154 \\ 0.00252 \\ 0.00493 \end{pmatrix}}{0.002512} \\
&= \begin{pmatrix} 0.03065 \\ 0.05016 \\ 0.09813 \end{pmatrix} \qquad \widehat{=} \begin{pmatrix} 3.07\,\% \\ 5.02\,\% \\ 9.81\,\% \end{pmatrix}.
\end{aligned}
$$

c) Im Vergleich zu den vom Investor erwarteten Erträgen fällt auf, dass sich seine Erwartungen bzgl. der Erträge von Staatsanleihen und Unternehmensanleihen mit den berechneten impliziten Gleichgewichtsrenditen decken. Bei der Vermögensklasse Aktien weichen die Erwartungen ab, dies dürfte Diskussionen in der **Anlageausschusssitzung** nach sich ziehen bzgl. der Gründe für die Abweichung.

d) Bewertung der Optimierungsergebnisse.

(i) Der Vektor der erwarteten Erträge $\mathbf{R}_\mathrm{A}$ des Investors verliert im zweiten Schritt des Black-Litterman-Verfahrens seine Bedeutung (Spezielle Wahl der BL-Verknüpfung bzw. der **Parameter**). Ebenfalls muss gelten, dass die Kovarianzmatrix unverändert – d. h. nicht weiter durch einen Faktor skaliert – in die Optimierung eingeht. Weitere Abhängigkeitsstrukturen – z. B. (U) notiert 20 Bp über (S) – dürfen ebenfalls nicht vorgegeben werden.

(ii) Ertrag des künftigen strategischen Portfolios:

$$\begin{aligned}
\mathrm{E}[R_\mathrm{PF}] &= \mathbf{w}'\mathbf{R}_\mathrm{BL} \\
&= \mathbf{h}'\mathbf{R}_\mathrm{I} \\
&= \mathbf{h}'\mathrm{E}[R_\mathrm{M}]\,\frac{\mathbf{Ch}}{\mathbf{h}'\mathbf{Ch}} \\
&= \mathrm{E}[R_\mathrm{M}]\,\frac{\mathbf{h}'\mathbf{Ch}}{\mathbf{h}'\mathbf{Ch}} \\
&= \mathrm{E}[R_\mathrm{M}] \\
&= 5\,\%\,.
\end{aligned}$$

FEHLERQUELLEN VERMEIDEN

Kovarianzmatrix: Bei der Berechnung der Kovarianzmatrix mit Hilfe der Gleichung

$$\mathrm{C} = \boldsymbol{\sigma}\boldsymbol{\sigma}' \circ \boldsymbol{\rho}$$

ist bei dem Term $\boldsymbol{\sigma}\boldsymbol{\sigma}'$ auf die Reihenfolge der Vektoren zu achten. Dieses spezielle Produkt zweier Vektoren erfordert die Multiplikation eines Spaltenvektors $\boldsymbol{\sigma} \in \mathbb{R}^{n\times 1}$ mit einem Zeilenvektor $\boldsymbol{\sigma}' \in \mathbb{R}^{1\times n}$. Das Ergebnis ist eine $n{\times}n$ Matrix („Vola-mal-Vola"-Matrix).

In der Literatur wird dieses spezielle Produkt auch als **dyadisches Produkt**, tensorielles Produkt oder gelegentlich auch äußeres Produkt bezeichnet. Es ist ein Spezialfall des Matrix-Produkts und kann mit dem **Falkschen Schema** ausgewertet werden.

Die vertauschte Variante $\boldsymbol{\sigma}'\boldsymbol{\sigma}$ lässt sich in diesem speziellen Fall, wo beide Vektoren die gleiche Dimension n besitzen, ebenfalls berechnen. Das Ergebnis dieses **Skalarprodukts** ist ein Skalar, also eine ein-dimensionale Größe. Mit letzterem Ergebnis kann die Kovarianzmatrix nicht berechnet werden.

PRAXISTIPP(S)

Implizite Gleichgewichtsrenditen: Für eine **Anlageausschusssitzung** kann die Berechnung der impliziten Gleichgewichtsrenditen

$$\mathbf{R_I} = \mathrm{E}[R_\mathrm{M}]\,\frac{\mathbf{Ch}}{\mathbf{h'Ch}}$$

für ein vorhandenes Portfolio im Vorfeld durchgeführt werden.

Besteht das Portfolio aus n Vermögenswerten und ist der Gewichtsvektor $\mathbf{h} \in \mathbb{R}^{n\times 1}$ („IST-Gewichtung") sowie die Kovarianzmatrix $\mathbf{C} \in \mathbb{R}^{n\times n}$ bekannt, dann können unter Berücksichtigung des **Ertragsanspruchs** $\mathrm{E}[R_\mathrm{M}]$ die impliziten Gleichgewichtsrenditen berechnet werden.

Die impliziten Gleichgewichtsrenditen der einzelnen Vermögenswerte sind die Elemente des n-dimensionalen Spaltenvektors $\mathbf{R_I} \in \mathbb{R}^{n\times 1}$. Diese Renditen können z. B. mit den Ertragsprognosen des Researchs zu den einzelnen Vermögenswerten verglichen werden. Ursachen für deutliche Unterschiede können im Vorfeld der Anlageausschusssitzung ebenfalls eruiert und als Ausgangspunkt für Diskussionen vorbereitet werden.

13 Risikobewertung

Aufgabe 1: Nachdem die optimale Struktur eines Ziel-Portfolio ermittelt wurde, ist nun eine Risikobewertung mit Hilfe des **Value-at-Risk** (VaR) durchzuführen. Der Erwartungswert des Ertrages $\mu = 3\,\%$ und die Standardabweichung $\sigma = 7\,\%$ des Ziel-Portfolios auf Sicht von 12 Monaten (Haltedauer) seien gegeben. Nach regulatorischen Vorgaben soll die Risikobewertung für ein **Konfidenzniveau** von $\alpha = 0.1\,\%$ [1] durchgeführt werden.

a) **[♦ Klausur]** Die allgemeine Gleichung zur Bestimmung von **Quantilen** q_α bei beliebiger gegebener Wahrscheinlichkeitsdichte $f(u)$ lautet:

$$\alpha = \int_{-\infty}^{q_\alpha} \mathrm{d}u f(u)\,.$$

Nehmen Sie an, u bezeichnet die jährlichen stetigen Verzinsungen und die Verteilung der stetigen Verzinsungen sei durch die Dichte der **Normalverteilung** gegeben:

$$f(u) = \frac{1}{\sqrt{2\pi}\sigma} \mathrm{e}^{-\frac{(u-\mu)^2}{2\sigma^2}}\,.$$

Bestimmen Sie auf Basis der Dichte der Standardnormalverteilung eine allgemeine Bestimmungsgleichung für das Quantil q_α als Funktion des Quantils t_α der Standardnormalverteilung.

b) Die Quantile t_α (in manchen Literaturen als „t-Werte" bezeichnet) der Standardnormalverteilung sind tabelliert, vgl. bspw. Bronstein et al. (2005, S. 1122, Tabelle 21.17.1). Für $\alpha < 50\,\%$ sind die Quantile t_α negativ. Betrachten Sie den absoluten Wert des Quantils t_α und schreiben Sie die in der zuvor bearbeiteten Teilaufgabe a) gefundene Gleichung um.

c) **[♦ Klausur]** Das Quantil q_α ist mit einer möglichen Änderung des Anlagevermögens von V_0 („heute") zu V_1 („nächstes Jahr") verknüpft. Bestimmen Sie mit den Ergebnissen aus b) eine allgemeine Gleichung, die Ihnen näherungsweise die Änderung des Anlagevermögens $\Delta V = V_1 - V_0$ in Abhängigkeit von μ und σ darstellt.

d) **[♦ Klausur]** Der negative Wert der in der Teilaufgabe c) ermittelten Änderung des Anlagevermögens ΔV wird auch als Value-at-Risk (in Geldeinheiten) zum Konfidenzniveau α bei einer bestimmten Haltedauer bezeichnet. Bestimmen Sie für das Ziel-Portfolio und einem Anlagevermögen von $V_0 = 100$ Mio. Euro den VaR zu dem vorgegebenen Konfidenzniveau von $\alpha = 0.1\,\%$ auf Jahressicht.

> *Hinweis zur Lösung*: $t_{0.1\,\%} = -3.090232306\ldots$

e) Fassen Sie die Bedingungen zusammen, damit Ihre Gleichung aus der Teilaufgabe d) in der Praxis angewendet werden darf.

---

1 Sofern Verlustgrößen durch Vorzeichenwechsel positiv dargestellt werden, werden die Konfidenzniveaus α' zu hohen Wahrscheinlichkeiten angegeben. Es gilt der Zusammenhang $\alpha' = 100\,\% - \alpha$. In der vorliegenden Fallstudie wäre somit $\alpha' = 99.9\,\%$ In den regulatorischen Vorgaben wird in der Regel von diesem Fall ausgegangen. Im Einzelfall ist in der Praxis zu prüfen, welche Notation zu verwenden ist.

Lösung 1

a) Herleitung einer Bestimmungsgleichung für das Quantil q_α als Funktion des Quantils t_α der **Standardnormalverteilung**.

$$\begin{aligned}\alpha &= \int_{-\infty}^{q_\alpha} du f(u) \\ &= \frac{1}{\sqrt{2\pi}\sigma} \int_{-\infty}^{q_\alpha} du e^{-\frac{(u-\mu)^2}{2\sigma^2}}\end{aligned} \tag{13.1}$$

Substitution:

$$\begin{aligned} v &= \tfrac{u-\mu}{\sigma} && \Leftrightarrow & u &= \mu + \sigma v \\ \mathrm{d}v &= \tfrac{1}{\sigma}\, du && \Leftrightarrow & du &= \sigma\, \mathrm{d}v \\ v_{\mathrm{OBEN}} &= \tfrac{u_{\mathrm{OBEN}}-\mu}{\sigma} && = & \tfrac{q_\alpha-\mu}{\sigma} \\ v_{\mathrm{UNTEN}} &= \tfrac{u_{\mathrm{UNTEN}}-\mu}{\sigma} && = & -\infty \end{aligned}$$

Einsetzen der Substitution in Gl. (13.1):

$$\begin{aligned}\alpha &= \frac{1}{\sqrt{2\pi}\sigma} \int_{-\infty}^{\frac{q_\alpha-\mu}{\sigma}} \sigma\, \mathrm{d}v\, \mathrm{e}^{-\frac{(\mu+\sigma v-\mu)^2}{2\sigma^2}} \\ &= \frac{1}{\sqrt{2\pi}} \int_{-\infty}^{\frac{q_\alpha-\mu}{\sigma}} \mathrm{d}v\, \mathrm{e}^{-\frac{v^2}{2}} \\ &= \int_{-\infty}^{\frac{q_\alpha-\mu}{\sigma}} \mathrm{d}v \underbrace{\frac{1}{\sqrt{2\pi}} \mathrm{e}^{-\frac{v^2}{2}}}_{=\varphi(v)} \quad \text{mit } \varphi(v) \text{ als Dichte der Standardnormalverteilung} \\ &= \int_{-\infty}^{\frac{q_\alpha-\mu}{\sigma}} \mathrm{d}v\, \varphi(v)\end{aligned}$$

Für die Quantile t_α der Standardnormalverteilung gilt:

$$\alpha = \int_{-\infty}^{t_\alpha} \mathrm{d}v\, \varphi(v)$$

Aus dem Vergleich der oberen Integralgrenzen folgt:

$$t_\alpha = \frac{q_\alpha - \mu}{\sigma} \quad \Leftrightarrow \quad q_\alpha = \mu + t_\alpha \sigma$$

Da für festes α die Quantile t_α der Standardnormalverteilung tabelliert sind, lässt sich das Quantil q_α über den hergeleiteten Zusammenhang aus dem **Ertrag-Risiko-Profil** (μ, σ) des Ziel-Portfolios bestimmen.

$b)$ Berücksichtigung, dass für $\alpha < 50\,\%$ die Quantile t_α negativ sind.

$$\begin{aligned} \text{Ausgangsgleichung:} \quad q_\alpha &= \mu + t_\alpha \sigma \\ \text{Endgleichung:} \quad q_\alpha &= \mu - |t_\alpha| \sigma \end{aligned} \tag{13.2}$$

$c)$ Ausgangsgleichungen:

$$\begin{aligned} \text{Stetige Verzinsung:} \quad q_\alpha = r_s &= \ln(\tfrac{V_1}{V_0}) \\ \text{Diskrete Verzinsung:} \quad r_d &= \tfrac{V_1 - V_0}{V_0} \end{aligned}$$

Näherungsweise gilt, dass die stetige Verzinsung bei kleinen Verzinsungen und kurzen Zeiträumen ungefähr der diskreten Verzinsung entspricht[2]: $r_s \approx r_d$ (**Approximation**).

Damit kann näherungsweise das Quantil q_α wie folgt berechnet werden.

$$\begin{aligned} q_\alpha &= r_s \\ &\approx r_d \\ &\approx \frac{V_1 - V_0}{V_0} \\ &\approx \frac{\Delta V}{V_0} \end{aligned}$$

Somit in guter Näherung: $q_\alpha = \frac{\Delta V}{V_0}$.

Mit der Endgleichung aus Gl. (13.2) der Teilaufgabe b) folgt:

$$\begin{aligned} \frac{\Delta V}{V_0} &= q_\alpha \\ &= \mu - |t_\alpha| \sigma \end{aligned}$$

Umstellen nach der Änderung des Anlagevermögens ΔV liefert:

$$\Delta V = V_0 \big(\mu - |t_\alpha| \sigma \big)$$

Der negative Wert dieser Änderung des Anlagevermögens wird **Value-at-Risk** genannt. Da μ und σ annualisierte Ertrag- und Risiko-Kennzahlen sind (also $T = 12$ Monate gilt) lautet die Bezeichnung:

„Value-at-Risk zum Konfidenzniveau α bei einer Haltedauer von $T = 12$ Monaten".

$$\boxed{\mathrm{VaR}_{\alpha, T=12\ \text{Monate}} = -V_0 \big(\mu - |t_\alpha| \sigma \big)} \tag{13.3}$$

2 Vgl. Aufgabe 1 in Kapitel 2. Dort wurde über die **Taylor-Entwicklung** des Logarithmus der näherungsweise Zusammenhang gezeigt.

d) Bestimmung des VaR's für das Ziel-Portfolio mit der Gl. (13.3).

$$\begin{aligned}\mathrm{VaR}_{0.1\,\%,\ T=12\mathrm{M}} &= -V_0\big(\mu - |t_{0.1\,\%}|\sigma\big)\\ &= -100 \text{ Mio. Euro} \times \Big(0.03 - \quad |-3.090232306\ldots| \quad \times \quad 0.07\Big)\\ &= 18.63162614\ldots \text{ Mio. Euro}\end{aligned}$$

Bemerkung: In einem **Risikoreport** würde vermerkt werden, dass der Value-at-Risk bei einem Konfidenzniveau von 0.1 % und einer Haltedauer von 1 Jahr rd. 18.63 Mio. Euro beträgt.

e)
- Den betrachteten Änderungsgrößen u muss eine Normalverteilung zugrunde liegen. Das ist hier gegeben, da u die stetigen Verzinsungen darstellen und nach Aufgabenstellung der Normalverteilung gehorchen.
- Bei der Herleitung wurde hier die Näherung $r_s \approx r_d$ verwendet. D. h. die Endformel Gl. (13.3) für den VaR ist nur für kleine stetige Verzinsungen und kurze Zeiträume gültig. Das ist hier gegeben, da die Ertragserwartung des Ziel-Portfolios mit $\mu = 3\,\% = 0.03$ den Durchschnitt aller stetigen Verzinsungen widerspiegelt und klein ist und ferner nicht auf mehrere Jahre hochgerechnet wird.

Fehlerquellen vermeiden

Normalverteilungsannahme: Die theoretische Herleitung zeigt, dass die Gleichung (13.3) zur Berechnung des Value-at-Risk ausschließlich dann angewendet werden darf, wenn der Änderungsgröße u (Zuwachsmaß, Rendite) eine Normalverteilung zugrunde liegt, vgl. Lösung zur Teilaufgabe (e). Ein vorgelagerter **statistischer Test** auf Normalverteilung, kann über die Erfüllung dieser Annahme Auskunft geben, vgl. bspw. Shorack und Wellner (2009).

In der Praxis findet die Berechnungsvorschrift auch dann Anwendung, wenn die Änderungsgröße „annähernd" normalverteilt ist. Letzteres kann zu Fehlern bei der Bestimmung des Value-at-Risk führen. So ist eine Abweichung im Wert des **Risikomaßes** zu erwarten und es ist im Einzelfall – ggf. empirisch – zu prüfen, welches Ausmaß diese Abweichung annehmen kann.

Praxistipp(s)

Value-at-Risk: In der Praxis wird der Value-at-Risk z. T. in unterschiedlicher Form notiert und mitunter lediglich genähert berechnet. In der Vorbereitung zu einer **Anlageausschusssitzung** sollten diese Umstände berücksichtigt und die verschiedenen Notierungen vorgehalten werden.

Bemerkungen zu einigen Aspekten:

1. **Hohe Quantile**: In der Praxis wird die Gl. (13.3) auch benutzt, wenn von hohen Quantilen $t_{\alpha'}$ der **Standardnormalverteilung** gesprochen wird, bspw. für $\alpha' = 1 - \alpha = 1 - 0.1\,\% = 99.9\,\%$. Hier gilt der Zusammenhang $t_{\alpha'} = -t_\alpha$ (aus Symmetrieüberlegungen zur Standardnormalverteilung). Durch die Betragsstriche in Gl. (13.3) ändert sich der Wert des VaR jedoch nicht.
2. **Näherungsformel**: Stark vereinfachend wird in der Praxis oft statt Gl. (13.3) auch folgende Formel für den Value-at-Risk genutzt, in der die Ertragserwartung μ unberücksichtigt bleibt, also $\mu = 0$ gesetzt wird:

$$\mathrm{VaR}_{\alpha,T} = V_0 |t_\alpha| \sigma$$

   Mit dieser Berechnung wird das Risiko überschätzt, wenn die Ertragserwartung μ des Portfolios positiv ist und unterschätzt, wenn die Ertragserwartung negativ ist.
3. **Haltedauer**: In manchen Literaturen findet sich folgende Darstellung für den Value-at-Risk:

$$\mathrm{VaR}_{\alpha,T} = -V_0 \big(\mu T - |t_\alpha| \sigma \sqrt{T}\big) .$$

   Hierbei wird unterstellt, dass das **Ertrag-Risiko-Profil** (μ, σ) für eine spezielle Haltedauer bestimmt worden ist (bspw. auf Wochendaten) und der Value-at-Risk für eine andere Haltedauer (bspw. auf ein Jahr) ausgewiesen werden soll. Für die Umrechnung von Wochendarstellung auf Jahresdarstellung wäre bspw. $T = 52$ zu setzen; in manchen Anwendungen findet sich hierzu auch $T = 52.18$ als Umrechnungswert.

14 Derivate und Absicherungsstrategien

Aufgabe 1: Ein **Forward-Kontrakt** bzgl. einer Aktie ohne Dividendenzahlung ist ein Derivat, dessen Wert $G(S, t)$ von der verbleibenden Zeit $T - t$ bis zum Laufzeitende in T Jahren und von dem Wert der Aktie $S = S(t)$ abhängt (Erinnerung: stochastischer Prozess!).
Sei K der zwischen den Kontrahenten vereinbarte Lieferpreis (in Geldeinheiten) und r der risikolose Zins, dann wird der **Wert des Kontraktes** durch folgende Gleichung beschrieben:

$$G(S, t) = S(t) - K\mathrm{e}^{-r(T-t)} . \tag{14.1}$$

a) **[◆ Klausur]** Beschreiben Sie kurz die wesentlichen Inhalte eines Forward-Kontraktes.

b) **[◆ Klausur]** Notieren Sie den Wert des Kontrakts zum Laufzeitende $t = T$.

c) **[◆ Klausur]** Unterscheiden und erläutern Sie die Fälle $S(T) > K$, $S(T) = K$ und $S(T) < K$ aus der Sicht eines Investors mit einer Long-Position.

d) Zeigen Sie, dass die Gleichung (14.1) eine Lösung der Black-Scholes-Merton Differentialgleichung

$$rG = \frac{\partial G}{\partial t} + rS\frac{\partial G}{\partial S} + \frac{1}{2}\sigma^2 S^2 \frac{\partial^2 G}{\partial S^2}$$

ist.

Lösung 1

a) Ein **Forward-Kontrakt** ist eine verbindliche Vereinbarung zwischen zwei Kontrahenten

- eine bestimmte Anzahl oder Menge und
- eine bestimmte Art eines zugrundeliegenden Objektes (bspw. Aktie S)
- bei Fälligkeit des Kontrakts (bspw. zum Laufzeitende in T Jahren)
- zu einem im Voraus vereinbarten Preis (bspw. Lieferpreis K)

zu kaufen und abzunehmen
(d. h., der Forward wurde gekauft und es wurde eine Long-Position in dem Forward eingegangen)

oder

zu verkaufen und zu liefern
(d. h., der Forward wurde verkauft und es wurde eine Short-Position in dem Forward eingegangen).

Bemerkung: Wenn Forwards fungibel gemacht, standardisiert und gehandelt werden an einer mit einer Clearing-Stelle ausgestatteten Spezialbörse, nennt man sie **Futures** (Terminkontrakt).

Die **Long-Position** verpflichtet dazu, bei Fälligkeit des Terminkontrakts den vereinbarten Preis zu zahlen und die Lieferung des zugrundeliegenden Objektes hinzunehmen. Die **Short-Position** verpflichtet zur Lieferung des zugrundeliegenden Objektes gegen Erhalt des vereinbarten Preises.

b) Wert des Kontrakts zum Laufzeitende $t = T$:

$$G(S,T) = S(T) - K\,. \tag{14.2}$$

c) Die drei Fälle sind mit dem Auszahlungsprofil des Forward-Kontraktes zum Laufzeitende T verknüpft. Aus Sicht der Long-Position muss der Investor die Aktie mit dem Wert $S(T)$ übernehmen und dafür den Preis von K Geldeinheiten an den Kontrahenten bezahlen. Der Wert der Aktie zum Laufzeitende $S(T)$ ist aus heutiger Sicht $t < T$ eine zufällige Größe. Je nach Wert der Aktie verbucht der Investor mit Long-Position einen Gewinn $S(T) > K$ oder einen Verlust $S(T) < K$. Für $S(T) = K$ endet der Kontrakt für beide Kontrahenten ohne Gewinn/Verlust.

d) Für den Zusammenhang $G(S,t) = S(t) - K\mathrm{e}^{-r(T-t)}$ berechnen sich folgende partiellen Ableitungen

$$\frac{\partial G}{\partial S} = 1 \qquad \frac{\partial^2 G}{\partial S^2} = 0 \qquad \frac{\partial G}{\partial t} = -rK\mathrm{e}^{-r(T-t)}\,.$$

Die letzte Gleichung kann noch mit der Gl. (14.1) wie folgt umgeschrieben werden:

$$\begin{aligned}\frac{\partial G}{\partial t} &= -rK\mathrm{e}^{-r(T-t)}\\ &= r(G-S)\end{aligned}$$

Nun werden die berechneten partiellen Ableitungen auf der rechten Seite der **Black-Scholes-Merton Differentialgleichung** eingesetzt und geprüft, ob die Gleichung erfüllt ist:

$$\begin{aligned}rG &= \frac{\partial G}{\partial t} + rS\times\frac{\partial G}{\partial S} + \frac{1}{2}\sigma^2 S^2\times\frac{\partial^2 G}{\partial S^2}\\ &= r(G-S) + rS\times 1 + \frac{1}{2}\sigma^2 S^2\times 0\\ &= rG \quad ✓\end{aligned}$$

Fehlerquellen vermeiden

Derivate Laufzeit: Die Gleichungen zur Bewertung von Derivaten sind i. d. R. so formuliert, dass die Laufzeit T und der Zeitparameter t in Bruchteilen von Jahren einzutragen sind.

Das hängt damit zusammen, dass der **risikolose Zins** r in den meisten Anwendungen annualisiert und damit auf Jahresbasis angegeben wird. Häufig schleichen sich Fehler ein, wenn in diesem Fall bspw. Monatsangaben nicht in Jahreswerte umgerechnet werden.

Wird beim risikolosen Zins r eine andere Zeitbasis verwendet, ist dies bei der Laufzeit T und dem Zeitparameter t zu berücksichtigen.

Praxistipp(s)

Derivat: Wird dem **Asset Management** ein unbekanntes Derivat bzgl. einer Aktie angeboten, sollte in der Dokumentation des Anbieters dazu, auch die Bewertungsformel $G(S,t)$ für das Derivat enthalten sein; ggf. ist diese gesondert vom Anbieter zu erfragen.

Liegt die Bewertungsformel $G(S,t)$ vor, kann neben anderen Prüfmaßnahmen das unbekannte Derivat zusätzlich noch mit Hilfe der **Black-Scholes-Merton Differentialgleichung** überprüft werden. Erfüllt die Bewertungsformel nicht die Differentialgleichung und sind Abweichungen festzustellen, so sind diese weiter zu überprüfen und der Anbieter muss hierzu weiter Auskunft geben.

Aufgabe 2: Eine gekaufte **Call-Option** mit einer Aktie (ohne Dividendenzahlung) als **Basiswert** ist ein Derivat, dessen Wert $G(S, t)$ von der verbleibenden Zeit $T - t$ bis zum Laufzeitende (T Jahre) und von dem Wert der Aktie $S = S(t)$ abhängt (Erinnerung: stochastischer Prozess!).

Die gekaufte, **europäische Option** (long Call-Option, Kauf einer Kaufoption) beinhaltet das Recht (nicht die Pflicht!) die Aktie zum Ende der Optionslaufzeit T zu einem vereinbarten Preis B (Basispreis, Ausübungspreis, Strike-Preis, Excercise-Preis) zu kaufen[1]. Der Optionsinhaber, der die Option zu einem bestimmten Preis (Prämie) vom Stillhalter (Optionsverkäufer) gekauft hat, entscheidet einseitig, ob er die Option gegen den Stillhalter ausübt oder sie verfallen lässt.

Sei r der risikolose Zins, σ die Standardabweichung der annualisierten stetigen Verzinsung der Aktie (Volatilität) und $\Phi(d)$ der Funktionswert der kumulativen Standardnormalverteilung[2] an der Stelle d, dann wird der Wert der Call-Option $P_{\text{Call}} = G(S, t)$ durch folgende Gleichung (**Optionspreisformel**) beschrieben:

$$G(S, t) = S\Phi(d_1) - Be^{-r(T-t)}\Phi(d_2) \tag{14.3}$$

mit den Quantilen

$$\begin{aligned} d_1 &= \frac{\ln\left(\frac{S}{B}\right) + \left(r + \frac{\sigma^2}{2}\right)\left(T - t\right)}{\sigma\sqrt{(T-t)}} \\ d_2 &= d_1 - \sigma\sqrt{(T-t)}\ . \end{aligned} \tag{14.4}$$

a) **[◆Klausur]** Beschreiben Sie kurz die wesentlichen Inhalte einer europäischen verkauften Kaufoption (short Call-Option).

b) **[◆Klausur]** Notieren Sie den Wert der long Call-Option zum Laufzeitende $t = T$.

c) **[◆Klausur]** Unterscheiden und erläutern Sie die Fälle $S(T) > B$, $S(T) = B$ und $S(T) < B$ aus der Sicht eines Investors mit einer long Call-Option.

d) Zeigen Sie, dass die Gleichung (14.3) eine Lösung der Black-Scholes-Merton Differentialgleichung

$$rG = \frac{\partial G}{\partial t} + rS\frac{\partial G}{\partial S} + \frac{1}{2}\sigma^2 S^2 \frac{\partial^2 G}{\partial S^2}$$

ist.

Lösung 2

a) Unter einer **short Call-Option** (short Call-Option $\widehat{=}$ „Pflicht zum Verkauf") versteht man den Verkauf einer Kaufoption für einen Basiswert (z. B. für eine Aktie), die an einem bestimmten Zeitpunkt zu einem bestimmten Preis ausgeführt werden kann. Der

1 Die **amerikanische Option** kann an jedem Handelstag vor der Fälligkeit ausgeübt werden; die **Bermuda-Option** kann zu einem von mehreren zuvor festgelegten Zeitpunkten ausgeübt werden.

2 Verteilungsfunktion der Standardnormalverteilung: $\Phi(d) = \frac{1}{\sqrt{2\pi}} \int_{-\infty}^{d} du \exp\left(-\frac{u^2}{2}\right)$

Verkäufer einer Call-Option verpflichtet sich also, einen Basiswert zu einem vorher festgelegten Preis, dem Ausübungspreis, zu verkaufen. Für diese Verpflichtung, die nicht eintreten muss, erhält er eine Prämie. Der bestimmte Zeitpunkt, an dem die Option ausgeführt werden kann, wird als Verfallsdatum bezeichnet. Die short Call-Option ist das Gegenstück zur **long Call-Option**. Jeder long Call-Option muss eine short Call-Option gegenüberstehen.

Man unterscheidet zwischen einer gedeckten und einer ungedeckten short Call-Option. Von einer ungedeckten oder naked short Call-Option spricht man, wenn der Investor den Basiswert, auf den er die Option verkauft, nicht in seinem Besitz hat. Dafür muss er beim Händler für Optionen allerdings einige Sicherheiten hinterlassen. Eine gedeckte short Call-Option liegt vor, wenn der Verkäufer dieser Option den Basiswert (z. B. eine Aktie) besitzt.

Das **Verlustpotential** ist bei einer reinen short Call-Option unbegrenzt, während der Gewinn nur durch die eingenommene Prämie erwirtschaftet wird. Die short Call-Option bietet sich an, wenn der Investor stagnierende oder leicht fallende Kurse erwartet.

b) Wert der Option zum Laufzeitende $t = T$ (**Grenzwertbetrachtung**). Der letzte Ausdruck von Gleichung (14.4) zeigt, dass für $t = T$ gilt: $d_2 = d_1$. Weiter gilt für das Quantil d_1 zum Laufzeitende:

$$\begin{aligned} d_1 &= \lim_{t \to T} \frac{\ln\left(\frac{S}{B}\right) + \left(r + \frac{\sigma^2}{2}\right)\left(T - t\right)}{\sigma\sqrt{(T-t)}} \\ &= \frac{1}{\sigma} \ln\left(\frac{S}{B}\right) \underbrace{\lim_{t \to T} \frac{1}{\sqrt{(T-t)}}}_{\to +\infty} \end{aligned}$$

Der letzte Ausdruck strebt für $t \to T$ gegen den Wert unendlich. Abhängig davon, ob $S > B$ oder $S < B$ ist, bestimmt sich das Vorzeichen. Im ersten Fall ist das Vorzeichen positiv und im zweiten negativ. Für $S = B$ wird der Wert des Logarithmus 0 und somit $d_1 = 0$.

Es sind also folgende Fälle zu unterscheiden:

$$\begin{aligned} S < B: &\quad d_1 \to -\infty \\ S = B: &\quad d_1 = 0 \\ S > B: &\quad d_1 \to +\infty \end{aligned}$$

Für $t = T$ vereinfacht sich die Gleichung (14.3) somit zunächst zu:

$$G(S, T) = S\Phi(d_1) - B\Phi(d_1)$$

Hier sind die o. g. drei Fälle zu unterscheiden. Dabei ist zu beachten, dass $\Phi(0) = 0.5$, $\lim_{d_1 \to -\infty} \Phi(d_1) = 0$ und $\lim_{d_1 \to +\infty} \Phi(d_1) = 1$ gilt:

$$
\begin{aligned}
S < B: \quad & G(S,T) = S * 0.0 - B * 0.0 = 0 \\
S = B: \quad & G(S,T) = S * 0.5 - B * 0.5 = 0 \\
S > B: \quad & G(S,T) = S * 1.0 - B * 1.0 = S - B
\end{aligned}
$$

Diese drei Fälle lassen sich in einer Gleichung zusammenfassen:

$$G(S,T) = \max(S - B, 0)\,.$$

Diese Gleichung beschreibt das **Auszahlungsprofil** der Call-Option am Laufzeitende.

c) Mit der Gleichung $G(S,T) = \max(S - B, 0)$ folgt für das Auszahlungsprofil einer long Call-Option am Laufzeitende $t = T$ die oben beschriebene Fallunterscheidung:

$S < B:$	$G(S,T) = 0$	wertloser Verfall der Option
$S = B:$	$G(S,T) = 0$	wertloser Verfall der Option
$S > B:$	$G(S,T) = S - B$	Auszahlung der Differenz von Kurs und Basispreis

d) Nachprüfung, ob die Optionspreisformel die **Black-Scholes-Merton Differentialgleichung** erfüllt.

Betrachtet wird die Optionspreisformel für eine europäische Call-Option auf eine Aktie ohne Dividendenzahlung:

$$
\begin{aligned}
G(S,t) &= P_{\text{Call}} \\
&= S\Phi(d_1) - B\exp(-r(T-t))\Phi(d_2)\,.
\end{aligned} \tag{14.5}
$$

Dabei bezeichnet B den Basispreis (Ausübungspreis) des Basiswerts (**Underlying**), S den Kurs des Basiswerts, r den risikolosen Zins, $T - t$ die Restlaufzeit der Option (mit T Fälligkeitszeitpunkt) und $\Phi(x)$ die Verteilungsfunktion der Standardnormalverteilung. Bezeichnet wieder σ die Volatilität des Basiswerts, dann berechnen sich die Quantile d_1 und d_2 zu:

$$d_1 = \frac{\ln\left(\frac{S}{B}\right) + \left(r + \frac{\sigma^2}{2}\right)(T-t)}{\sigma\sqrt{T-t}} \tag{14.6}$$

$$d_2 = d_1 - \sigma\sqrt{T-t}\,.$$

Der Optionspreis ist also eine Funktion, die von Marktparametern und Parametern des Basiswerts abhängen.

In der **Black-Scholes-Merton Differentialgleichung**

$$rG = G_t + rSG_S + \frac{1}{2}\sigma^2 S^2 G_{SS}$$

werden verschiedene Ableitungen der Funktion $G(S, t)$ miteinander verknüpft, die zunächst im Folgenden einzeln berechnet werden.

Ableitung G_t:
Sei $\phi(d) = \Phi'(d)$ als Ableitung der **Standardnormalverteilung** die Dichte der Standardnormalverteilung, dann folgt aus Gleichung (14.5):

$$\begin{aligned} G_t &= \frac{\partial G}{\partial t} \\ &= S\phi(d_1)\frac{\partial d_1}{\partial t} \\ &\quad - B\; r\exp(-r(T-t))\Phi(d_2) \\ &\quad - B\quad \exp(-r(T-t))\phi(d_2)\frac{\partial d_2}{\partial t} \end{aligned}$$

Nebenrechnung 1:

$$\begin{aligned} \phi(d_2) &= \tfrac{1}{\sqrt{2\pi}}\exp\Big(-\tfrac{1}{2}d_2^2\Big) \\ &= \tfrac{1}{\sqrt{2\pi}}\exp\Big(-\tfrac{1}{2}\big(d_1^2 - 2d_1\sigma\sqrt{T-t} + \sigma^2(T-t)\big)\Big) \\ &= \tfrac{1}{\sqrt{2\pi}}\exp\Big(-\tfrac{1}{2}d_1^2\Big)\exp\Big(d_1\sigma\sqrt{T-t} - \tfrac{1}{2}\sigma^2(T-t)\Big) \\ &= \phi(d_1)\exp\Big(d_1\sigma\sqrt{T-t} - \tfrac{1}{2}\sigma^2(T-t)\Big) \\ &= \phi(d_1)\exp\Big(\ln\tfrac{S}{B} + r(T-t) + \tfrac{1}{2}\sigma^2(T-t) - \tfrac{1}{2}\sigma^2(T-t)\Big) \\ &= \phi(d_1)\tfrac{S}{B}\exp\Big(+r(T-t)\Big) \end{aligned}$$

Nebenrechnung 2:

$$\frac{\partial d_2}{\partial t} = \frac{\partial d_1}{\partial t} + \frac{1}{2}\frac{\sigma}{\sqrt{T-t}}$$

$$\begin{aligned} G_t &= S\phi(d_1)\frac{\partial d_1}{\partial t} \\ &\quad - B\; r\exp(-r(T-t))\Phi(d_2) \\ &\quad - B\exp\Big(-r(T-t)\Big)\phi(d_1)\frac{S}{B}\exp\Big(+r(T-t)\Big)\Big(\frac{\partial d_1}{\partial t} + \frac{1}{2}\frac{\sigma}{\sqrt{T-t}}\Big) \\ &= -B\; r\exp(-r(T-t))\Phi(d_2) - S\phi(d_1)\frac{1}{2}\frac{\sigma}{\sqrt{T-t}} \end{aligned}$$

Damit ist die zeitliche Ableitung:

$$G_t = -B\ r \exp(-r(T-t))\Phi(d_2) - S\phi(d_1)\frac{1}{2}\frac{\sigma}{\sqrt{T-t}} \tag{14.7}$$

Ableitung G_S:

$$\begin{aligned} G_S &= \frac{\partial G}{\partial S} \\ &= \Phi(d_1) + S\phi(d_1)\frac{\partial d_1}{\partial S} - B\ \exp(-r(T-t))\phi(d_2)\frac{\partial d_2}{\partial S} \end{aligned}$$

$$\text{mit } \frac{\partial d_2}{\partial S} = \frac{\partial d_1}{\partial S} \text{ und } \phi(d_2) = \phi(d_1)\frac{S}{B}\exp\Big(+r(T-t)\Big)$$

$$\begin{aligned} &= \Phi(d_1) + S\phi(d_1)\frac{\partial d_1}{\partial S} - B\ \exp(-r(T-t))\phi(d_1)\frac{S}{B}\exp\Big(+r(T-t)\Big)\frac{\partial d_1}{\partial S} \\ &= \Phi(d_1) \end{aligned}$$

Ableitung G_{SS}:

$$\begin{aligned} G_{SS} &= \frac{\partial^2 G}{\partial S^2} \\ &= \frac{\partial}{\partial S}\Big(\Phi(d_1)\Big) \\ &= \phi(d_1)\frac{\partial d_1}{\partial S} \end{aligned}$$

$$\begin{aligned} \text{mit } \frac{\partial d_1}{\partial S} &= \frac{1}{\sigma\sqrt{T-t}}\frac{\partial}{\partial S}\Big(\ln S - \ln B + \big(r + \frac{\sigma^2}{2}\big)\big(T-t\big)\Big) \\ &= \frac{1}{S\sigma\sqrt{T-t}} \end{aligned}$$

$$= \frac{1}{S\sigma\sqrt{T-t}}\phi(d_1)$$

Einsetzen der Ableitungen G_t, G_S und G_{SS} in die **Black-Scholes-Merton Differentialgleichung**:

$$rG = G_t + rSG_S + \frac{1}{2}\sigma^2 S^2 G_{SS} \qquad \text{bzw.}$$

$$\begin{aligned} G &= \frac{1}{r}G_t + SG_S + \frac{1}{2}\frac{\sigma^2 S^2}{r}G_{SS} \\ &= -B\exp(-r(T-t))\Phi(d_2) - \phi(d_1)\frac{1}{2}\frac{S\sigma}{r\sqrt{T-t}} + S\Phi(d_1) + \frac{1}{2}\frac{\sigma^2 S^2}{r}\frac{1}{S\sigma\sqrt{T-t}}\phi(d_1) \\ &= S\Phi(d_1) - B\exp(-r(T-t))\Phi(d_2) \qquad \checkmark \end{aligned}$$

FEHLERQUELLEN VERMEIDEN

Optionspreisformel: Bei der Verwendung der Optionspreisformel zur Bewertung von Optionen ist darauf zu achten, dass die Kursangaben für S und B in gleicher Einheit und gleicher Währung lautet, bspw. beide Werte in Euro. Darüberhinaus sollten die Marktdaten r und σ^2 in der gleichen Zeitbasis (Woche, Monat, Jahr) notiert und verwendet werden, wie die Laufzeit T und der Zeitparameter t. Häufig Verwendung findet die Jahresbasis. Laufzeit und Zeitparameter werden dann in Bruchteilen von Jahren angegeben, der **risikolose Zins** und die **Varianz** als annualisierte Größen.

PRAXISTIPP(S)

Optionsdelta: Die erste Ableitung der Optionspreisformel $G(S, t)$ nach dem Kurs des Basiswerts entspricht dem Delta Δ der Option und nimmt Werte aus dem Intervall $[0, 1]$ an.

Anhand des Deltas lässt sich abschätzen, wie ähnlich sich eine Optionsposition zu einer Aktienposition momentan verhält. Gilt $\Delta_C \approx 1$, so verhält sich der Wert der Call-Option ungefähr wie der Wert der Aktie, die der Option zugrunde liegt.

Beinhaltet ein Portfolio Positionen in Optionen, sollten für eine **Anlageausschusssitzung** die entsprechenden Deltawerte notiert werden. Wird eine Aktienprognose diskutiert, lässt sich die momentane Wirkung auf das Teilportfolio „Optionen“ mit dem Delta rasch abschätzen.

Ergänzung: Kennzahlen der Optionen, die „Options-Griechen"

In Wikipedia (2019)[3] finden sich die nachfolgenden Erläuterungen zu den Kennzahlen für Optionen. Diese Erläuterungen werden ergänzt durch die Berechnungsformeln der vorhergehenden Lösung.

Delta Δ_C: Ist eine Sensitivitätskennzahl, die angibt, welchen Einfluss der Preis des Basiswertes auf den Wert der Option hat. Das Delta ist mathematisch die erste Ableitung des Optionspreises nach dem Preis des Basiswertes. So bedeutet ein Delta von 0.5, dass eine Veränderung des Basiswertes um 1 Euro (in linearer Näherung) eine Veränderung des Optionspreises von 50 Cent hervorruft.

Für die europäische Call-Option:

$$\begin{aligned}\Delta_C &= \frac{\partial G}{\partial S}\\ &= \Phi(d_1) \geq 0\,.\end{aligned}$$

Gamma Γ_C: Das Gamma einer Option gibt an, wie stark sich deren Delta (in linearer Näherung) ändert, wenn sich der Kurs des Basiswerts um eine Einheit ändert und alle anderen Größen sich nicht verändern. Mathematisch ist das Gamma die zweite Ableitung des Optionspreises nach dem Preis des Basiswertes.

Für die europäische Call-Option:

$$\begin{aligned}\Gamma_C &= \frac{\partial^2 G}{\partial S^2}\\ &= \frac{1}{S\sigma\sqrt{T-t}}\phi(d_1) \geq 0\end{aligned}$$

Theta Θ_C: Das Theta einer Option gibt an, wie stark sich der theoretische Wert einer Option ändert, wenn sich die Restlaufzeit um einen Tag verkürzt und alle anderen Größen konstant bleiben.

Für die europäische Call-Option:

$$\begin{aligned}\Theta_C &= \frac{\partial G}{\partial t}\\ &= -B\, r\exp(-r(T-t))\Phi(d_2) - \frac{S\sigma}{2\sqrt{T-t}}\phi(d_1)\end{aligned}$$

Vega Λ_C: Das Vega (manchmal auch Lambda oder Kappa) einer Option gibt an, wie stark sich der Wert der Option ändert, wenn sich die Volatilität des Basiswerts um einen Prozentpunkt ändert und alle anderen Größen konstant bleiben.

Für die europäische Call-Option:

$$\begin{aligned}\Lambda_C &= \frac{\partial G}{\partial \sigma}\\ &= S\sqrt{T-t}\;\phi(d_1) \geq 0\end{aligned}$$

3 Wikipedia (2019). Optionen (Wirtschaft).
Abgerufen am 31.03.2019, von https://de.wikipedia.org/wiki/Option_(Wirtschaft).

Rho ρ_C: Das Rho einer Option gibt an, wie stark sich der Wert der Option ändert, wenn sich der risikofreie Zinssatz am Markt um einen Prozentpunkt ändert.

Für die europäische Call-Option:

$$\begin{aligned}\rho_C &= \frac{\partial G}{\partial r}\\ &= (T-t)B\exp(-r(T-t))\Phi(d_2) \geq 0\end{aligned}$$

Omega ω_C: Elastizität der Option bzgl. der Änderung des Basiswertes.

Für die europäische Call-Option:

$$\begin{aligned}\omega_C &= \frac{S}{G}\frac{\partial G}{\partial S}\\ &= \frac{S}{G}\Phi(d_1) \geq 0\end{aligned}$$

PRAXISTIPP(S)

Optionskennzahlen: Mit den Kennzahlen lassen sich **Näherungsformeln** notieren, die eine rasche Berechnung der Wertänderung ΔG der Option bezüglich der Änderung Δx einer Größe x (Wert des Underlyings, risikoloser Zins, Volatilität etc.) erlauben.

Sei K_x die Kennzahl bezüglich der Größe x. Dann folgt aus der Berechnungsvorschrift für die Kennzahl

$$\begin{aligned}K_x &= \frac{\partial G}{\partial x}\\ &\approx \frac{\Delta G}{\Delta x},\end{aligned}$$

durch Umstellung der letzten Gleichung die Näherungsformel

$$\Delta G = K_x \; \Delta x\,.$$

Beispiel:

$$\Delta G = \Delta_C \; \Delta S\,.$$

Kleine Änderungen ΔS im Kurs der zugrundeliegenden Aktie können mit dieser Näherungsformel in Änderungen ΔG des Wertes der Call-Option umgerechnet werden, wenn das **Delta** Δ_C der Call-Option bekannt ist.

Teil III

Übungsklausuren

15 Klausur 1

HINWEISE:

- Als Hilfsmittel ist ein nicht-programmierbarer, nicht-grafikfähiger Taschenrechner zugelassen.
- Bitte beantworten Sie alle Fragen und zeigen Sie die notwendigen Zwischenschritte. Formulieren Sie kurz, aber präzise, erklären Sie (eigene) Symbole und beschreiben Sie Ihre Berechnungen. Falls – unbeabsichtigt – notwendige Angaben fehlen, treffen Sie bitte vernünftige wirtschaftliche Annahmen, um die Frage zu beantworten oder die Aufgabe zu lösen.
- Die Gesamtpunktzahl beträgt **60** Punkte. Die Klausur ist bestanden, wenn mindestens **30** Punkte erreicht werden.

15.1 Klausuraufgaben

Aufgabe 1 – Rahmenbedingungen (10 Punkte):
Betrachten Sie den Fall, dass die Dienstleistung „**Asset Management**" von der Organisationseinheit „Asset Management" eines Finanzdienstleister institutionellen Kunden angeboten wird.

a) (1 Punkt) Benennen Sie zwei weitere Organisationseinheiten, die im Rahmen der internen Kontrolle zur Überprüfung der Dienstleistung eingebunden sein könnten.

b) (1 Punkt) Benennen Sie zwei **Kontrollhandlungen**, die im Rahmen der internen **Selbstkontrolle** der Organisationseinheit „Asset Management" auferlegt werden könnten.

c) (1 Punkt) Erläutern Sie kurz das **Asset-Liability-Management** im Sachzusammenhang, ggf. anhand eines Beispiels.

d) (1 Punkt) Mit dem institutionellen Kunden werden **Anlagerichtlinien** vertraglich festgelegt. Benennen Sie zwei Ebenen des Prozesses „Asset Management" die davon betroffen sein könnten.

e) (1 Punkt) Welche zwei Investmentstile werden hauptsächlich unterschieden?

f) (1 Punkt) Mit dem institutionellen Kunden kann eine **Benchmark** vereinbart werden. Benennen Sie zwei Eigenschaften, die die Benchmark erfüllen sollte.

g) (1 Punkt) Notieren Sie zwei Beispiele von möglichen **Kundenvorgaben**, die die Vermögensstrukturierung auf der Ebene der Vermögensklassen einschränken.

h) (1 Punkt) Notieren Sie zwei Beispiele von möglichen Kundenvorgaben, die den Einzelwertpapierkauf/-verkauf beschränken.

i) (1 Punkt) Benennen Sie zwei Tagesordnungspunkte, die im Sachzusammenhang Bestandteil der regelmäßig stattfindenden **Anlageausschusssitzung** sein könnten.

j) (1 Punkt) Im weitesten Sinne wird das Asset Management auch von der Verhaltensökonomie des Asset Managers beeinflusst. Benennen Sie zwei Erklärungsansätze für das **Behavioral Finance**.

Aufgabe 2 – Wertpapiere (10 Punkte):
In einem Portfolio befinden sich **Zerobonds** (Standardanleihe mit sicherem Zahlungsstrom, ohne Rechte, bonitätsrisikofrei).

a) (1 Punkt) Beschreiben Sie den **Zahlungsstrom** eines Zerobonds.

b) (1 Punkt) Wann wird der Gegenwartswert eines Zerobonds 1 ($\hat{=}$ 100 %)?

c) (1 Punkt) Am Kapitalmarkt wird aktuell die Zerobond-Rendite für die Laufzeit 7 Jahre mit $r_7 = 2.01\,\%$ notiert. Berechnen Sie den Gegenwartswert Z_0 eines Zerobonds mit der Laufzeit $n = 7$ Jahre.

> *Hinweis zur Lösung*: $Z_0 = \frac{1}{(1+r_n)^n}$.

d) (1 Punkt) Bestimmen Sie die **Macaulay-Duration** D_{Mac} für den Zerobond mit Laufzeit 7 Jahren.

e) (2 Punkte) Am Kapitalmarkt wird aktuell für einen Zerobond mit einer Macaulay-Duration von $D_{\text{Mac}} = 7$ Jahren bei einer Zerobond-Rendite von $r = 1.05\,\%$ ein Kurs von $Z = 92.95\,\%$ notiert. Berechnen Sie die modified Duration D_{mod} und die Duration D_{GE} zur Abschätzung von absoluten Kursänderungen.

> *Hinweis zur Lösung*: $\frac{D_{\text{GE}}}{Z} = D_{\text{mod}} = -\frac{D_{\text{Mac}}}{1+r}$.

f) (2 Punkte) Berechnen Sie für einen Zerobond mit einem aktuellen Kurs von $Z = 92.878\,\%$ und einer Duration von $D_{\text{GE}} = -6.5014$ näherungsweise die relative Kursänderung $\frac{\Delta Z}{Z}$ (**Approximation**), wenn die Zerobond-Rendite kurzfristig um $\Delta r = 0.01\,\%$ steigt. Drücken Sie die relative Kursänderung in Prozent aus.

> *Hinweis zur Lösung*: $\frac{\Delta Z}{Z} = D_{\text{mod}} \Delta r$.

g) (2 Punkte) Bestimmen Sie für den vorgenannten Zerobond aus Aufgabenteil f) die exakte absolute Kursänderung ΔZ bei einem kurzfristigen Anstieg der Zerobond-Rendite um $\Delta r = 0.01\,\%$. Nehmen Sie dabei an, der Zerobond habe die Laufzeit von $n = 7$ Jahren.

Aufgabe 3 – Ertrag-Risiko-Profile (10 Punkte):
In einem Portfolio befinden sich unterschiedliche Vermögensklassen und Wertpapiere. Im Folgenden sollen Risikoeinschätzungen abgegeben und **Ertrag-Risiko-Profile** bestimmt werden.

a) (1 Punkt) Die **Varianz** ist ein Maß für das Risiko einer Vermögensklasse. Klassifizieren Sie anhand der Varianz und notieren Sie im relativen Vergleich eine Vermögensklassen mit hohem und eine mit niedrigem Risiko.

b) (2 Punkte) Für ein festverzinsliches Wertpapier wurde am Kapitalmarkt beobachtet, dass sich dessen Rendite erhöhte, weil sich das **Rating** verschlechterte. Erklären Sie kurz diese Beobachtung im Sachzusammenhang.

c) (3 Punkte) Die nachfolgende Tabelle zeigt Ihnen die am Kapitalmarkt notierten Renditen für **Kuponanleihen** (deutsche Bundesanleihen, Standardkuponanleihe mit sicherem Zahlungsstrom, ohne Rechte, bonitätsrisikofrei) r_n bis zur drei-jährigen Laufzeit sowie die Prognosen der Renditen $r_n^{(e)}$ auf Sicht von 12 Monaten.

Laufzeit n	aktuelle Rendite r_n in %	Prognose (12 Monate) $r_n^{(e)}$ in %
1	1.00	1.10
2	2.00	2.15
3	3.00	3.20

Tabelle 15.1: Aktuelle Renditen und deren Prognose auf Jahressicht.

Bestimmen Sie für einen zwei-jährigen **Par-Bond** (deutsche Bundesanleihe, Standardkuponanleihe mit sicherem Zahlungsstrom, ohne Rechte, bonitätsrisikofrei) die Ertragserwartung E_{Gesamt} in % auf Sicht von 12 Monaten.

Hinweis zur Lösung: $P_0 = C \sum_{i=1}^{n} \frac{1}{(1+r_n)^i} + \frac{1}{(1+r_n)^n}$

d) (4 Punkte) Die nachfolgende Tabelle 15.2 zeigt die wöchentlichen Schlusskurse der Aktie der Firma Anilin AG als **Stichprobe**.

Woche i	Schlusskurs V_i in Euro
0	100.000
1	101.000
2	100.500
3	101.500
4	101.250
5	101.005

Tabelle 15.2: Wochenschlusskurse der Anilin AG (Stichprobe).

Bestimmen Sie die durchschnittliche stetige Verzinsung $\langle u \rangle$ der letzten Wochen mit dem Stichprobenmittelwert der einzelnen stetigen Verzinsungen u_i. Bestimmen Sie anschließend die Stichprobenvarianz s^2 und die Standardabweichung s der Stichprobe (**Stichprobenkennzahlen**).

Hinweis zur Lösung: $u_i = \ln(V_i) - \ln(V_{i-1})$ und $\langle u \rangle = \frac{1}{N}\sum_{i=1}^{N} u_i$ sowie $s^2 = \frac{1}{N-1}\sum_{i=1}^{N}(u_i - \langle u \rangle)^2$

Aufgabe 4 – Portfolioanalyse (10 Punkte):
Die Kapitalanlage eines Investors besteht nur aus einem Aktienportfolio. In dem Aktienportfolio befinden sich lediglich **Aktien** der Anilin AG und Aktien der Butanol AG.

a) (1 Punkt) Beide Chemie-Unternehmen haben eine ähnliche Produktpalette und sind im Wirtschaftsraum Deutschland annähernd gleich positioniert. Welchen Wert für die **Korrelation** zwischen den beiden Aktienkursen erwarten Sie? (Kurze Begründung!)

b) (2 Punkte) Die Gewichtung der beiden Aktienwerte beläuft sich auf $w_A = 60\,\%$ (Anilin AG) und $w_B = 40\,\%$ (Butanol AG). Die Ertragserwartungen werden vom Research für die beiden Aktien wie folgt angegeben: $\mu_A = 7\,\%$ (Anilin AG) und $\mu_B = 6\,\%$ (Butanol AG).

(i) Notieren Sie den Gewichtsvektor $\mathbf{w} \in \mathbb{R}^{2\times1}$ und den Vektor der Ertragserwartungen $\boldsymbol{\mu} \in \mathbb{R}^{2\times1}$.

(ii) Sei $\mathbf{1}' \in \mathbb{R}^{1\times2}$ der Zeilenvektor, dessen Element alle nur den Wert 1 besitzen. Berechnen Sie $\mathbf{1}'\mathbf{w}$.

(iii) Geben Sie eine kurze anschauliche Begründung für das Ergebnis aus (bii).

(iv) Berechnen Sie die Ertragserwartung des Portfolios $R = \mathbf{w}'\boldsymbol{\mu}$.

c) (3 Punkte) Die **Kovarianzmatrix** des aus den zwei Aktien A (Anilin AG) und B (Butanol AG) bestehenden Portfolios wird vom Research mit

$$\boldsymbol{C} = \begin{pmatrix} C_{AA} & C_{AB} \\ C_{BA} & C_{BB} \end{pmatrix} = \begin{pmatrix} 0.0324000 & 0.0275400 \\ 0.0275400 & 0.0289000 \end{pmatrix}$$

angegeben.

(i) Bestimmen Sie die Varianz σ_i^2 und die Standardabweichung σ_i für jede Aktie $i = A, B$.

Hinweis zur Lösung: $C_{ij} = \rho_{ij}\sigma_i\sigma_j$

(ii) Berechnen Sie die Korrelation $\rho_{A,B}$ zwischen den beiden Aktien und notieren Sie die Korrelationsmatrix $\boldsymbol{\rho} \in \mathbb{R}^{2\times2}$.

(iii) Das zukünftige Portfolio soll folgende Gewichtungen aufweisen: $w_A = 40\,\%$ (Anilin AG) und $w_B = 60\,\%$ (Butanol AG). Berechnen Sie die Portfoliovarianz $\sigma_{\mathrm{PF}}^2 = \mathbf{w}'\boldsymbol{C}\mathbf{w}$ sowie die Standardabweichung des Portfolios σ_{PF}.

d) (4 Punkte) Das Research gibt die Kovarianzmatrix der Aktie A (Anilin AG) und einem effizienten Marktportfolio M (Gesamtmarkt Aktien) wie folgt an:

$$\boldsymbol{C} = \begin{pmatrix} C_{AA} & C_{AM} \\ C_{MA} & C_{MM} \end{pmatrix} = \begin{pmatrix} 0.032400000 & 0.024565680 \\ 0.024565680 & 0.028900000 \end{pmatrix}$$

(i) Welche Risikoart wird mit dem Beta-Faktor (β-Faktor) als Kennzahl im Rahmen des **CAPM** bemessen: systematisches oder unsystematisches Risiko? Interpretieren Sie den Beta-Faktor im Sachzusammenhang.

(ii) Berechnen Sie den Beta-Faktor β_{AM} und interpretieren Sie das Ergebnis im Sachzusammenhang.

> *Hinweis zur Lösung*: $C_{iM} = \beta_{iM}\ \sigma_M^2$

(iii) Berechnen Sie den Beta-Faktor β_{MM} für das effiziente Marktportfolio M (Gesamtmarkt Aktien).

(iv) Der risikolose Zinssatz beträgt $r_f = 0.1\,\%$ und die Ertragserwartung des effizienten Marktportfolio (Gesamtmarkt Aktien) wird vom Research mit $E[R_M] = 6.50\,\%$ angegeben. Bestimmen Sie mit Hilfe der Gleichung für die Wertpapierlinie die Ertragserwartung für die Aktie der Anilin AG.

> *Hinweis zur Lösung*: $\mathrm{E}[R_i] = r_f + \beta_{iM}(\mathrm{E}[R_M] - r_f)$.

Aufgabe 5 – Taktik und Umsetzung (10 Punkte):
Im Rahmen des Managements eines Portfolios sind **Umschichtungen** in den Vermögensklassen Bundesanleihen, Unternehmensanleihen und Aktien vorzunehmen.

a) (1 Punkt) Für das Teilportfolio Aktien ist als **Benchmark** der DAX® vereinbart worden. Beschreiben Sie eine Möglichkeit, wie ein passives Management umgesetzt werden kann.

b) (2 Punkte) Beschreiben Sie kurz die wesentlichen Merkmale des **Core-Satellite-Ansatzes** am Beispiel des Teilportfolios Aktien.

c) (2 Punkte) In einem Teilportfolio **Bundesanleihen** befinden sich ausschließlich Bundesanleihen mit einer Restlaufzeit von 5 Jahren, d. h., die durchschnittliche Laufzeit des Teilportfolios beträgt 5 Jahre und soll auch nach dem Kauf von 10-jährigen Bundesanleihen 5 Jahre betragen. Beschreiben Sie unter diesen Rahmenbedingungen eine Möglichkeit der Umsetzung.

d) (3 Punkte) In einem anderen Teilportfolio Bundesanleihen befinden sich die drei in der Tabelle 15.3 notierten Bundesanleihen.

Name	Laufzeit (Jahre)	Rendite (%)
A	3.4	2.80
B	3.6	2.00
C	3.8	2.75

Tabelle 15.3: Zusammensetzung des Teilportfolios Bundesanleihen.

Die Abbildung 15.1 zeigt einen Ausschnitt der **Zinsstrukturkurve** für Bundesanleihen im Bereich von 2 bis 5 Jahren.

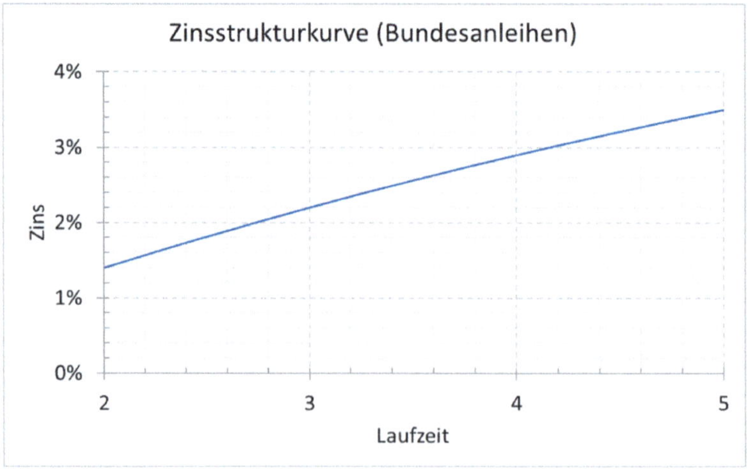

Abbildung 15.1: Zinsstrukturkurve Bundesanleihen.

(i) Erläutern Sie kurz die Bedeutung der Aussage „Eine Bundesanleihe ist überbewertet" im Sachzusammenhang.

(ii) Markieren Sie die Lagen der drei Bundesanleihen aus Tabelle 15.3 in der Abbildung 15.1.

(iii) Bestimmen Sie aus Ihrer Grafik anschließend näherungsweise den **Spread** der Bundesanleihen gegenüber der Zinsstrukturkurve.

(iv) Welche Aussage können Sie zur Bundesanleihe *C* hinsichtlich der Bewertung machen?

(v) Ein Portfoliomanager verkauft die Bundesanleihen *A* und *C*. Das freiwerdende Kapital investiert er in die Bundesanleihe *B* mit dem Ziel, das Ertragspotenzial zu erhöhen. Hat er richtig gehandelt? Begründen Sie kurz Ihre Antwort.

(vi) Eine neue 5-jährige Bundesobligation mit einer Rendite von $r = 3.50\,\%$ soll in das Teilportfolio aufgenommen werden. Welche Bundesanleihe sollte zur Gegenfinanzierung verkauft werden? Begründen Sie kurz Ihre Antwort.

e) (2 Punkte) Die nachfolgende Tabelle 15.4 listet die am Kapitalmarkt notierten Renditen für **Unternehmensanleihen** auf (Standardanleihen mit Bonitätsrisiko; Durchschnittsrating: BBB).

Laufzeit (Jahre)	Rendite (%)
2	1.60
3	2.50
4	3.30
5	4.00

Tabelle 15.4: Renditen für Unternehmensanleihen (BBB-Rating).

Skizzieren Sie in Ihrer Grafik 15.1 die Lage der Zinsstrukturkurve für Unternehmensanleihen und erläutern Sie den **Renditeabstand** zwischen Bund- und Unternehmensanleihen-Kurve im Sachzusammenhang.

Aufgabe 6 – Risikobegrenzung (10 Punkte):
Zur **Risikobegrenzung** werden im Asset Management u. a. Absicherungsgeschäfte mit Hilfe von Futures und Optionen auf Aktienpositionen (hier: Aktien ohne Dividenden) durchgeführt.

a) (1 Punkt) Erläutern Sie kurz den wesentlichen Unterschied zwischen den **Derivaten**: Futures und Optionen. Unterscheiden Sie aus der Sicht eines Käufers: Long-Futures vs. Long Call-Option.

b) (1 Punkt) Skizzieren Sie schematisch in der nachfolgenden Abbildung 15.2 den Gesamtwert eines Engagements in einer gekauften **Kaufoption** am Laufzeitende mit einem Ausübungspreis $B = 100$ Euro die zu einem Wert $P_{\text{Call}} = 4$ Euro gekauft wurde (Auszahlungsprofil ./. Investition).

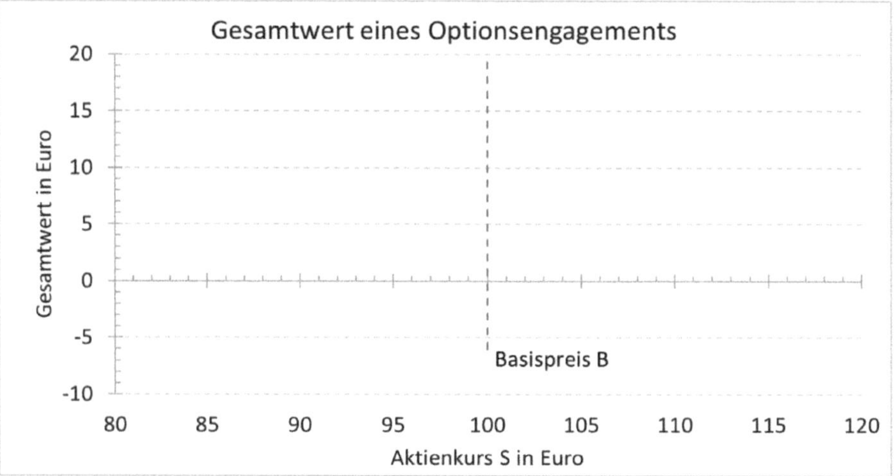

Abbildung 15.2: Gesamtwert eines Optionsengagements (Aufgabe).

c) (1 Punkt) Skizzieren Sie in der Abbildung 15.2 schematisch den Gesamtwert des gleichen Engagements ein paar Monate vor Laufzeitende.

d) (1 Punkt) Markieren Sie in der Abbildung 15.2 für einen Wert $S = 110$ Euro der zugrundeliegenden Aktie, den Wert der Option, den **Zeitwert** der Option und den inneren Wert der Option.

e) (4 Punkte) Auf die Aktie der Anilin AG (aktueller Kurs $S = 105$ Euro und aktuelle Volatilität $\sigma = 15\,\%$) wird am Kapitalmarkt bei einem Basispreis von $B = 100$ Euro eine Call-Option mit Restlaufzeit $\Delta t = T - t$ von 6 Monaten zu einem Preis von $P_{\text{Call}} = 7.28$ Euro gehandelt. Der risikolose Zins beträgt aktuell $r = 0\,\%$.

Überprüfen Sie mit der **Optionspreisformel**

$$P_{\text{Call}} = S\Phi(d_1) - Be^{-r(T-t)}\Phi(d_2)$$

mit den Quantilen

$$d_1 = \frac{\ln\left(\frac{S}{B}\right) + \left(r + \frac{\sigma^2}{2}\right)\left(T - t\right)}{\sigma\sqrt{(T-t)}}$$

$$d_2 = d_1 - \sigma\sqrt{(T-t)}\ .$$

ob der gehandelte Optionspreis in etwa dem theoretisch zu erwartenden Optionspreis entspricht.

Zur Bestimmung der **Wahrscheinlichkeiten** $\Phi(d)$ nutzen Sie bitte die in der folgenden Abbildung 15.3 berechneten Werte:

Quantil d	Wahrscheinlichkeit Φ(d)	Quantil d	Wahrscheinlichkeit Φ(d)
-1,5	0,067	0,0	0,500
-1,4	0,081	0,1	0,540
-1,3	0,097	0,2	0,579
-1,2	0,115	0,3	0,618
-1,1	0,136	0,4	0,655
-1,0	0,159	0,5	0,691
-0,9	0,184	0,6	0,726
-0,8	0,212	0,7	0,758
-0,7	0,242	0,8	0,788
-0,6	0,274	0,9	0,816
-0,5	0,309	1,0	0,841
-0,4	0,345	1,1	0,864
-0,3	0,382	1,2	0,885
-0,2	0,421	1,3	0,903
-0,1	0,460	1,4	0,919
0,0	0,500	1,5	0,933

Abbildung 15.3: Quantile und Wahrscheinlichkeit.

f) (2 Punkte) Betrachten Sie das Delta Δ_{Call} einer Call-Option.

(i) Geben Sie den Wertebereich von Δ_{Call} an.

(ii) Was bedeutet die Aussage „eine sehr tief im Geld liegende Kaufoption“? Bitte geben Sie eine kurze Erläuterung im Sachzusammenhang und den Wert von Δ_{Call} für diesen Fall an.

(iii) Wenn eine wenig volatile Aktie in etwa bei ihrem **Basispreis** notiert, d. h., es gilt $S \approx B$. Dann gilt bei kurzer Restlaufzeit der Call-Option näherungsweise $\Delta_{\text{Call}} \approx 0.5$. Erläutern Sie die Bedeutung dieses Wertes im Sachzusammenhang.

(iv) Bestimmen Sie den Wert Δ_{Call} für die Option auf die Aktie der Anilin AG aus Aufgabenteil e).

> *Hinweis zur Lösung*: $\Delta_{\text{Call}} = \Phi(d_1)$.

15.2 Kommentierte Lösungen

Lösung Aufgabe 1

a) (1 Punkt)

- Revision,
- Compliance,
- Recht,
- ...

b) (1 Punkt)

- Überprüfung von Interessenkonflikten,
- Vollständigkeit der Dokumentation,
- Vollständigkeit der Kundenakte,
- Vollständigkeit der Besuchsberichte,
- ...

c) (1 Punkt) Lasten auf einem institutionellen Kunden bestimmte, zu leistende Zahlungsverpflichtungen (Bsp. Pensionskasse) so erzeugen diese zukünftig einen Zahlungsstrom (Bsp. Pensionszahlungen). Der institutionelle Kunde kann die Vorgabe machen, dass dieser aus den Verpflichtungen (Liability) resultierende Zahlungsstrom bei der Vermögensstrukturierung (Laufzeit, Risiko etc.) zu berücksichtigen ist. Das **Asset-Liability-Management** umfasst die Abstimmung der Vermögensanlage und des Asset Managements auf die Zahlungsverpflichtungen des institutionellen Kunden.

d) (1 Punkt)

- Strategie,
- Taktik,
- Umsetzung.

e) (1 Punkt)

- passives Management
- aktives Management

f) (1 Punkt) Eine **Benchmark** sollte

- ... eine reale Kaufalternative darstellen,
- ... gut diversifiziert sein,
- ... zu geringen Kosten erwerbbar sein,
- ... vor einer Anlageentscheidung bekannt sein.

g) (1 Punkt) Mögliche Vorgaben und **Rahmenbedingungen**:

- Der Anteil der deutschen Staatsanleihen am Gesamtportfolio soll mindestens 50 % betragen,
- Der Anteil der Anleihen aus **Schwellenländern** (Emerging Markets) darf höchstens 10 % betragen,
- Die maximale Laufzeit der festverzinslichen Wertpapiere soll 10 Jahre betragen,
- Das Rating festverzinslicher Wertpapiers soll mindestens **Investment-Grade** betragen,
- ...

h) (1 Punkt) Mögliche Vorgaben und Rahmenbedingungen:

- Aktien des Automobilherstellers „SchrottCars" dürfen nicht gekauft werden,
- Die Unternehmensanleihe von „SollWindigWerden" hat Bestandsschutz und darf vor Endfälligkeit nicht verkauft werden.
- Ändert sich das Rating der im Bestand befindlichen Schwellenländeranleihe „ÖligesTrockenLand" von Investment-Grad zu Non-Investment-Grade ist vor einem Verkauf mit dem Kunden Rücksprache zu halten,
- Der absolute Wert des Gold-Zertifikats „LeichtGold" des Emittenten „FakeAurum" im Anlagedepot darf höchstens 100 TEuro betragen,
- ...

i) (1 Punkt) Mögliche Inhalte einer **Anlageausschusssitzung**:

- Besprechung des wirtschaftlichen Umfelds,
- Besprechung des politischen Umfelds,
- Besprechung des Marktumfelds inkl. Ausblick und Prognose,
- Bericht des Asset Managements,
- Bericht aus rechtlicher / aufsichtsrechtlicher Sicht,
- Auswirkungsanalyse von geänderten Rahmenbedingungen,
- Ableitung und Dokumentation von Handlungsempfehlungen,
- ...

j) (1 Punkt) Mögliche kognitive Verzerrungen (**Behavioral Finance**):

- Vermessenheitsverzerrung,
- Ankerheuristik,
- Sturheit,
- Nähe-Verzerrung,
- Status-Quo-Verzerrung,

- Asymmetrische emotionale Bewertung von Gewinn und Verlust,
- Falsche Priorität,
- Unangebrachtes Bedauern,
- (Selbst-)Täuschung,
- Manipulation,
- Priming,
- Vorahnung.

Lösung Aufgabe 2

a) (1 Punkt) Der Zerobond ist eine Nullkuponanleihe, d. h., während der Laufzeit bis zur Endfälligkeit wird kein Kupon bezahlt. Lediglich am Laufzeitende wird der Zerobond getilgt. Somit lässt sich der Zahlungsstrom aus Sicht eines Investors wie folgt beschreiben: Zahlung eines Betrages Z_0 Euro zum aktuellen Zeitpunkt, Erhalt der Tilgungszahlung Z_n Euro zum Laufzeitende in bspw. n Jahren.

b) (1 Punkt) Mit dem Hinweis aus Aufgabenteil c) $Z_0 = \frac{1}{(1+r_n)^n}$ lassen sich zwei Bedingungen angeben, zu denen der Gegenwartswert eines Zerobonds 1 ist:

- Wenn der Zerobond (Standardzerobond!) sein Laufzeitende erreicht (Tilgungszeitpunkt). Also dann, wenn die Restlaufzeit $n = 0$ wird.
- Wenn der entsprechende Zinssatz am Kapitalmarkt den Wert 0 annimmt. Also, wenn gilt: $r_n = 0$.

Bemerkung: Eine Antwort hätte für diesen Aufgabenteil gereicht.

c) (1 Punkt) Mit der Zerobond-Rendite $r_7 = 2.01\,\% = 0.0201$ zur Laufzeit $n = 7$ Jahre folgt für den Gegenwartswert des Zerobonds:

$$\begin{aligned} Z_0 &= \frac{1}{(1+r_7)^7} \\ &= \frac{1}{(1+0.0201)^7} \\ &= 0.869962\ldots \qquad (\widehat{=}\ 87\,\%) \end{aligned}$$

d) (1 Punkt) Bei einem Zerobond (Standardzerobond!) entspricht die Laufzeit n des Zerobonds der Macaulay-Duration. D. h. hier: $D_{\text{Mac}} = 7$.

e) (2 Punkte) Zunächst Darstellung von Kurs und Zerobond-Rendite in Dezimalzahlen: $Z = 92.95\,\% = 0.9295$ sowie $r = 1.05\,\% = 0.0105$.

Für die modified Duration gilt:

$$\begin{aligned} D_{\text{mod}} &= -\frac{D_{\text{Mac}}}{1+r} \\ &= -\frac{7}{1+0.0105} \\ &= -6.927263\ldots \qquad (\approx -6.93) \end{aligned}$$

Für die Duration zur Abschätzung von absoluten Kursänderungen gilt:

$$\begin{aligned} D_{\text{GE}} &= Z \times D_{\text{mod}} \\ &= 0.9295 \times (-6.927263\ldots) \\ &= -6.438891\ldots \qquad (\approx -6.44) \end{aligned}$$

f) (2 Punkte) Zunächst Darstellung von Kurs und Renditeänderung in Dezimalzahlen: $Z = 92.878\,\% = 0.92878$ sowie $\Delta r = 0.01\,\% = 0.0001$.

Nebenrechnung: Bestimmung der modified Duration.

$$\begin{aligned} D_{\text{mod}} &= \frac{D_{\text{GE}}}{Z} \\ &= \frac{-6.5014}{0.92878} \\ &= -6.999935\ldots \qquad (\approx -7) \end{aligned}$$

Bestimmung der relativen Kursänderung:

$$\begin{aligned} \frac{\Delta Z}{Z} &= D_{\text{mod}} \Delta r \\ &= -6.999935\ldots \times 0.0001 \\ &= -0.0006999935\ldots \qquad (\widehat{=} -0.07\,\%) \end{aligned}$$

Durch den kurzfristigen Zinsanstieg von $\Delta r = 0.01\,\%$ verliert das Engagement in dem Zerobond näherungsweise 0.07 % an Wert.

g) (2 Punkte) Der Kurs des Zerobonds ist für eine feste Laufzeit n nur eine Funktion des Zinssatzes: $Z = Z(r)$.

Die Kursänderung bei einer kurzfristigen Änderung des Zinssatzes ($r \to r + \Delta r$) lässt sich dann schreiben $\Delta Z = Z(r + \Delta r) - Z(r)$.

Damit und der Formel für den Zerobond folgt allgemein:

$$\begin{aligned} \Delta Z &= Z(r + \Delta r) - Z(r) \\ &= \frac{1}{(1 + r + \Delta r)^n} - \frac{1}{(1 + r)^n} \end{aligned}$$

Zur Auswertung der vorstehenden Formel fehlt die aktuelle Zerobond-Rendite r. Diese lässt sich aus dem aktuellen Kurs $Z = 92.878\,\% = 0.92878$ (vgl. vorhergehende Teilaufgabe) berechnen, wenn die Zerobond-Formel nach r umgestellt wird:

$$\begin{aligned} r &= \sqrt[n]{\frac{1}{Z}} - 1 \\ &= \sqrt[7]{\frac{1}{0.92878}} - 1 \\ &= 0.010610667\ldots \qquad (\widehat{=} 1.06\,\%) \end{aligned}$$

Mit diesem Zwischenergebnis berechnet sich die absolute Kursänderung:

$$
\begin{aligned}
\Delta Z &= Z(r + \Delta r) - Z(r) \\
&= \frac{1}{(1 + r + \Delta r)^n} - \frac{1}{(1 + r)^n} \\
&= \frac{1}{(1 + 0.010610667\ldots + 0.0001)^7} - \frac{1}{(1 + 0.010610667\ldots)^7} \\
&= -0.0006430654\ldots
\end{aligned}
$$

Lösung Aufgabe 3

a) (1 Punkt) Deutsche **Staatsanleihen** (Bundesanleihen, Standardanleihen, risikofrei, ohne Rechte) kleiner Laufzeit weisen aktuell eine geringe Varianz (Kursschwankung) auf und sind ein Beispiel für eine Vermögensklasse mit niedrigem Risiko.
Aktien weisen gegenüber den vorgenannten Staatsanleihen eine höhere Varianz in der Kursbewegung auf und sind ein Beispiel für eine Vermögensklasse mit höherem Risiko.

b) (2 Punkte) Ratingverschlechterungen können dazu führen, dass Investoren die betroffenen Wertpapiere verkaufen (bspw. weil Anlagegrenzen passiv verletzt werden). Neue Investoren dagegen möchten das höhere Ausfallrisiko des Wertpapiers höher bezahlt bekommen (einen höheren Zins erhalten). Sie bieten daher tendenziell einen geringeren Kaufpreis für das Wertpapier an als vor der Ratingverschlechterung. Im Marktgleichgewicht von Angebot und Nachfrage aller Marktteilnehmer bestimmt sich ein neuer – im Vergleich tieferer Kurs – für das betroffene Wertpapier. Gemäß des Zusammenhangs von Zins und Kurs (bspw. Durationsformel für die absolute Kursänderung): Sinkt der Kurs, steigt der Zins.

c) (3 Punkte) Die **Ertragserwartung** einer Standardanleihe kann aus der Zinsprognose berechnet werden. Der Berechnungsvorgang für eine deutsche Staatsanleihe (kein Spread, kein Ausfall) wird wie folgt zunächst allgemein beschrieben:

Allgemein:
Barwert einer Standardanleihe mit n-jähriger Laufzeit (ISMA-Methode; bis 2005 *International Securities Market Association*, heute *International Capital Market Association*):

$$P(r_n) = C \sum_{i=1}^{n} \frac{1}{(1 + r_n)^i} + \frac{1}{(1 + r_n)^n}$$

Es bezeichnet C den Kupon und r_n den Marktzins zur Laufzeit n.

Betrachtet wird ein **Par-Bond**, für den mit $C = r_n$ „heute" der Kurs von

$$P_0(r_n) = 1 \qquad (\widehat{=}\ 100\,\%)$$

ermittelt wird.

In 12 Monaten hat der Par-Bond die Restlaufzeit von $n - 1$ Jahren.

Die **Zinsprognose** (Research) gibt Auskunft über die Lage der (Bund-)Zinsstrukturkurve in 12 Monaten und damit auch darüber, welcher Marktzins $r_{n-1}^{(e)}$ in 12 Monaten für eine Laufzeit von dann $n - 1$ Jahren erwartet wird (Symbol e).

Im nächsten Jahr berechnet sich demgemäß für den Par-Bond die **Kurserwartung**:

$$P_1^{(e)}(r_{n-1}^{(e)}) = C \sum_{i=1}^{n-1} \frac{1}{\left(1 + r_{n-1}^{(e)}\right)^i} + \frac{1}{\left(1 + r_{n-1}^{(e)}\right)^{n-1}}$$

Erwartung des Kursertrags:

$$\begin{aligned} E_{\text{Kurs}} &= \Delta P \\ &= P_1^{(e)}(r_{n-1}^{(e)}) - P_0(r_n) \\ &= P_1^{(e)}(r_{n-1}^{(e)}) - 1 \end{aligned}$$

Ertrag aufgrund Kuponzahlung:

$$E_{\text{Kupon}} = C$$

Gesamtertrag:

$$E_{\text{Gesamt}} = E_{\text{Kurs}} + E_{\text{Kupon}}$$

Gesamt-Ertragserwartung in % auf Sicht von 12 Monaten:

$$\begin{aligned} E_{\text{Gesamt, \%}} &= \frac{E_{\text{Gesamt}}}{P_0(r_n)} \\ &= \frac{E_{\text{Kurs}} + E_{\text{Kupon}}}{1} \\ &= P_1^{(e)}(r_{n-1}^{(e)}) - 1 + C \qquad \text{(Umrechnung in \%: } \times 100\,\%) \end{aligned}$$

Aufgabenlösung:
Der „heute" zwei-jährige Par-Bond hat die Laufzeit $n = 2$ Jahre und besitzt einen Kupon von $C = r_2 = 2.00\,\% = 0.0200$. (Damit wird der Kurs „heute": $P_0 = 1 \quad (\widehat{=}\ 100\,\%)$.)

Zur Bestimmung der Ertragserwartung ist also die Prognose der ein-jährigen Rendite im nächsten Jahr entscheidend: $r_{n-1}^{(e)} = r_1^{(e)} = 1.10\,\% = 0.0110$.

Die Gesamt-Ertragserwartung in % auf Sicht von 12 Monaten lautet:

$$\begin{aligned} E_{\text{Gesamt, \%}} &= C - 1 + P_1^{(e)}(r_{n-1}^{(e)}) \\ &= C - 1 + P_1^{(e)}(r_1^{(e)}) \\ &= C - 1 + C \sum_{i=1}^{1} \frac{1}{\left(1 + r_1^{(e)}\right)^i} + \frac{1}{\left(1 + r_1^{(e)}\right)^1} \\ &= C - 1 + \frac{C}{1 + r_1^{(e)}} + \frac{1}{1 + r_1^{(e)}} \\ &= C - 1 + \frac{1 + C}{1 + r_1^{(e)}} \\ &= 0.0200 - 1 + \frac{1 + 0.0200}{1 + 0.0110} \\ &= 0.02890277\ldots \qquad (\widehat{=}\ 2.89\,\%) \end{aligned}$$

Der zwei-jährige Par-Bond lässt – vor dem Hintergrund der Renditeprognose – auf Jahressicht einen Ertrag von $E_{\text{Gesamt, \%}} = 2.89\,\%$ erwarten.

d) (4 Punkte) Bestimmung der gesuchten Größen für die Aktie der Anilin AG (**Stichprobenkennzahlen**).

Woche i	Schlusskurs V_i in Euro	stetige Verzinsung $u_i = \ln(\frac{V_i}{V_{i-1}})$	einzelne Varianzen $(u_i - \langle u \rangle)^2$
0	100.000	–	–
1	101.000	0.00995033	6.32078 E-05
2	100.500	−0.00496279	4.84804 E-05
3	101.500	0.00990107	6.24269 E-05
4	101.250	−0.00246609	1.99460 E-05
5	101.005	−0.00242252	1.95587 E-05
Summe	–	0.01000000	21.36198 E-05
Stichprobenmittelwert $\langle u \rangle$	–	0.00200000	–
Stichprobenvarianz s^2	–	–	5.34049 E-05
Stichprobenstandardabw. s	–	–	0.00730787

Tabelle 15.5: Wochenschlusskurse der Anilin AG (Stichprobe) und Berechnung.

Die gesuchten Größen sind also:

- Stichprobenmittelwert $\langle u \rangle = 0.002 = 0.2\,\%$
  (Durchschnittliche stetige Verzinsung der letzten 5 Wochen),
- Stichprobenvarianz $s^2 = 5.34049\,\text{E-05}$,
- Stichprobenstandardabweichung $s = 0.00730787 \approx 0.73\,\%$
  (Durchschnittliche Schwankungsbreite der stetigen Verzinsung in den letzten 5 Wochen).

Lösung Aufgabe 4

a) (1 Punkt) Beide Unternehmen sind im gleichen Wirtschaftsraum mit ähnlicher Produktpalette positioniert. Sofern keine anderen sonstigen – hier nicht genannten – Unterschiede zwischen den Unternehmen bestehen, sollte die Korrelation der beiden Aktienkurse positiv und hoch eher in Richtung des Wertes $\rho = 1$ sein.

b) (2 Punkte) Zusammenstellung der **Vektoren**, Analyse und Rechnungen:

(i) Gewichtsvektor $\mathbf{w} = \binom{0.60}{0.40}$ und Ertragsvektor $\boldsymbol{\mu} = \binom{0.07}{0.06}$.

(ii) $\mathbf{1}'\mathbf{w} = (1\ 1)\binom{0.60}{0.40} = 1.$

(iii) Die Anteile der Vermögenswerte am Gesamtportfolio summieren sich zu 1 ($\widehat{=}$ 100 %). D. h., 100 % des Kapitals sind im Portfolio investiert.

(iv) $R = \mathbf{w}'\boldsymbol{\mu} = (0.60\ 0.40)\binom{0.07}{0.06} = 0.066 = 6.60\,\%.$

c) (3 Punkte)

(i) Die Varianzen der einzelnen Vermögenswerte können anhand der Hauptdiagonalen der **Kovarianzmatrix** abgelesen werden. Durch Radizieren kann die Standardabweichung berechnet werden:

$$\sigma_A^2 = 0.0324000 \quad \overset{\sqrt{(\cdot)}}{\Longrightarrow} \quad \sigma_A = 0.18 = 18\,\%$$

$$\sigma_B^2 = 0.0289000 \quad \overset{\sqrt{(\cdot)}}{\Longrightarrow} \quad \sigma_A = 0.17 = 17\,\%$$

(ii) Korrelation zwischen Aktie A (Anilin AG) und Aktie B (Butanol AG)

$$\begin{aligned}\rho_{AB} &= \frac{C_{AB}}{\sigma_A \sigma_B} \\ &= \frac{0.0275400}{0.18 \times 0.17} \\ &= 0.9\end{aligned}$$

Korrelationsmatrix (es gilt: $\rho_{AB} = \rho_{BA}$)

$$\boldsymbol{\rho} = \begin{pmatrix} 1.0 & 0.9 \\ 0.9 & 1.0 \end{pmatrix}$$

(iii) Portfoliovarianz

$$\begin{aligned}\sigma_{\mathrm{PF}}^2 &= \mathbf{w}'C\mathbf{w} \\ &= \begin{pmatrix} 0.40 & 0.60 \end{pmatrix} \begin{pmatrix} 0.0324000 & 0.0275400 \\ 0.0275400 & 0.0289000 \end{pmatrix} \begin{pmatrix} 0.40 \\ 0.60 \end{pmatrix} \\ &= 0.0288072000\end{aligned}$$

Portfoliostandardabweichung

$$\sigma_{\mathrm{PF}} = \sqrt{0.0288072000} = 0.169726839 \approx 16.97\,\%$$

d) (4 Punkte)

(i) Der **Beta-Faktor** bemisst das systematische Risiko. Der Beta-Faktor eines Wertpapieres gegenüber einem effizienten Marktportfolio ist eine (Risiko-)Kennzahl, die i.W. angibt, wie stark die Aktie im Vergleich zum Gesamtmarkt schwankt: $\sigma_A = \beta_{AM}\sigma_M\frac{1}{\rho_{AM}}$. Für hohe positive Korrelationen ($\rho \to 1$) gilt näherungsweise: $\sigma_A \approx \beta_{AM}\sigma_M$.

(ii) Beta-Faktor β_{AM} der Aktie der Anilin AG

$$\begin{aligned}\beta_{AM} &= \frac{C_{AM}}{\sigma_M^2}\\ &= \frac{0.024565680}{0.028900000}\\ &= 0.850023529\\ &\approx 0.85\end{aligned}$$

Interpretation: Der Beta-Faktor ist kleiner als 1, d. h., das Wertpapier schwankt weniger stark als der Gesamtmarkt.

(iii) Beta-Faktor β_{MM} für das effiziente Marktportfolio

$$\begin{aligned}\beta_{MM} &= \frac{C_{MM}}{\sigma_M^2}\\ &= \frac{0.028900000}{0.028900000}\\ &= 1\end{aligned}$$

Denn es gilt per Definition $C_{MM} = \sigma_M^2$.

(iv) Ertragserwartung der Aktie der Anilin AG über **Wertpapierlinie** mit $E[R_M] = 6.50\,\% = 0.065$ und $r_f = 0.1\,\% = 0.001$

$$\begin{aligned}E[R_A] &= r_f + \beta_{AM}(E[R_M] - r_f)\\ &= 0.001 + 0.850023529 \times (0.065 - 0.001)\\ &= 0.055401506\ldots \quad (\widehat{=}\ 5.54\,\%)\end{aligned}$$

Der Beta-Faktor entspricht dem Wert aus Teilaufgabe (dii). Die Ertragserwartung der Aktie der Anilin AG beläuft sich auf $E[R_A] = 5.54\,\%$.

Lösung Aufgabe 5

a) (1 Punkt) Es gibt mehrere Möglichkeiten, ein passives Management in dem Teilportfolio „Aktien“ mit der Benchmark DAX® umzusetzen (die Nennung einer Möglichkeit reicht hier aus):

- Kauf eines ETF, das den DAX® passiv abbildet.
- Kauf aller Einzeltitel des DAX® gemäß Marktkapitalisierung (**Census Approach**)
- Kauf einer geeigneten Auswahl von Aktien des DAX®, die den Ertrag des DAX® so gut wie möglich nachbilden (**Sampling Approach** mit deutlicher Beschränkung des Tracking-Errors).

b) (2 Punkte) Der **Core-Satellite-Ansatz** ist ein Beispiel für das aktive Management eines Teilportfolios. Es basiert auf der gezielten Abweichung von der Benchmark (hier: DAX®). In einem ersten Schritt wird der DAX® als Benchmark genaue nachgebildet („Kern“). In einem zweiten Schritt werden einzelne Werte (bspw. Siemens und Daimler) oder Branchen (bspw. Versorgertitel und Pharmatitel) gezielt übergewichtet um Überrenditen zu erzielen („Satelliten“).

c) (2 Punkte) Wenn in dem Teilportfolio „Bundesanleihen“ das investierte Kapital vor und nach **Umschichtung** gleich bleiben soll, müssen von den 5-jährigen Bundesanleihen Teile verkauft werden. Das frei werdende Kapital wird dann zugleich in die gewünschten 10-jährigen Bundesanleihen und in Bundesanleihen mit kürzerer Laufzeit (1 bis 4 Jahre) investiert. Die Anteile sind so zu gewichten, dass als Durchschnitt über alle Investitionen die Laufzeit des Teilportfolios „Bundesanleihen“ gleich bleibt.

d) (3 Punkte)

(i) Wird eine spezielle Bundesanleihe gegenüber anderen Bundesanleihen stark nachgefragt, so steigt bei gleichem Angebot der Preis gegenüber vergleichbaren Bundesanleihen und es tritt eine Überbewertung ein. Mit einem höheren Preis ist eine niedrigere Rendite verknüpft. D. h., überbewertete Anleihen sollten unterhalb der Zinsstrukturkurve vergleichbarer Anleihen notieren.

(ii) Abbildung 15.4 zeigt die relative Lage der Bundesanleihen (schwarze Sternchen) aus dem betrachteten Teilportfolio zur **Zinsstrukturkurve** für Bundesanleihen (untere Linie in blau).

(iii) Näherungsweise beträgt der Spread (Renditeabstand) der Bundesanleihen zur vorgegebenen Zinsstrukturkurve im Einzelnen:

Name	Spread (%)	(Bp)
A	0.30	30
B	−0.60	−60
C	0.00	0

Tabelle 15.6: Spread gegenüber Zinsstrukturkurve (Lösung).

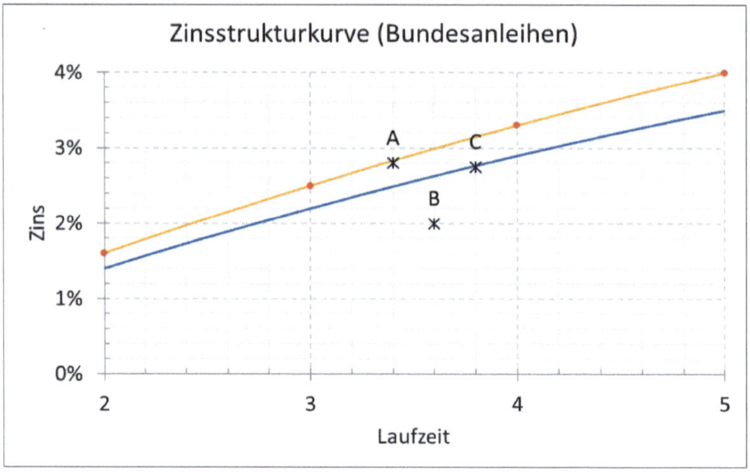

Abbildung 15.4: Zinsstrukturkurve Bundesanleihen (Lösung).

(iv) Die Bundesanleihe *C* liegt auf der Zinsstrukturkurve für Bundesanleihen und ist damit weder über- noch unterbewertet. Anders ausgedrückt, sie ist fair bewertet.

(v) Die Bundesanleihe *B* liegt unter der Zinsstrukturkurve und ist damit überbewertet. Sie birgt ein höheres Potenzial für Kursverluste, wenn im Zuge der Marktbewegung die Überbewertung aufgelöst wird. Insofern hat der Portfoliomanager nicht richtig gehandelt, wenn es einzig um die Steigerung der Ertragschancen ging. Er hat potenziell höhere Ertragschancen mit den Bundesanleihen *A* (unterbewertet) und *C* (höhere Rendite) aufgegeben und mit *B* als einzigem verbleibenden Wertpapier nun ein überbewertetes Teilportfolio Bundesanleihen erzeugt.

(vi) Vorbemerkung: Die neue **Bundesobligation** notiert auf der Zinsstrukturkurve, vgl. Abbildung 15.4 untere Linie in blau.

Wegen der Überbewertung sollte die Bundesanleihe *B* zur Gegenfinanzierung genutzt werden. Zu beachten ist dabei: Wird der Verkaufserlös der Bundesanleihe *B* vollständig in die neue Bundesobligation investiert, erhöht sich die durchschnittliche Laufzeit. Ist das nicht gewünscht, sollte ein Teil des freiwerdenden Kapitals z. B. in die Bundesanleihe *A* investiert werden (oder – sofern die Freiheit besteht – in eine weitere Bundesanleihe mit tieferer Laufzeit als *B*).

e) Die Abbildung 15.4 zeigt die Lage der zu zeichnenden Zinsstrukturkurve für **Unternehmensanleihen** (obere Linie in orange mit Punkten).

Zum Abstand der Zinsstrukturkurven:
Renditeaufschläge (hier: Unternehmensanleihen vs. Bundesanleihen) sind z. B. dann zu verzeichnen, wenn Marktteilnehmer das Risiko einer Investition in die Anlagemöglichkeit „Unternehmensanleihen“ höher als bei der Investition in die Anlagemöglichkeit „Bundesanleihen“ einschätzen. Interpretation: Marktteilnehmer fordern einen höheren Zins für riskantere Anlagemöglichkeiten.

Lösung Aufgabe 6

a) (1 Punkt) Bei der Long-Position in **Futures** verpflichtet sich der Käufer eine bestimmte Anzahl Aktien bei Fälligkeit des Futures-Kontraktes zu einem vorher vereinbarten Preis von einem Verkäufer (Notiz: Dieser hat die Pflicht zur Lieferung) zu kaufen.

Der Käufer einer europäischen **Call-Option** (Long-Position; auch Inhaber genannt) hat das Recht – nicht jedoch die Pflicht – zum Laufzeitende eine bestimmte Anzahl Aktien zu einem zuvor festgelegten Preis zu kaufen. Der Verkäufer der Call-Option (Short-Position; auch Stillhalter, Schreiber, Zeichner genannt) erhält den Kaufpreis der Call-Option. Er ist im Falle der Ausübung verpflichtet, die Aktie zum vorher bestimmten Preis zu verkaufen (Wikipedia, 2019)[1].

Kurz: Der Inhaber hat bei einer Option das Wahlrecht und bei einem Future die Pflicht zur Abnahme der vereinbarten Anzahl Aktien am Laufzeitende zum vorher vereinbarten Preis.

b), *c*), *d*) (jeweils 1 Punkt; $\sum = 3$ Punkte) Die Abbildung 15.5 zeigt die Lösung zu den jeweiligen Teilaufgaben wenn die Daten der Aktie der Anilin AG (nächste Teilaufgabe) unterstellt würden. Eine schematisch Skizze wäre zur Bearbeitung der Teilaufgaben ausreichend.

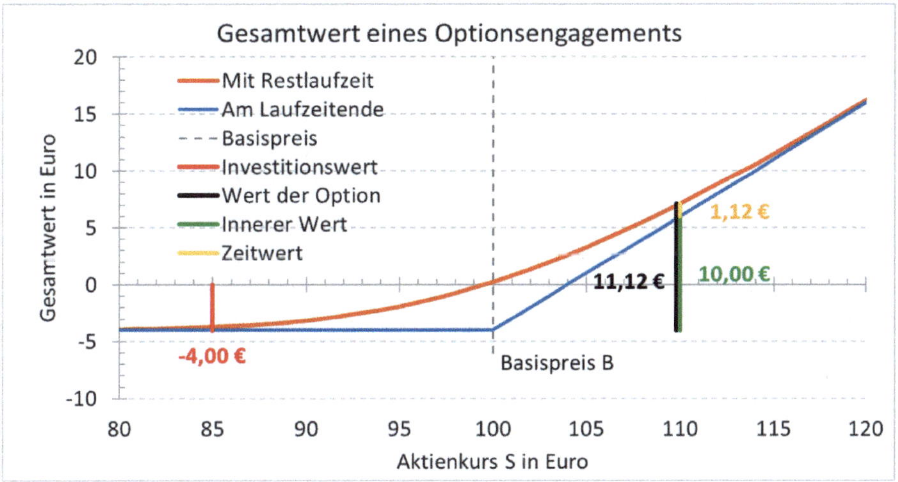

Abbildung 15.5: Gesamtwert eines Optionsengagements (Lösung).

1 Wikipedia (2019). Optionen (Wirtschaft).
Abgerufen am 31.03.2019, von https://de.wikipedia.org/wiki/Option_(Wirtschaft).

e) (4 Punkte) Anwendung der **Optionspreisformel**. Zunächst werden die Quantile d_1 und d_2 exakt berechnet:

$$
\begin{aligned}
d_1 &= \frac{\ln\left(\frac{S}{B}\right) + \left(r + \frac{\sigma^2}{2}\right)\left(T - t\right)}{\sigma\sqrt{(T-t)}} \\
&= \frac{\ln\left(\frac{105}{100}\right) + \left(0.00 + \frac{(0.15)^2}{2}\right)\left(0.5\right)}{0.15 \times \sqrt{0.5}} \\
&= \frac{\ln(1.05) + \frac{(0.15)^2}{4}}{0.15 \times \sqrt{0.5}} \\
&= 0.513031087\ldots
\end{aligned}
$$

$$
\begin{aligned}
d_2 &= d_1 - \sigma\sqrt{(T-t)} \\
&= 0.513031087\ldots \; - 0.15 \times \sqrt{0.5} \\
&= 0.406965070\ldots
\end{aligned}
$$

Dann werden die Quantile auf eine Stelle hinter dem Komma gerundet:

$$
\begin{aligned}
d_1 &= 0.5 \\
d_2 &= 0.4
\end{aligned}
$$

Aus der Tabelle der Quantile 15.3 lassen sich damit näherungsweise folgende Wahrscheinlichkeiten bestimmen:

$$
\begin{aligned}
\Phi(d_1) &= 0.691 \\
\Phi(d_2) &= 0.655
\end{aligned}
$$

Bemerkung: Eine **Interpolation** der Tabellenwerte auf die „exakten" Quantile ist möglich, hier aber nicht gefordert.

Weil für den risikolosen Zins $r = 0\%$ gilt, vereinfacht sich die Berechnungsformel für den Wert der Call-Option zu:

$$
\begin{aligned}
P_{\text{Call}} &= S\Phi(d_1) - B\Phi(d_2) \\
&= 105 \times 0.691 - 100 \times 0.655 \\
&= 7.055
\end{aligned}
$$

Der Wert der Call-Option beträgt somit rd. $P_{\text{Call}} = 7.06$ Euro. Dies entspricht näherungsweise dem (exakt berechneten) Wert von $P_{\text{Call}} = 7.28$.
Bemerkung: Die Abweichung erklären sich durch die grobe Näherung bei der Berechnung der Quantile.

f) (2 Punkte)

(i) Es gilt: $\Delta_{\text{Call}} = \Phi(d_1)$. Weil $\Phi(d_1)$ einer **Wahrscheinlichkeit** entspricht, ist der Wertebereich von Δ_{Call} gegeben durch das Intervall $[0, 1]$.

(ii) Für eine „sehr tief im Geld befindliche Kaufoption" gilt, dass der Kurs S der Aktie am Kapitalmarkt sehr deutlich über dem Basispreis B notiert. Es gilt also $S \gg B$. Bei fester Volatilität σ, festem risikolosen Zins r und fester Restlaufzeit $\Delta t = T - t$ dominiert der Ausdruck $\ln(\frac{S}{B})$ die Berechnung des Quantils d_1. Im Extremfall für $S \to +\infty$ gilt auch für das Quantil $d_1 \to +\infty$. Damit wird $\Phi(d_1) \to 1$.

Für eine „sehr tief im Geld befindliche Kaufoption" gilt also näherungsweise $\Delta_{\text{Call}} \approx 1$.

(iii) Das Delta einer Call-Option berechnet sich formal über folgende Gleichung: $\Delta_{\text{Call}} = \frac{\partial P_{\text{Call}}}{\partial S}$. D. h., mit Hilfe der **Taylor-Entwicklung** des Call-Preises bis zur ersten Ordnung, kann die absolute Wertänderung der Call-Option bei kleinen absoluten Änderungen des Aktienkurses berechnet werden:

$$\begin{aligned} \Delta P_{\text{Call}} &= \frac{\partial P_{\text{Call}}}{\partial S} \; \Delta S \\ &= \Delta_{\text{Call}} \quad \Delta S \end{aligned}$$

In diesem Zusammenhang bedeutet $\Delta_{\text{Call}} \approx 0.5$, dass die Call-Option sich um 0.5 Geldeinheiten verteuert, wenn der Wert der Aktie um 1 Geldeinheit größer wird und alle anderen Einflussfaktoren gleich bleiben.

(iv) Es gilt: $\Delta_{\text{Call}} = \Phi(d_1)$. Der Wert des Quantils war in der Teilaufgabe e) näherungsweise $d_1 \approx 0.5$. Aus der Tabelle 15.3 lies sich damit $\Phi(d_1) = 0.691$ ermitteln. D. h., für die Call-Option auf die Aktie der Anilin AG gilt bei den angegebenen Marktbedingungen: $\Delta_{\text{Call}} = 0.691$.

16 Klausur 2

HINWEISE:

- Als Hilfsmittel ist ein nicht-programmierbarer, nicht-grafikfähiger Taschenrechner zugelassen.
- Einige Prüfungsfragen werden durch **eindeutiges** Ankreuzen einer Auswahl beantwortet (Multiple Choice). Jeweils ist nur **eine** Antwort richtig. Bei keinem oder mehr als einem Ankreuzen wird die entsprechende Auswahlaufgabe mit 0 Punkten bewertet.
- Bitte beantworten Sie alle Fragen und zeigen Sie die notwendigen Zwischenschritte. Formulieren Sie kurz, aber präzise, erklären Sie (eigene) Symbole und beschreiben Sie Ihre Berechnungen. Falls – unbeabsichtigt – notwendige Angaben fehlen, treffen Sie bitte vernünftige wirtschaftliche Annahmen, um die Frage zu beantworten oder die Aufgabe zu lösen.
- Die Gesamtpunktzahl beträgt **60** Punkte. Die Klausur ist bestanden, wenn mindestens **30** Punkte erreicht werden.

16.1 Klausuraufgaben

Aufgabe 1 – Auswahlfragen und Zuordnungen (10 Punkte):
Bitte beantworten Sie die folgenden Auswahlfragen durch eindeutiges Ankreuzen einer Antwort.

a) (2 Punkte) Ihre Organisationseinheit **Asset Management** arbeitet unter anderem mit der Organisationseinheit **Compliance** zusammen. Welche Stichwortliste bezieht sich primär auf die Arbeitsinhalte dieser Organisationseinheit?

- ☐ Überprüfung der Einhaltung von Richtlinien – Überprüfung von Selbstkontrollhandlungen – Anfertigung eines internen und externen Berichts
- ☐ Unterstützung beim Aufbau von internen Kontrollstrukturen – Mitgestaltung von Richtlinien und Arbeitsanweisungen – Umsetzung neuer regulatorischer Vorgaben
- ☐ Gestaltung von Vertragswerken – Bewertung und Einhaltung rechtlicher Vorgaben – Konzeption und Umsetzung von Stellungnahmen im Streitfall

b) (2 Punkte) Im Rahmen einer **Anlageausschusssitzung** notieren Sie die Vorgabe des Kunden, dass er Aktientitel des Industriemetallunternehmens Supermalloy AG nicht kaufen möchte. Auf welcher Prozessebene wirkt diese Vorgabe primär?

- ☐ Strategie
- ☐ Taktik
- ☐ Umsetzung
- ☐ Reporting

c) (2 Punkte) Bei der Portfoliooptimierung wird Ihnen eine Lagrangefunktionen vorgelegt. Eine Nebenbedingung im Zusammenhang mit dem erwarteten Ertrag R des Portfolios lautet: $0 = R - \mathbf{w}'\boldsymbol{\mu}$. Wobei $\mathbf{w}$ den gesuchten Vektor der Gewichte und $\boldsymbol{\mu}$ den Vektor der Ertragserwartungen der Assetklassen bezeichnet.

Was modelliert diese Nebenbedingung?

- ☐ Der Gewichtsvektor $\mathbf{w}$ soll derart bestimmt werden, dass das Risiko nach oben beschränkt ist.
- ☐ Der erwartete Ertrag R des Portfolios kann bei der Bestimmung der optimalen Zusammensetzung $\mathbf{w}$ vorgegeben werden.
- ☐ Die Differenz in der Nebenbedingung beschränkt bei der Bestimmung der optimalen Zusammensetzung $\mathbf{w}$ den Tracking-Error.

d) (2 Punkte) Sie sind der künftige Assetmanager eines Institutionellen Kunden. Der Kunde erwartet, dass die Vermögensallokation im Rahmen des **Asset Managements** ihm in 5 Jahren sein angelegtes Vermögen weitgehend sicher wieder zur Verfügung stellt.

Welchen methodischen Rahmen sollten Sie in erster Linie für Ihr Asset Management wählen?

☐ Asset-Liability-Management (ALM)

☐ Wertsicherungsstrategie

☐ Aktienthemenstrategie

☐ Core-Satellite-Ansatz

e) (2 Punkte) In der internen Investmentrunde stellen Sie fest, dass ein Teilnehmer einen gekauften Aktientitel trotz längerer, negativer Entwicklung des Wertpapiers nicht aufgibt und trotz der von den anderen Teilnehmern erwarteten, weiterhin negativen Entwicklung die Wertpapierpositionierung beibehalten will. Sie vermuten eine kognitive Verzerrung.

Welcher Erklärungsansatz im Rahmen des **Behavioral Finance** beschreibt das Verhalten des Teilnehmers in erster Linie?

☐ Manipulation

☐ Priming

☐ Falsche Prioritäten

☐ Sturheit

Aufgabe 2 – Risikobewertung (10 Punkte):
Die **Schadengröße** X sei exponentialverteilt mit dem Parameter $\lambda = 1$. In diesem Fall lautet die Wahrscheinlichkeitsverteilungsfunktion somit $F_X(x) = 1 - \exp(-x)$ für $x \geq 0$.

a) (1 Punkt) Bestimmen Sie die **Wahrscheinlichkeiten** P_1 und P_2 in den beiden Grenzfällen $x \to 0$ und $x \to \infty$.

b) (1 Punkt) Berechnen Sie die Wahrscheinlichkeit $P_3 = P(X \leq x)$ für $x = \ln(2)$.

c) (2 Punkte) Stellen Sie eine Gleichung auf, die das **Quantil** q_α zur Wahrscheinlichkeit α bestimmt.

d) (1 Punkt) Welchen Wert hat das Quantil $q_{99.9\,\%}$?

e) (2 Punkte) Leiten Sie die Gleichung für die Wahrscheinlichkeitsdichte $f_X(x)$ her.

f) (3 Punkte) Berechnen Sie den **Erwartungswert** $\mathrm{E}[x]$.

Hinweis zur Lösung: $\mathrm{E}[x] = \int_0^\infty x f_X(x)\,\mathrm{d}x$.

Aufgabe 3 – Portfolioanalyse (25 Punkte):
Das Portfolio eines Investors entspricht einem **Minimum-Varianz-Portfolio**. Die Charakteristika dieses Portfolios sollen im Folgenden analysiert werden.

a) (4 Punkte) Sei $\mathbf{C} \in \mathbb{R}^{n \times n}$ die vom Research ermittelte **Kovarianzmatrix** und $\mathbf{1} \in \mathbb{R}^{n \times 1}$ der n-dimensionale Vektor, dessen Elemente alle nur den Wert 1 besitzen. Sind Short-Positionen nicht ausgeschlossen, berechnet sich der Gewichtsvektor für die Zusammensetzung des Minimum-Varianz-Portfolios gemäß

$$\mathbf{w} = \frac{\mathbf{C}^{-1}\mathbf{1}}{\mathbf{1}'\mathbf{C}^{-1}\mathbf{1}} .$$

Nehmen Sie an, die Inverse von $\mathbf{C}$ existiert und führen Sie folgende **Dimensionsanalysen** durch:

(i) Welche Dimension hat $\mathbf{C}^{-1}$?

(ii) Welche Dimension hat $\mathbf{C}^{-1}\mathbf{1}$?

(iii) Welche Dimension hat $\mathbf{1}'\mathbf{C}^{-1}\mathbf{1}$?

(iv) Welche Dimension hat $\mathbf{w}$?

b) (2 Punkte) Berechnen Sie für das Minimum-Varianz-Portfolio den Wert der Funktion $f(\mathbf{w}) = 1 - \mathbf{1}'\mathbf{w}$.

c) (5 Punkte) Das Minimum-Varianz-Portfolio eines anderen Investors besteht lediglich aus den Aktien A (Alloy AG) und B (Bismut AG). Vom Research wird für diese beiden Aktien die folgende Kovarianzmatrix bereitgestellt:

$$\mathbf{C} = \begin{pmatrix} C_{AA} & 0 \\ 0 & C_{BB} \end{pmatrix}$$

mit den Varianzen $C_{AA}, C_{BB} > 0$.

(i) Berechnen Sie die Korrelation ρ_{AB} zwischen den beiden Aktien und notieren Sie die Korrelationsmatrix $\boldsymbol{\rho} \in \mathbb{R}^{2 \times 2}$.

> *Hinweis zur Lösung*: $C_{AB} = \rho_{AB}\sqrt{C_{AA}}\sqrt{C_{BB}}$.

(ii) Berechnen Sie die inverse Kovarianzmatrix $\mathbf{C}^{-1} \in \mathbb{R}^{2 \times 2}$.

> *Hinweis zur Lösung*: $\mathbf{E} = \mathbf{C}^{-1}\mathbf{C}$.

d) (14 Punkte) Nach Marktturbulenzen wird für die beiden Aktien A (Alloy AG) und B (Bismut AG) die nachfolgende inverse Kovarianzmatrix vom Research bereitgestellt:

$$\mathbf{C}^{-1} = \begin{pmatrix} \frac{1}{\sigma_A^2} & 0 \\ 0 & \frac{1}{\sigma_B^2} \end{pmatrix}$$

mit den Varianzen $\sigma_A^2, \sigma_B^2 > 0$.

(i) Berechnen Sie $\mathbf{C}^{-1}\mathbf{1}$.

(ii) Berechnen Sie $\mathbf{1}'\mathbf{C}^{-1}\mathbf{1}$.

(iii) Berechnen Sie für das Minimum-Varianz-Portfolio den Gewichtsvektor $\mathbf{w}$ mit den Einzelgewichten w_A und w_B.

(iv) Sind in diesem speziellen Minimum-Varianz-Portfolio Short-Positionen möglich?

(v) Betrachten Sie den Grenzfall $\sigma_A \to 0$.

(1) Notieren Sie für diesen Grenzfall die Einzelgewichte w_A und w_B.

(2) Berechnen Sie für diesen Grenzfall die Varianz des Minimum-Varianz-Portfolios.

> *Hinweis zur Lösung*: Für das Minimum-Varianz-Portfolio berechnet sich die Varianz mit der Gleichung $\sigma^2 = \frac{1}{\mathbf{1}'\mathbf{C}^{-1}\mathbf{1}}$.

Aufgabe 4 – Black-Scholes-Merton Differentialgleichung (7 Punkte):
Sei $G(S, t)$ ein **Derivat**, dessen Wert von der verbleibenden Zeit $T - t$ bis zum Laufzeitende in T Jahren und von dem Wert der Aktie $S = S(t)$ abhängt.

Nehmen Sie im Folgenden $G(S, t) = S$ an und gehen Sie von einem Aktientitel ohne **Dividendenzahlungen** aus.

a) (1 Punkt) Beschreiben Sie kurz die wesentlichen Inhalte dieses Engagements.

b) (1 Punkt) Notieren Sie den Wert von $G(S, t)$ zum Laufzeitende $t = T$.

c) (2 Punkte) Sei S_0 der Wert der Aktie zum Zeitpunkt $t = 0$ des Kaufs. Unterscheiden und erläutern Sie die drei Fälle $S(T) > S_0$, $S(T) = S_0$ und $S(T) < S_0$ aus der Sicht eines Investors mit einer Long-Position.

d) (3 Punkte) Zeigen Sie, dass $G(S, t) = S$ eine Lösung der Black-Scholes-Merton Differentialgleichung

$$rG = \frac{\partial G}{\partial t} + rS\frac{\partial G}{\partial S} + \frac{1}{2}\sigma^2 S^2 \frac{\partial^2 G}{\partial S^2}$$

ist.

Aufgabe 5 – Derivate (8 Punkte):
Als künftiger Asset Manager eines Institutionellen Kunden analysieren Sie im Vorfeld dessen bestehende **Optionsstrategie**.

a) (4 Punkte) In der vom Kunden angefertigten Dokumentation finden Sie die nachfolgende Darstellung verschiedener **Auszahlungsprofile** von **Optionen** auf Aktien.

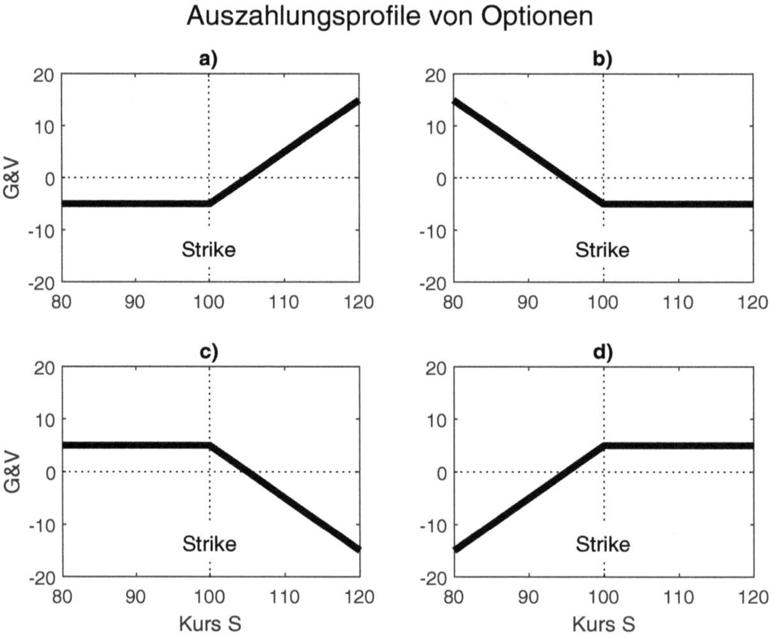

Abbildung 16.1: Auszahlungsprofile von Optionen (Wertangaben in Euro).

(i) Um welche Optionen handelt es sich dabei und welche Positionierung ist damit verbunden? Ordnen Sie die Symbole a) bis d) in nachfolgender Tabelle den entsprechenden Beschriftungen zu:

Position / Option	**Symbol**
Long Call	
Short Call	
Long Put	
Short Put	

Tabelle 16.1: Bezeichnung des Auszahlungsprofils in der Grafik.

(ii) Lesen Sie anhand des Auszahlungsprofils den Wert des **Strikes** B (Basispreis) und den Wert des Kauf- bzw. Verkaufspreises $G(S_0, 0)$ ab.

(iii) Beschreiben Sie kurz, welche Gründe einen Investor bewegen, eine **Kaufoption** auf eine Aktie zu kaufen?

b) (4 Punkte) In der Dokumentation des Kunden finden Sie die folgende Darstellung des Auszahlungsprofils einer Optionsstrategie (hier: long **Strangle**) auf eine Aktie.

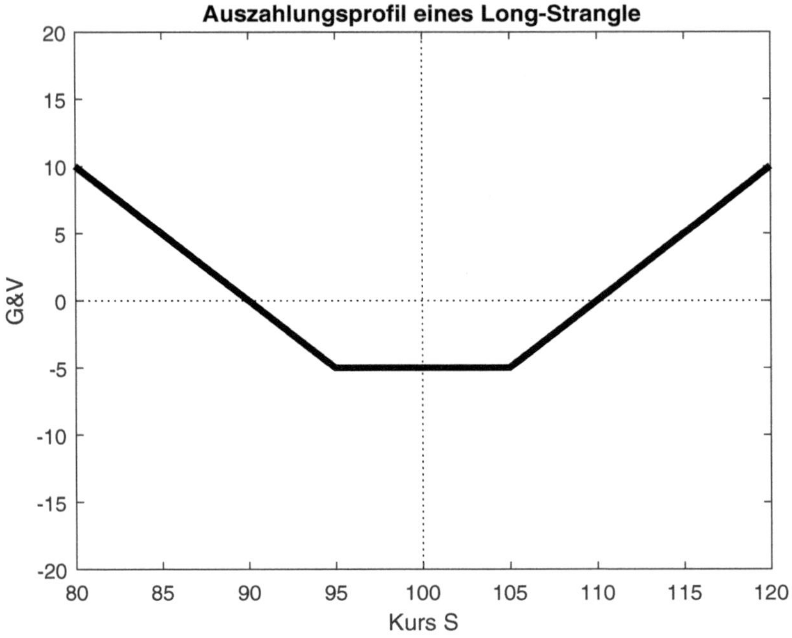

Abbildung 16.2: Auszahlungsprofile einer Optionsstrategie (Wertangaben in Euro).

(i) Mit welchen Optionen (Verkaufoption / Kaufoption), welcher Positionierung (Verkauf / Kauf) und welchen Strikes, wird das Auszahlungsprofil der gezeigten Optionsstrategie konstruiert?

(ii) Beschreiben Sie kurz, welche Gründe einen Investor bewegen, eine derartige Optionsstrategie zu verfolgen?

16.2 Kommentierte Lösungen

Lösung Aufgabe 1

a) (2 Punkte) Die Antwort Nr. 2 ist korrekt.
Die Organisationseinheit **Compliance** unterstützt das **Asset Management** u. a. beim Aufbau interner Kontrollstrukturen (z. B. Verfahren zur Selbstkontrolle und Dokumentation) sowie bei der Gestaltung von Richtlinien und Arbeitsanweisungen (ggf. auch Arbeitsverteilungsplänen) zur Umsetzung regulatorischer Vorgaben. Weitere in diesem Zusammenhang für das Asset Management wichtige Organisationseinheiten: Revision (Nr. 1), Recht (Nr. 3), ...

b) (2 Punkte) Die Antwort Nr. 3 ist korrekt.
Im Asset Management können die Prozessebenen **Strategie**, **Taktik** und **Umsetzung** unterschieden werden. Die Prozessebene Umsetzung ist dabei u. a. inhaltlich verknüpft mit:

- Dem Kauf / Verkauf konkreter Wertpapiere zur Umsetzung der Ergebnisse aus dem Prozess der strategischen und taktischen Vermögensstrukturierung.
- Der Berücksichtigung von Marktchancen und -risiken hinsichtlich Wertpapiersubstituten (aktuelle Über- oder Unterbewertung).
- Der Berücksichtigung von Marktchancen und -risiken hinsichtlich Ordergröße (Cornering) und intraday Ein- oder Ausstiegszeitpunkt.

Merkregel: Umsetzung $\sim$ Strukturierung hinsichtlich konkreter Wertpapiere.

c) (2 Punkte) Die Antwort Nr. 2 ist korrekt.
Ein Anwendungsbeispiel ist die **Lagrangefunktion**

$$\mathcal{L} = \frac{1}{2} a \, \mathbf{w}' \mathbf{C} \mathbf{w} + \lambda_1 \, (1 - \mathbf{w}' \mathbf{1}) + \lambda_2 \, (R - \mathbf{w}' \boldsymbol{\mu})$$

zur Bestimmung der **Effizienzlinie** mit λ_1 und λ_2 als **Lagrangeparameter**. Wird diese Lagrangefunktion für ein Intervall von R ausgewertet, so kann ein Ausschnitt der Effizienzlinie für dieses Intervall in einem (σ, R)-Diagramm gezeichnet werden.

d) (2 Punkte) Die Antwort Nr. 2 ist korrekt.
Ein Kurzüberblick zur **Wertsicherungsstrategie** ist in Folgendem zu sehen:

Grundidee: Maßnahmenbündel um den Kunden vor den Folgen einer ungünstigen Marktentwicklung zu schützen.

Ertrag-Risiko-Betrachtung: Verringerung des systematischen Risikos (Gesamtmarktbewegung) durch Verzicht auf Erträge.

Unterteilung: Statische Wertsicherungsstrategien (Auswahl: Buy-and-Hold, Stopp Loss, Optionsabsicherungen, ...) und dynamische Wertsicherungsstrategien (Auswahl: Synthese von Vermögenswerten durch Optionen inkl. regelmäßiger Neubewertung, dynamische Absicherung einzelner Wertpapiere, Positionsbegrenzung mit Rebalancing, CPPI – *Constant Proportion Portfolio Insurance*, ...).

e) (2 Punkte) Die Antwort Nr. 4 ist korrekt.
Das Verhalten von Individuen und das Marktgeschehen werden im Rahmen des **Behavioral Finance** als eng miteinander verknüpft betrachtet. Theoretische Ansätze verfolgen das Ziel, Methoden und Erkenntnisse aus der Psychologie zu nutzen, um das Anlegerverhalten und andere Phänomene an den Kapitalmärkten zu erklären. In diesem Zusammenhang werden mögliche kognitive Verzerrungen (Bias) des Anlegers diskutiert, die sein Anlageverhalten beeinflussen. Neben der Sturheit gibt es weitere kognitive Verzerrungen: Priming, falsche Prioritäten, Vermessenheitsverzerrung, Ankerheuristik, ...

Lösung Aufgabe 2

a) (1 Punkt) Die **Wahrscheinlichkeiten** P_1 und P_2 in den beiden Grenzfällen berechnen sich im jeweiligen Limes:

$$\begin{aligned} P_1 &= \lim_{x\to 0} F_X(x) \\ &= \lim_{x\to 0} (1 - \exp(-x)) \\ &= 0 \\ P_2 &= \lim_{x\to\infty} F_X(x) \\ &= \lim_{x\to\infty} (1 - \exp(-x)) \\ &= 1 \end{aligned}$$

b) (1 Punkt) Die Berechnung der Wahrscheinlichkeit P_3 erfolgt durch Einsetzen in die Wahrscheinlichkeitsverteilungsfunktion $F_X(x)$:

$$\begin{aligned} P_3 &= P(X \le x = \ln(2)) \\ &= F_X(\ln(2)) \\ &= 1 - \exp(-\ln(2)) \\ &= 1 - \exp\left(\ln\left(\frac{1}{2}\right)\right) \\ &= 1 - 0.5 \\ &= 0.5 \end{aligned}$$

c) (2 Punkte) Das **Quantil** q_α entspricht einem speziellen Wert auf der x-Achse. Durch Invertierung der Wahrscheinlichkeitsverteilungsfunktion wird die Umkehrfunktion ermittelt und es lässt sich das Quantil q_α in Abhängigkeit von der Wahrscheinlichkeit α darstellen:

$$\begin{aligned} \alpha &= F_X(x = q_\alpha) \\ &= 1 - \exp(-q_\alpha) \end{aligned}$$

$$\Rightarrow q_\alpha = -\ln(1-\alpha)\,.$$

d) (1 Punkt) $q_{99.9\,\%} = -\ln(1-0.999) = -\ln(0.001) = \ln(1000) = 6.907755279\ldots$

e) (2 Punkte) Es gilt, dass die erste Ableitung der Wahrscheinlichkeitsverteilungsfunktion der Wahrscheinlichkeitsdichte entspricht: $f_X(x) = F_X'(x)$. Somit folgt

$$\begin{aligned} f_X(x) &= F_X'(x) \\ &= \frac{\mathrm{d}}{\mathrm{d}x}\Big(1 - \exp(-x)\Big) \\ &= \exp(-x)\,. \end{aligned}$$

f) (3 Punkte) Berechnung des **Erwartungswerts**:

$$\begin{aligned}\mathrm{E}[x] &= \int_0^\infty x f_X(x)\,\mathrm{d}x \\ &= \int_0^\infty x \exp(-x)\,\mathrm{d}x\,.\end{aligned}$$

Die Berechnung des Integrals erfolgt durch partielle Integration $\int uv' = uv - \int u'v$. Mit $u = x$, $u' = 1$, $v' = \exp(-x)$ und $v = -\exp(-x)$ folgt

$$\begin{aligned}\mathrm{E}[x] &= -x\exp(-x)\Big|_0^\infty - \int_0^\infty (-\exp(-x))\,\mathrm{d}x \\ &= (-0) - (-0) - \exp(-x)\Big|_0^\infty \\ &= (-0) - (-1) \\ &= +1\end{aligned}$$

Somit ist der Erwartungswert des Schadens $\mathrm{E}[x] = 1$.

Lösung Aufgabe 3

a) (4 Punkte) **Dimensionsanalysen** sind wichtig, um z. B. im Vorfeld einer Programmierung die korrekte Dimensionierung der Variablen festzulegen oder um im Nachgang die Ursache möglicher Probleme und Fehler bei einem Programm zu finden.

Ergebnisse der Dimensionsanalyse:

(i) Lösung: $\mathbf{C}^{-1} \in \mathbb{R}^{n\times n}$. Da die Inverse der **Kovarianzmatrix** nach Voraussetzung existiert (vgl. Aufgabenstellung), hat die inverse Matrix die gleiche Dimension wie die Originalmatrix.

(ii) Lösung: $\mathbf{C}^{-1}\mathbf{1} \in \mathbb{R}^{n\times 1}$. Die Matrixmultiplikation kann durchgeführt werden, da der Vektor $\mathbf{1} \in \mathbb{R}^{n\times 1}$ die gleiche Anzahl von Zeilen hat, wie die inverse Kovarianzmatrix an Spalten hat.

(iii) Lösung: $\mathbf{1}'\mathbf{C}^{-1}\mathbf{1} \in \mathbb{R}$. Es handelt sich hierbei um eine 1-dimensionale Größe, also einen Skalar.

(iv) Lösung $\mathbf{w} \in \mathbb{R}^{n\times 1}$. Die Bestimmungsgleichung für die Gewichte des **Minimum-Varianz-Portfolio**

$$\mathbf{w} = \frac{\mathbf{C}^{-1}\mathbf{1}}{\mathbf{1}'\mathbf{C}^{-1}\mathbf{1}}$$

teilt lediglich den Vektor aus (aii) durch den Skalar aus (aiii). Dabei verändert sich die die Dimension von (aii) nicht.

b) (2 Punkte) Vorbemerkung: Die allgemeine Funktion $f(\mathbf{w}) = 1 - \mathbf{1}'\mathbf{w}$ repräsentiert in einer **Lagrangefunktion** die **Nebenbedingungsfunktion**, die die Bedingung „Summe aller Gewichte gleich 1" abbildet.

In dieser Teilaufgabe wird die Nebenbedingungsfunktion für einen speziellen Gewichtsvektor – den des Minimum-Varianz-Portfolios – ausgewertet:

$$\begin{aligned} f(\mathbf{w}) &= 1 - \mathbf{1}'\mathbf{w} \\ &= 1 - \mathbf{1}'\frac{\mathbf{C}^{-1}\mathbf{1}}{\mathbf{1}'\mathbf{C}^{-1}\mathbf{1}} \\ &= 1 - \frac{\mathbf{1}'\mathbf{C}^{-1}\mathbf{1}}{\mathbf{1}'\mathbf{C}^{-1}\mathbf{1}} \\ &= 1 - 1 \\ &= 0 \end{aligned}$$

Das Ergebnis $f(\mathbf{w}) = 0$ zeigt, dass der Gewichtsvektor des Minimum-Varianz-Portfolios die Nebenbedingung erfüllt.

c) (5 Punkte) Bestimmung von **Korrelationsmatrix** und inverser Kovarianzmatrix bei gegebener Kovarianzmatrix:

$$\mathbf{C} = \begin{pmatrix} C_{AA} & 0 \\ 0 & C_{BB} \end{pmatrix}$$

mit den **Varianzen** $C_{AA}, C_{BB} > 0$.

(i) Aus der Kovarianzmatrix lässt sich $C_{AB} = 0$ ablesen. Aus dem Hinweis zur Lösung folgt somit: $0 = \rho_{AB}\sqrt{C_{AA}}\sqrt{C_{BB}}$. Da nach Voraussetzung $C_{AA}, C_{BB} > 0$ gilt, folgt das Ergebnis: $\rho_{AB} = 0$.

Das Portfolio besteht aus zwei Vermögenswerten ($n = 2$), die Korrelationsmatrix ist symmetrisch ($\rho_{BA} = \rho_{AB} = 0$) und die Einträge auf der Hauptdiagonalen sind alle gleich $+1$. Somit lautet die Korrelationsmatrix:

$$\boldsymbol{\rho} = \begin{pmatrix} 1 & 0 \\ 0 & 1 \end{pmatrix} .$$

(ii) Aus dem Hinweis zur Lösung folgt:

$$\begin{aligned} \mathbf{E} \quad &= \quad \mathbf{C}^{-1} \quad \mathbf{C} \\ \begin{pmatrix} 1 & 0 \\ 0 & 1 \end{pmatrix} &= \begin{pmatrix} x_{11} & x_{12} \\ x_{21} & x_{22} \end{pmatrix} \begin{pmatrix} C_{AA} & 0 \\ 0 & C_{BB} \end{pmatrix} \end{aligned}$$

Da für die Varianzen $C_{AA}, C_{BB} > 0$ gilt, lassen sich aus der letzten Zeile vier Gleichungen für die fehlenden Einträge x_{ij} der inversen Kovarianzmatrix notieren:

$$\begin{aligned} 1 = x_{11}C_{AA} \quad &\Rightarrow \quad x_{11} = \frac{1}{C_{AA}} \\ 0 = x_{12}C_{BB} \quad &\Rightarrow \quad x_{12} = 0 \\ 0 = x_{21}C_{AA} \quad &\Rightarrow \quad x_{21} = 0 \\ 1 = x_{22}C_{BB} \quad &\Rightarrow \quad x_{22} = \frac{1}{C_{BB}} . \end{aligned}$$

Die inverse Kovarianzmatrix lautet somit:

$$\mathbf{C}^{-1} = \begin{pmatrix} \frac{1}{C_{AA}} & 0 \\ 0 & \frac{1}{C_{BB}} \end{pmatrix} .$$

d) (14 Punkte) Es sollen zunächst Zähler und Nenner der Bestimmungsgleichung für die Gewichte des Minimum-Varianz-Portfolios berechnet werden, um anschließend die Einzelgewichte bzw. den Gewichtsvektor zu notieren. Anhand der Einzelgewichte erfolgen abschließend einfache Analysen.

(i) Zähler:

$$\mathbf{C}^{-1}\mathbf{1} = \begin{pmatrix} \frac{1}{\sigma_A^2} & 0 \\ 0 & \frac{1}{\sigma_B^2} \end{pmatrix} \begin{pmatrix} 1 \\ 1 \end{pmatrix} = \begin{pmatrix} \frac{1}{\sigma_A^2} \\ \frac{1}{\sigma_B^2} \end{pmatrix}$$

mit den Varianzen $\sigma_A^2, \sigma_B^2 > 0$.

(ii) Nenner:

$$\begin{aligned} \mathbf{1}'\mathbf{C}^{-1}\mathbf{1} &= \begin{pmatrix} 1 & 1 \end{pmatrix} \begin{pmatrix} \frac{1}{\sigma_A^2} & 0 \\ 0 & \frac{1}{\sigma_B^2} \end{pmatrix} \begin{pmatrix} 1 \\ 1 \end{pmatrix} \\ &= \begin{pmatrix} 1 & 1 \end{pmatrix} \begin{pmatrix} \frac{1}{\sigma_A^2} \\ \frac{1}{\sigma_B^2} \end{pmatrix} \\ &= \frac{1}{\sigma_A^2} + \frac{1}{\sigma_B^2} \\ &= \frac{\sigma_A^2 + \sigma_B^2}{\sigma_A^2 \sigma_B^2} \end{aligned}$$

mit den Varianzen $\sigma_A^2, \sigma_B^2 > 0$.

(iii) Berechnung des Gewichtsvektors des Minimum-Varianz-Portfolios:

$$\begin{aligned} \mathbf{w} &= \frac{\mathbf{C}^{-1}\mathbf{1}}{\mathbf{1}'\mathbf{C}^{-1}\mathbf{1}} \\ &= \frac{1}{\mathbf{1}'\mathbf{C}^{-1}\mathbf{1}} \bullet \mathbf{C}^{-1}\mathbf{1} \\ &= \frac{\sigma_A^2 \sigma_B^2}{\sigma_A^2 + \sigma_B^2} \begin{pmatrix} \frac{1}{\sigma_A^2} \\ \frac{1}{\sigma_B^2} \end{pmatrix}. \end{aligned}$$

Daraus lassen sich die Einzelgewichte

$$\begin{aligned} w_A &= \frac{\sigma_B^2}{\sigma_A^2 + \sigma_B^2} \\ w_B &= \frac{\sigma_A^2}{\sigma_A^2 + \sigma_B^2} \end{aligned}$$

ablesen.

(iv) Anhand dieser Einzelgewichte und der Vorgabe $\sigma_A^2, \sigma_B^2 > 0$ lässt sich schließen, dass $w_A > 0$ und $w_B > 0$ gilt, d. h., für dieses spezielle Minimum-Varianz-Portfolio sind keine Short-Positionen möglich.

(v) Analyse des Grenzfalls $\sigma_A \to 0$.

(1) In diesem Grenzfall gilt für die Einzelgewichte $w_A = 1$ und $w_B = 0$.

(2) Aus dem Hinweis zur Lösung und dem Ergebnis aus (dii) lässt sich die Varianz σ^2 des Minimum-Varianz-Portfolios bestimmen:

$$\sigma^2 = \frac{1}{\mathbf{1}'\mathbf{C}^{-1}\mathbf{1}} = \frac{\sigma_A^2 \sigma_B^2}{\sigma_A^2 + \sigma_B^2}$$

Es lässt sich ablesen, dass im Grenzfall $\sigma_A \to 0$ die Varianz des Minimum-Varianz-Portfolios gegen null strebt, d. h., $\sigma^2 \to 0$.

Zusammenfassend lässt sich feststellen, dass in diesem stark idealisierten, speziellen Fall das Minimum-Varianz-Portfolio ausschließlich aus der „risikolosen" Aktie A der Alloy AG besteht und somit ebenfalls risikolos ist.

Lösung Aufgabe 4

Untersuchung des einfachen **Derivats** $G(S, t) = S$ mit Laufzeitende $t = T$ und Wert S_0 zum Zeitpunkt des Kaufs.

a) (1 Punkt) Es handelt sich hierbei um ein zeitlich begrenztes Engagement in einer Aktie ohne Dividendenzahlung. Der **Kontrakt** (Derivat) regelt dabei, dass ein Marktteilnehmer A für einen begrenzten Zeitraum die Performance der zugrundeliegenden Aktie einem anderen Marktteilnehmer B überlässt. Der Markteilnehmer A geht die **Short-Position** und der Marktteilnehmer B die **Long-Position** im Derivat ein. Aus Sicht des Markteilnehmers B (Long-Position) wird die Aktie zum Zeitpunkt $t = 0$ gekauft und das Engagement hat zu dem Zeitpunkt den Wert S_0. Die Long-Position in dem Derivat bzw. in der Aktie wird bis zum vorher festgelegten Zeitpunkt $t = T$ (Laufzeitende) gehalten.

b) (1 Punkt) Zum Laufzeitende entspricht der Wert von G dem Wert der Aktie zum Zeitpunkt $t = T$, d. h., $G(S, T) = S(T)$.

c) (2 Punkte) Die drei Fälle sind mit dem Wert $S(T)$ der Aktie zum Laufzeitende $t = T$ verknüpft. Der Kontrakt entfaltet dabei folgende, äquivalente Wirkung: Bei einer angenommenen Long-Position im Derivat kauft der Investor die Aktie zum Zeitpunkt $t = 0$ zum Wert von S_0 und wird die Aktie mit dem Wert $S(T)$ am Laufzeitende $t = T$ verkaufen. Der Wert der Aktie zum Laufzeitende $S(T)$ ist aus heutiger Sicht zufällig und hängt u. a. von den Marktentwicklungen ab. Je nach Wert der Aktie verbucht der Investor mit Long-Position einen Gewinn $S(T) > S_0$ oder einen Verlust $S(T) < S_0$. Für $S(T) = S_0$ endet das Engagement ohne Gewinn/Verlust, wenn Transaktionskosten vernachlässigt werden.

d) (3 Punkte) Für den Zusammenhang $G(S, t) = S$ berechnen sich folgende partiellen Ableitungen

$$\frac{\partial G}{\partial S} = 1 \qquad \frac{\partial^2 G}{\partial S^2} = 0 \qquad \frac{\partial G}{\partial t} = 0\,.$$

Nun werden die berechneten partiellen Ableitungen auf der rechten Seite der **Black-Scholes-Merton Differentialgleichung** eingesetzt und geprüft, ob die Gleichung erfüllt ist:

$$\begin{aligned} rG &= \frac{\partial G}{\partial t} + rS \times \frac{\partial G}{\partial S} + \frac{1}{2}\sigma^2 S^2 \times \frac{\partial^2 G}{\partial S^2} \\ &= 0 \quad + rS \times 1 \quad + \frac{1}{2}\sigma^2 S^2 \times 0 \\ &= rS \end{aligned}$$

$$\Rightarrow G = S \quad \checkmark$$

Bemerkung: Bei der letzten Umformung wurde ein allgemeines $r \in \mathbb{R}$ mit $r \neq 0$ vorausgesetzt.

Lösung Aufgabe 5

Analyse von **Optionen** und **Optionsstrategien**.

a) (4 Punkte) Identifikation von **Auszahlungsprofilen** verschiedener Optionen.

(i) Lösung:

Position / Option	Symbol
Long Call	a)
Short Call	c)
Long Put	b)
Short Put	d)

Tabelle 16.2: Bezeichnung des Auszahlungsprofils in der Abbildung 16.1 (Lösung).

(ii) Der **Strike** bzw. der **Basispreis** der Optionen ist jeweils gleich und beträgt $B = 100$ Euro. Der Wert des Kauf- bzw. Verkaufspreis (**Optionsprämie**) ist hier bei allen Optionen ebenfalls gleich und beträgt $G(S_0, 0) = 5$ Euro. Wobei die Optionsprämie beim Kauf (Long-Position) bezahlt und beim Verkauf (Short-Position) vereinnahmt wurde.

(iii) Einer der Gründe, warum Investoren eine **Kaufoption** auf eine Aktie kaufen (long Call), liegt darin, dass diese Optionen – insbesondere bei hohem Delta der Option – eine Teilnahme an einer profitablen Kursentwicklung der zugrundeliegenden Aktie ermöglichen, jedoch einen deutlich geringeren Kapitaleinsatz erfordern als eine direkte Investition in der Aktie. Die Möglichkeit des Kaufs einer Kaufoption senkt durch den geringeren Kapitaleinsatz die Eintrittsschwelle für Risikokapitalanleger. Dadurch können auch Investoren mit begrenztem **Risikokapital** auf einen steigenden Markt spekulieren.

Zusammengefasst: Der Käufer einer Kaufoption auf eine Aktie hat die Erwartungshaltung, dass der Preis der zugrundeliegenden Aktie zum Laufzeitende der Option oder bei Schließung der Optionsposition höher ist, als die Summe des Basispreises und der gezahlten Optionsprämie.

b) (4 Punkte) Analyse des Auszahlungsprofils einer Long-Position in einem **Strangle** als Optionsstrategie.

(i) Bei dem dargestellten Auszahlungsprofil der Optionsstrategie „long Strangle" wird gleichzeitig eine Verkaufsoption (Put) und eine Kaufoption (Call) mit unterschiedlichen Basispreisen gekauft, in beiden Fällen werden also Long-Positionen eingegangen. Der Basispreis (Strike) der Verkaufsoption ist dabei geringer als der Basispreis (Strike) der Kaufoption.

Kurz: Long Strangle = Long Put + Long Call mit Strike(Put) < Strike(Call)

Bemerkungen:

(1) In manchen Fällen werden auch Optionen mit unterschiedlichem Laufzeitende gekauft.

(2) Sind beide Basispreise gleich, d. h., es gilt Strike(Put) = Strike(Call), so entspricht das Auszahlungsprofil einem long **Straddle**.

(ii) Die Markterwartung, die einen Investor zum Kauf eines Strangles bewegt, ist gekennzeichnet von einer erwarteten, künftig stark volatilen Bewegung der Aktie. Der Investor erwartet also starke Kursänderungen der Aktie. Diese können sich sowohl durch einen starken Kursverfall als auch durch einen starken Kursgewinn im Kursverlauf zeigen. Das Gewinnpotenzial ist theoretisch unbegrenzt. Das Verlustpotenzial ist auf die gezahlten Optionsprämien begrenzt.

Teil IV

Formelsammlung

Anleihen

Zusammenstellung der Gleichungen und Formeln, die im Rahmen der Bewertung von Anleihen Anwendung finden.

In der Reihenfolge ihres Auftretens gelten die Bezeichnungen:

n	Ganzzahlige Laufzeit in Jahren
r	Zinssatz
q	Diskontfaktor
Z	Wert eines Zerobonds
C	Kupon einer Kuponanleihe
P	Wert einer Kuponanleihe
D	Duration
K	Konvexität
z	Zerobond-Zinssatz
f	Forward-Satz

Tabelle F.1: Notation zu den Gleichungen bei der Bewertung von Anleihen.

Diskontfaktor

Diskontfaktor q^n für die Laufzeit von n Jahren bei einem Zinssatz von r:

$$q^n = \frac{1}{(1+r)^n}$$

Zerobond

Gegenwartswert Z_0 des n-jährigen Zerobonds mit einem Wert der Fälligkeit von Z_n zum Laufzeitende:

$$Z_0 = q^n Z_n$$

Kuponanleihe

Aktueller Kurs P_0 (Barwert, Gegenwartswert) einer Standardbundesanleihe (Standardkuponbond, Kuponanleihen, Festzinsanleihe, Fixed Rate Note, Straight Bond, Plain-Vanilla-Bond, keine zusätzlichen Rechte, bonitätsrisikofrei) mit Wert der Fälligkeit 100 % in n-Jahren bei einem Zinssatz von r und Kupon C:

$$P_0 = P_0(r, n) = C \sum_{i=1}^{n} \frac{1}{(1+r)^i} + \frac{1}{(1+r)^n}$$

Duration

Zusammenstellung der Formeln zur Duration für eine Standardanleihe:

$$D_{\text{GE}} = \frac{\partial P}{\partial r} = -\frac{1}{1+r} \left[C \sum_{i=1}^{n} \frac{i}{(1+r)^i} + \frac{n}{(1+r)^n} \right]$$

$$D_{\text{mod}} = \frac{1}{P_0} \frac{\partial P}{\partial r} = -\frac{1}{1+r} \underbrace{\frac{1}{P_0} \left[C \sum_{i=1}^{n} \frac{i}{(1+r)^i} + \frac{n}{(1+r)^n} \right]}_{= D_{\text{Mac}} \text{ (Macaulay-Duration)}}$$

Zusammenhang der Durationen

Zusammenhang der drei Durationswerte:

$$D_{\text{Mac}} = -(1+r) D_{\text{mod}} = -\frac{1+r}{P_0} D_{\text{GE}}$$

Konvexität

Zusammenstellung der Formeln zur Konvexität für eine Standardanleihe:

$$K_{\text{GE}} = \frac{\partial^2 P}{\partial r^2} = \frac{1}{(1+r)^2} \left[C \sum_{i=1}^{n} \frac{i(i+1)}{(1+r)^i} + \frac{n(n+1)}{(1+r)^n} \right]$$

$$K_{\text{mod}} = \frac{1}{P_0} \frac{\partial^2 P}{\partial r^2} = \frac{1}{(1+r)^2} \frac{1}{P_0} \left[C \sum_{i=1}^{n} \frac{i(i+1)}{(1+r)^i} + \frac{n(n+1)}{(1+r)^n} \right]$$

Forward-Sätze

Bestimmung des Forward-Satzes $f_{m,n}$ in m Jahren für dann $n - m$ Jahre bis zur Endlaufzeit in n Jahren (diskrete Verzinsung) aus den Zerobond-Zinssätzen z_m für m-Jahre und z_n für n-Jahre:

$$f_{m,n} = \sqrt[n-m]{\frac{(1+z_n)^n}{(1+z_m)^m}} - 1$$

mit $n > m$.

Bemerkung: Die Zerobond-Zinssätze werden synonym auch als Zeros, Zero-Sätze oder Spot-Rates bzeichnet.

Statistik

Zusammenstellung der Gleichungen und Formeln aus der Statistik, die im Rahmen des Asset-Managements Anwendung finden.

In der Reihenfolge ihres Auftretens gelten die Bezeichnungen:

x	Allgemeine Größe der Stichprobe
n	Anzahl der Stichprobenelemente
S^2	Stichprobenvarianz
S	Stichprobenstandardabweichung
$\widehat{\sigma}$	Stichprobenkovarianz
$\widehat{\rho}$	Stichprobenkorrelation

Tabelle F.2: Notation zu den Gleichungen der Statistik.

Stichprobenmittelwert

Stichprobenmittelwert $\langle x \rangle$ für Stichprobe x_i mit $i = 1, \ldots, n$ Werten (Schätzer für den Erwartungswert von x):

$$\langle x \rangle = \frac{1}{n} \sum_{i=1}^{n} x_i \,.$$

Stichprobenvarianz

Stichprobenvarianz S_x^2 für Stichprobe x_i mit $i = 1, \ldots, n$ Werten (Schätzer für die Varianz von x):

$$S_x^2 = \frac{1}{n-1} \sum_{i=1}^{n} (x_i - \langle x \rangle)^2 \,.$$

Stichprobenstandardabweichung

Stichprobenstandardabweichung S_x für Stichprobe x_i mit $i = 1, \ldots, n$ Werten (Schätzer für die Standardabweichung von x):

$$S_x = \sqrt{S_x^2}$$

Stichprobenkovarianz

Stichprobenkovarianz $\widehat{\sigma}_{xy}$ für Stichproben x_i, y_i mit $i = 1, \ldots, n$ Werten (Schätzer für die Kovarianz von x und y):

$$\widehat{\sigma}_{xy} = \frac{1}{n-1} \sum_{i=1}^{n} (x_i - \langle x \rangle)(y_i - \langle y \rangle) \,.$$

Stichprobenkorrelation

Stichprobenkorrelation $\widehat{\rho}_{xy}$ für Stichproben x_i, y_i mit $i = 1, \ldots, n$ Werten (Schätzer für die Korrelation von x und y):

$$\widehat{\rho}_{xy} = \frac{\widehat{\sigma}_{xy}}{S_x S_y} \, .$$

Portfoliotheorie

Zusammenstellung der Gleichungen und Formeln, die im Rahmen der Portfoliotheorie Anwendung finden.

In der Reihenfolge ihres Auftretens gelten die Bezeichnungen:

R	Ertragserwartung des Portfolios; $R \in \mathbb{R}$
σ^2	Erwartete Varianz des Portfolios; $\sigma^2 \in \mathbb{R}$
$\mathbf{w}$	Spaltenvektor der Gewichtung der n Vermögenswerte; $\mathbf{w} \in \mathbb{R}^{n \times 1}$
$\boldsymbol{\mu}$	Spaltenvektor der Ertragserwartungen der n Vermögenswerte; $\boldsymbol{\mu} \in \mathbb{R}^{n \times 1}$
C	Kovarianzmatrix der n Vermögenswerte; $C \in \mathbb{R}^{n \times n}$
f	Skalare Funktion mit Ergebniswerten aus $\mathbb{R}$
a	Risikoaversionsparameter
λ	Lagrangeparameter
$\mathcal{L}$	Lagrangefunktion mit Ergebniswerten aus $\mathbb{R}$

Tabelle F.3: Notation zu den Gleichungen der Portfoliotheorie.

Grundgleichungen der Portfoliotheorie

Erwarteter Ertrag:

$$R = \mathbf{w}' \, \boldsymbol{\mu}$$

Erwartete Varianz:

$$\sigma^2 = \mathbf{w}' \, C \, \mathbf{w}$$

Nebenbedingungsfunktion - Kapitalerhalt

$$f(\mathbf{w}) = 1 - \mathbf{1}'\mathbf{w}$$

Bemerkung: Für den Lösungsvektor $\mathbf{w}$ einer Optimierung muss abschließend die Gleichung $f(\mathbf{w}) = 0$ erfüllt sein.

Minimum-Varianz-Portfolio

Sind Short-Positionen erlaubt, lassen sich für das Minimum-Varianz-Portfolio die nachfolgenden Formeln verwenden.

Lagrangefunktion:

$$\mathcal{L} = \frac{1}{2} a \, \mathbf{w}' \mathbf{C} \mathbf{w} + \lambda \, (1 - \mathbf{w}' \mathbf{1})$$

Gewichtsvektor:

$$\mathbf{w} = \frac{\mathbf{C}^{-1} \mathbf{1}}{\mathbf{1}' \mathbf{C}^{-1} \mathbf{1}}$$

Erwarteter Ertrag:

$$R = \frac{\boldsymbol{\mu}' \mathbf{C}^{-1} \mathbf{1}}{\mathbf{1}' \mathbf{C}^{-1} \mathbf{1}}$$

Erwartete Varianz:

$$\sigma^2 = \frac{1}{\mathbf{1}' \mathbf{C}^{-1} \mathbf{1}}$$

CAPM

Zusammenstellung der Grundgleichungen im Rahmen des CAPM.

In der Reihenfolge ihres Auftretens gelten die Bezeichnungen:

r_F	Zinssatz der risikolosen Anlage
μ_{PF}	Ertragserwartung des Portfolios
σ_{PF}	Standardabweichung des Portfolios
μ_{M}	Ertragserwartung des Marktportfolios
σ_{M}	Standardabweichung des Marktportfolios
μ_i	Ertragserwartung des i-ten Wertpapiers
σ_i	Standardabweichung des i-ten Wertpapiers
β_i	Beta-Faktor des i-ten Wertpapiers bezogen auf das Marktportfolio
ρ_{iM}	Korrelation des i-ten Wertpapiers und des Marktportfolios
$\mathcal{S}$	Sharpe-Quotient
α_{J}	Jensen-Alpha

Tabelle F.4: Notation zu den Grundgleichungen im Rahmen des CAPM.

Sharpe-Quotient

$$\mathcal{S} = \frac{\mu_{\text{PF}} - r_F}{\sigma_{\text{PF}}}$$

Kapitalmarktlinie

$$\mu_{\text{PF}} = r_F + \frac{\mu_{\text{M}} - r_F}{\sigma_{\text{M}}} \sigma_{\text{PF}}$$

Charakteristische Linie

$$\mu_{\text{i}} = \alpha_i + \beta_i \; \mu_{\text{M}}$$

Beta-Faktor

$$\beta_i = \frac{\text{COV}(R_i, R_M)}{\text{Var}(R_M)} = \rho_{iM} \sqrt{\frac{\text{Var}(R_i)}{\text{Var}(R_M)}} = \rho_{iM} \frac{\sigma_i}{\sigma_M}$$

Wertpapierlinie

$$\mu_\mathrm{i} = r_F + \beta_i(\mu_M - r_F)$$

Jensen-Alpha

$$\alpha_\mathrm{J} = (r_i - r_F) - \beta_i(\mu_M - r_F)$$

Derivate

Zusammenstellung der Gleichungen und Formeln, die im Rahmen der Bewertung von Derivaten Anwendung finden.

In der Reihenfolge ihres Auftretens gelten die Bezeichnungen:

G	Wert des Derivats
S	Wert des zugrundeliegenden Vermögenswertes (bspw. Aktien)
σ	Standardabweichung
t	Zeitparameter in Jahren
r	Zinssatz der risikolosen Anlage
T	Laufzeitende in Jahren
K	Vereinbarter Lieferpreis
B	Basispreis
d	Quantil
u	Allgemeine Variable
Φ	Verteilungsfunktion der Standardnormalverteilung

Tabelle F.5: Notation zu den Gleichungen zur Bewertung von Derivaten.

Black-Scholes-Merton Differentialgleichung

$$rG = \frac{\partial G}{\partial t} + rS\frac{\partial G}{\partial S} + \frac{1}{2}\sigma^2 S^2 \frac{\partial^2 G}{\partial S^2}$$

Forward-Kontrakt

Berechnet wird der Wert $G(S,t)$ eines Forward-Kontrakt bzgl. einer Aktie ohne Dividendenzahlung abhängig von der verbleibenden Zeit $T - t$ bis zum Laufzeitende in T Jahren und vom Wert der Aktie $S = S(t)$ (Erinnerung: stochastischer Prozess!).

Sei K der zwischen den Kontrahenten vereinbarte Lieferpreis (in Geldeinheiten) und r der risikolose Zins, dann wird der Wert des Derivates durch folgende Gleichung berechnet:

$$G(S,t) = S(t) - K\mathrm{e}^{-r(T-t)} .$$

Option

Berechnet wird der Wert $G(S, t)$ einer gekauften Option auf eine Aktie ohne Dividendenzahlung mit Restlaufzeit $T - t$ bis zum Laufzeitende (T Jahre) bei einem Wert der Aktie von $S = S(t)$ (Erinnerung: stochastischer Prozess!).

Bemerkung: Die gekaufte, europäische Option (long Call-Option, Kauf einer Kaufoption) beinhaltet das Recht (nicht die Pflicht!) die Aktie zum Ende der Optionslaufzeit T zu einem vereinbarten Preis B (Basispreis, Ausübungspreis, Strike-Preis, Excercise-Preis) zu kaufen. Der Optionsinhaber, der die Option zu einem bestimmten Preis (Prämie) vom Stillhalter (Optionsverkäufer) gekauft hat, entscheidet einseitig, ob er die Option gegen den Stillhalter ausübt oder sie verfallen lässt.

Sei r der risikolose Zins, σ die Standardabweichung der annualisierten stetigen Verzinsung der Aktie (Volatilität) und $\Phi(d)$ der Funktionswert der kumulativen Standardnormalverteilung

$$\Phi(d) = \frac{1}{\sqrt{2\pi}} \int_{-\infty}^{d} du \exp\left(-\frac{u^2}{2}\right)$$

an der Stelle d, dann wird der Wert der Call-Option $P_{\text{Call}} = G(S, t)$ durch folgende Gleichung beschrieben:

$$G(S, t) = S\Phi(d_1) - Be^{-r(T-t)}\Phi(d_2)$$

mit den Quantilen

$$d_1 = \frac{\ln\left(\frac{S}{B}\right) + \left(r + \frac{\sigma^2}{2}\right)\left(T - t\right)}{\sigma\sqrt{(T-t)}}$$

$$d_2 = d_1 - \sigma\sqrt{(T-t)}\ .$$

Symbolverzeichnis

$\mathbf{1}$	Einsvektor; $\mathbf{1} \in \mathbb{R}^{n\times 1}$
a	Risikoaversionsparameter
α_J	Jensen-Alpha
β_i	Beta-Faktor des i-ten Wertpapiers bezogen auf das Marktportfolio
B	Basispreis
C	Kupon
$\boldsymbol{C}$	Kovarianzmatrix der n Vermögenswerte; $\boldsymbol{C} \in \mathbb{R}^{n\times n}$
d	Quantile in der Optionspreisformel
D	Duration oder Überrendite
D_GE	Duration in Geldeinheiten
D_Mac	Macaulay-Duration
D_mod	Modified Duration
ϵ	Standardnormalverteilter Störterm in Regressionsgleichungen
ϵ_x	Elastizität bezüglich der Variablen x
E	Ertrag
$\boldsymbol{E}$	Einheitsmatrix; $\boldsymbol{E} \in \mathbb{R}^{n\times n}$
f	Forward-Satz
G	Wert, Kurs, Preis eines Derivates
$\mathbf{h}$	Gewichtung des Ausgangsportfolios (Black-Litterman)
λ	Lagrangeparameter
$\mathcal{L}$	Lagrangefunktion
μ_i	Ertragserwartung des i-ten Wertpapiers
$\boldsymbol{\mu}$	Spaltenvektor der Ertragserwartungen der n Vermögenswerte; $\boldsymbol{\mu} \in \mathbb{R}^{n\times 1}$
μ_M	Ertragserwartung des Marktportfolios
μ_PF	Ertragserwartung des Portfolios
n	Laufzeit oder Anzahl der Vermögenswerte in einem Portfolio
Π	Wert eines Portfolios
P_0	Barwert, Gegenwartswert einer Anleihe
q	Diskontfaktor
q_α	Quantil zum Konfidenzniveau α
r	Zinssatz, Rendite
r_F	Zinssatz der risikolosen Anlage
ρ	Korrelation
$\boldsymbol{\rho}$	Korrelationsmatrix; $\boldsymbol{\rho} \in \mathbb{R}^{n\times n}$
ρ_{iM}	Korrelation des i-ten Wertpapiers und des Marktportfolios
R	Ertragserwartung des Portfolios; $R \in \mathbb{R}$
σ^2	Erwartete Varianz des Portfolios; $\sigma^2 \in \mathbb{R}$

σ_i	Standardabweichung des i-ten Wertpapiers
σ_{M}	Standardabweichung des Marktportfolios
σ_{PF}	Standardabweichung des Portfolios
s	Swap-Satz
S	Stichprobenstandardabweichung oder Kurs einer Aktie
S^2	Stichprobenstandardabweichung
$\mathcal{S}$	Sharpe-Quotient
t	Zeitparameter
T	Laufzeitende eines Derivates
u	Allgemeine Variable
U	Nutzenfunktion
v	Allgemeine Variable
V	Anlagevolumen
w_i	Gewichtung des i-ten Wertpapiers
$\mathbf{w}$	Spaltenvektor der Gewichtung der n Vermögenswerte; $\mathbf{w} \in \mathbb{R}^{n\times 1}$
$\mathrm{d}W$	Wiener Prozess
x	Allgemeine Variable
y	Allgemeine Variable
z	Zinssatz eines Zerobonds
Z	Wert eines Zerobonds

Literaturverzeichnis

Die nachfolgenden Quellenverweise stellen eine kleine Auswahl der relevanten Literatur dar. Zum Selbststudium wird die jeweils aktuellste Auflage empfohlen. Darüber hinaus finden sich in den Lehrbüchern weitere Verweise auf Fachzeitschriften. Ohne explizite Nennung einzelner sei zur Vertiefung auf die Vielzahl der veröffentlichten Aufsätze in diesen Fachzeitschriften verwiesen.

Abramowitz, M., Stegun, I.A. (editors), 2014. Handbook of Mathematical Functions with Formulas, Graphs, and Mathematical Tables. National Bureau of Standards (Washington DC), Martino Publishing, reprint of 1964 Edition, Mansfield Centre.

Black, F., Litterman, R., 1990. Asset Allocation: Combining Investors Views with Market Equilibrium, Goldman Sachs & Company, Fixed Income Research.

Black, F., Litterman, R., 1992. Global Portfolio Optimization, Financial Analysts Journal, 28–43.

Blatter, A., Bradbury, S., Bruhn, P., Ernst, D., 2023. Risikomanagement bei Banken und Versicherungen Schritt für Schritt, Arbeitsbuch, Verlag UVK, München, 1. Auflage.

Bodie, Z., Kane, A., Marcus, A.J., 2014. Investments, McGraw Hill Education, 12. Global Edition.

Bronstein, I.N., Semendjajew, K.A., Musiol, G., Mühlig, H., 2005. Taschenbuch der Mathematik, Verlag Harry Deutsch, 10. überarbeitete Auflage.

Elton, E.J., Gruber, M.J., Brown, S.H., Goetzmann, W.N., 2017 Modern Portfolio Theory and Investment Analysis, Wiley, 9. Edition.

Fabozzi, F.J., 2011. The Theory and Practice of Investment Management: Asset Allocation, Valuation, Portfolio Construction and Strategies, Wiley, 2. Edition.

Gnedenko, B.W., 1988. Lehrbuch der Wahrscheinlichkeitstheorie, Verlag Harry Deutsch, 10. überarbeitete und korrigierte Auflage von 1997.

Hull, J.C., 2018. Options, Futures and Other Derivatives, Pearson, 11. Global Edition.

Kendall, M., Stuart, A., 1977. The Advanced Theory of Statistics (Vol 1–3), Charles Griffin & Co Ltd, 4. Edition.

Shorack, Galen R., Wellner, Jon A., 2009. Empirical Processes with Applications to Statistics, Classics in Applied Mathematics, 59, SIAM, Philadelphia, USA.

Siemßen, S.J., 2000. Prozeßorientierte Asset Allocation von Bondportfolios, Dissertation, Reihe: Portfoliomanagement, Bd. 14, Hrsg.: Prof. Dr. Manfred Steiner, Verlag Uhlenbruch, Bad Soden, 1. Auflage.

Steiner, M., Bruns, Chr., Stöckl, S., 2017. Wertpapiermanagement: Professionelle Wertpapieranalyse und Portfoliostrukturierung (Handelsblatt-Bücher), Schäffer-Poeschel, 11. überarbeitete Auflage.

Steiner, P., Uhlir, H., 2001. Wertpapieranalyse, Physica-Verlag Heidelberg, 4. überarbeitete Auflage.

Uszczapowski, I., 1999. Optionen und Futures verstehen – Grundlagen und neue Entwicklungen, Beck-Wirtschaftsbereater im dtv, 4. Auflage.

Wilkens, M., 2002. Wertpapiermanagement, LFB-Skripten, 5. Auflage.

Stichwortverzeichnis

Abbildungsverzeichnis

Tabellenverzeichnis